农业干部学习培训教材

农业行政处罚程序及文书制作实务

（第二版）

NONGYE XINGZHENG CHUFA CHENGXU
JI WENSHU ZHIZUO SHIWU

农业部产业政策与法规司
农业部管理干部学院 编

法律出版社
LAW PRESS·CHINA

前　　言

农业行政执法是法律法规赋予农业部门的重要职责，是农业部门履行好职能的重要方式。加强农业行政执法，队伍建设是关键。为了帮助农业执法人员提高法律素质，增强办案能力，2008 年农业部产业政策与法规司、农业部管理干部学院组织专家和具有丰富实践经验的农业执法人员编写了《农业行政处罚程序及文书制作实务》一书，该书出版后，受到广大执法人员的好评。

2011 年 6 月 30 日《中华人民共和国行政强制法》颁布实施，2012 年《农业行政处罚程序规定》和《农业行政执法文书制作规范》也进行了修订，对农业行政执法中的行政强制、执法程序及文书作出了新规定，有必要按照新的法律规定对《农业行政处罚程序及文书制作实务》进行修改完善。为此，2013 年农业部产业政策与法规司、农业部管理干部学院组织实践经验丰富的专家对本书进行了修订。修订后的全书继续采取执法程序和执法文书相结合的形式，在保持原书体例不变的情况下，按照行政强制法的要求对相关内容进行了修改完善。全书以农业行政处罚案件的办案流程为主线，在各个阶段穿插相应的执法文书，既有对程序相关规定的解释说明，也有对文书制作的典型示范。同时，另列专章以案例的形式将办案各阶段的执法文书串联起来，展现了一个案件的整体办理过程和文书制作全貌。这次修订对原有执法文书和示范案例进行了更新完善，按照行政强制法的规定增加了新的执法文书种类，并对附录法规进行了替换。本书面向基层执法工作者，语言通俗易懂，具有较强的针对性和可操作性，希望能对广大农业执法人员的实际办案起到指导作用。

本书编写人员为杨东霞、汪明、孙继承、胡涛、袁江、杨璐、张子非、曹鸾骁、陆洪、王明涛、邹学毅、戴浩、冯汉坤、杜晓伟、郭艺、贺利云、于占海、李国兴、白朝亮;刘德萍、陈朱勇、程晓仙、马淑华、郭士军、何建永、邢捷对本书有关内容进行了审核;农业部产业政策与法规司刘德萍、农业部管理干部学院杨东霞对全书进行了统稿。

由于编写时间紧,编写人员水平有限,本书内容难免存在不妥之处,敬请读者批评指正。

编　者

2013 年 10 月

目 录

第一章
农业行政处罚程序及文书概述

农业行政处罚程序是农业行政处罚主体在开展农业行政处罚活动时必须遵守的方法、步骤、顺序和时限的总称，农业行政处罚作为一种严格依照法定程序开展的活动，违反法定程序作出的处罚决定可能无效或被撤销。在处罚活动中，及时、规范地制作、使用相应的法律文书是法定处罚程序的组成部分，这些文书在行政复议和行政诉讼中对证明处罚行为的合法性、合理性起到重要作用。规范农业行政处罚程序及文书的制作、使用对改进农业执法工作，保护相对人权益至关重要。

一、农业行政处罚概述

（一）农业行政处罚的概念

根据《中华人民共和国行政处罚法》（以下简称《行政处罚法》）的规定，行政处罚是指行政机关或者法律法规授权的组织对违反行政管理秩序但尚不构成犯罪的公民、法人或者其他组织，依照法定的权限和程序所给予的法律制裁。

行政法律责任是国家法律责任制度的重要组成部分，行政处罚是行政法律责任最重要的表现形式。为了有效地行使行政管理职权,保障法律、法规和规章的贯彻执行,行政机关以行政处罚为重要手段,对违反行政法律规范,但尚不构成犯罪的行为予以制裁。与刑事责任相比,行政处罚使用范围更加广泛,与广大公民、法人和其他组织联系更加密切。

农业行政处罚是行政处罚制度在农业领域的具体体现,是农业行政主管部门或者特定的农业管理机构依照法定权限和程序,对违反农业行政管理秩序但尚不构成犯罪的公民、法人或者其他组织所给予的法律制裁。

正确理解农业行政处罚的含义,应当把握以下几点:

1. 农业行政处罚的主体是农业行政主管部门或者法律法规授权的农业管理机构

农业行政处罚的主体是指依法能够以自己名义作出行政处罚决定并承担由此产生的法律责任的主体。农业行政处罚的主体包括两类:一是农业行政主管部门,即农业行政机关;二是法律、法规授权的农业管理机构(下文将二者统称为农业行政处罚机关)。农业主管部门依照法律、法规或者规章的规定委托符合法定条件的农业组织实施农业行政处罚时,受委托的组织应当以委托机关的名义实施处罚,由此产生的法律后果也由委托机关而非受委托组织承担,因此受委托的组织不是农业行政处罚主体。

2. 农业行政处罚是对违反农业行政管理秩序但尚不构成犯罪的行为的处罚

行政相对人违反农业行政管理秩序的行为,实质上就是违反农业行政法律规范的行为。农业行政处罚机关实施行政处罚要以行政相对人违反农业行政法律规范为前提。但是,并非所有违反农业行政法律规范的行为,农业行政处罚机关都要给予行政处罚。行政处罚是对尚不构成犯罪的农业违法行为的处罚,对有些违法行为,如果情节、后果严重,可能构成犯罪的,农业行政处罚机关应当依法移交司法机关处理,不能以行政处罚代替刑事处罚。

3. 农业行政处罚是针对农业行政相对人的处罚

行政处罚是一种外部行政行为,其所适用的对象是行政相对人;农业行政处罚所适用的对象是违反农业行政管理秩序的公民、法人或者其他组织。这一点使行政处罚与行政处分相区别。行政处分是行政机关的内部行政行为，是对与行政机关有职务上隶属关系的行政工作人员的惩处行为。

4. 农业行政处罚是严格依照法定程序作出的具体行政行为

实施农业行政处罚必须遵守相应的程序规定，按照法定的方法、步骤、顺序和时限进行。行政处罚必须以行政处罚决定书的形式体现并送达当事人才能产生法律效力。违反法定程序将可能导致处罚决定无效、在行政诉讼中被撤销等法律后果。

5. 农业行政处罚是一种行政法律制裁

行政处罚是对个人或者组织不履行法定义务的一种制裁，属于行政制裁的范畴。行政处罚不同于行政强制措施：行政处罚是针对违法行为作出的最终处理决定。行政处罚是在存在违法行为时作出的，而行政强制措施既可在存在违法行为时作出，也可在无违法行为的法定情形下作出，这类强制措施的作出是为了保障办案或者消除危险状态而采取的临时性措施，不具有惩罚性。行政处罚是一种最终处理决定，具有最终性；而行政强制措施具有临时性特点。

（二）农业行政处罚的实施主体

实施行政处罚的主体合法，是行政处罚有效的基本要件。根据《行政处罚法》和有关农业法律、法规、规章的规定，农业行政处罚可以由农业行政处罚机关自己实施，也可以依法委托给符合法定条件的组织实施。因此，目前可以实施农业行政处罚的主体有三种：

1. 农业行政主管部门

行政处罚是行政权的一部分，应当由行政机关行使，这是世界各国通行的做法。农业行政主管部门是国家依法设立并代表国家管理农业行政事务的机关。根据现行的农业法律、法规、规章，一般情况下，农业行政处罚是由农业行政主管部门来行使的。

需要说明的是，当前我国农业行政主管部门的上下设置并不对应。国务院农业行政主管部门是农业部，但各个地方情况不尽相同，有的设置了统一的农业主管机关，有的则分别设置了农业、畜牧、农机、渔业等行政机关。在这种情况下，针对具体事项，到底哪一个机关是农业行政主管部门，应当根据地方编制部门的规定来确定。

2. 法律、法规授权的农业管理机构

出于合理分工、责权统一、经济方便、直接高效的考虑,需要把一部分特殊的行政管理职能交由特定的组织来行使。因此,《行政处罚法》第17条规定:“法律、法规授权的具有管理公共事务职能的组织可以在法定授权范围内实施行政处罚。”

目前,获得农业法律、行政法规授权实施农业行政执法的农业管理机构主要有:《动物防疫法》授权动物防疫监督机构实施动物防疫和动物防疫监督执法工作;《植物检疫条例》授权植物检疫机构实施植物检疫执法工作;《渔业法》授权渔政渔港监督管理机构实施渔政渔港监督管理执法工作。除法律、行政法规之外,地方性法规也可以授权农业管理机构行使行政处罚权。上述获得法律、法规授权的农业管理机构均以自己的名义实施行政处罚并独立承担相应的法律责任。

3. 依法受委托的农业管理机构

《行政处罚法》规定,行政机关依照法律、法规或者规章的规定,可以在其法定权限内委托符合法定条件的组织实施行政处罚。委托行政处罚有以下几个特点:一是行政机关委托其他组织行使行政处罚权必须有法律、法规或者规章作依据,不得自行委托。二是行政机关委托的职权应当在其法定职权范围内,不能越权委托。三是受委托的组织以委托行政机关的名义实施行政处罚,委托行政机关对其负责监督,并对受托组织行为的后果承担法律责任。四是受委托的组织必须具备一定的条件,即《行政处罚法》第19条规定的三个条件:(1)依法成立的管理公共事务的事业组织;(2)具有熟悉有关法律、法规、规章和业务的工作人员;(3)对违法行为需要进行技术检查或者技术鉴定的,应当有条件组织进行相应的技术检查或者技术鉴定。五是受委托的组织不得再委托其他任何组织或者个人实施行政处罚。

近十年来,农业部大力推行农业综合执法。《农业法》对于健全农业行政执法队伍,实行综合执法也提出了明确的要求。全国许多地方按照以上规定和要求,成立了主要是事业单位性质的农业行政综合执法机构。农业行政综合执法机构承担农业行政处罚工作必须符合《行政处罚法》的有关规定。因此,《农业行政处罚程序规定》明确规定,农业行政主管部门依法设立的农业行政综合执法机构具体承担农业行政处罚工作。农业行政综合执法机构应当以农业行政主管部门的名义实施农业行政处罚;农业行政主管部门对其实施行政处罚行为应当进行监督,并对该行为的后果承担法律责任。

(三)农业行政处罚的当事人

农业行政处罚的当事人是指违反农业行政法律法规,依法应当受到行政法律责任制裁的主体。它是农业行政处罚法律关系中重要的主体之一,与农业行政处罚主体相对,因此也被称为农业行政处罚相对人。

1. 农业行政处罚当事人分类

农业行政处罚当事人可以分为个人、法人和其他组织。个人和法人是最主要的农业行政处罚对象,其他组织也是农业行政处罚的重要对象之一。

2. 认定农业行政处罚当事人的注意事项

个人包括自然人、个体工商户、农村承包经营户、个人合伙。自然人作为行政处罚的对象,还要求具有行政责任能力,就是依法能够独立承担行政责任。例如,对于未年满 14 周岁的自然人,由于不具有民事责任能力,不能作为行政处罚对象。精神病人对在患病期间的行为,不承担行政责任,不作为行政处罚对象。起字号的个体工商户,作为公民个人对待。最高人民法院《关于适用民事诉讼法若干问题的意见》第 46 条“在诉讼中,个体工商户以营业执照上登记的业主为当事人。有字号的,应在法律文书中注明登记的字号。”

法人是指依法成立的,具有法人资格,有一定的组织机构和独立的财产,能够以自己的名义对外开展活动,并独立承担法律责任的主体。法人包括企业法人、机关法人、事业单位法人和社会团体法人。

其他组织是指依法成立的,有一定组织机构和财产,但又不具有法人资格的组织。依据《关于适用〈中华人民共和国民事诉讼法〉若干问题意见》第 40 条的规定,其他组织包括:(1)依法登记领取营业执照的私营独资企业、合伙组织;(2)依法登记领取营业执照的合伙型联营企业;(3)依法登记领取我国营业执照的中外合作经营企业、外资企业;(4)经民政部门核准登记领取社会团体登记证的社会团体;(5)法人依法设立并领取营业执照的分支机构;(6)中国人民银行、各专业银行设在各地的分支机构;(7)中国人民保险公司设在各地的分支机构;(8)经核准登记领取营业执照的乡镇、街道、村办企业;(9)符合本条规定条件的其他组织。需要注意的是,办事处通常不能作为其他组织的一种,不能直接作为农业行政处罚的对象。

(四)农业行政处罚的基本原则

农业行政处罚的基本原则,是指对农业行政处罚设定和实施具有普遍指导意义的准则。

1. 处罚法定原则

处罚法定是行政处罚的核心原则,是对行政处罚的基本要求。《行政处罚法》第3条规定:"没有法定依据或者不遵守法定程序的,行政处罚无效。"处罚法定原则包含以下几层含义:

第一,行政处罚要由法定主体依据法定职权作出。只有法律、法规和规章明确规定有权实施行政处罚的行政机关才可以实施行政处罚行为;同时,行政处罚必须在法定职权范围内作出。

第二,行政处罚要有法定依据。公民、法人或者其他组织的行为,只有法律明文规定应予处罚的,才受处罚;法律、法规、规章没有规定的,就不能给予处罚。这与我国刑法对刑事责任采取法定原则出于同一精神,是依法治国、依法行政的必然要求。

第三,行政处罚要依法定程序进行。作出行政处罚要严格遵守法律规定的程序,否则可能导致处罚决定被撤销的后果。

处罚法定原则与行政处罚中行政机关享有的自由裁量权是不矛盾的。行政机关应当在规定的处罚范围、种类、幅度以内,根据具体案件情况进行选择并作出裁决。当然,在自由裁量的范围以内,也涉及合理、适当的问题。行政执法人员要不断提高自身素质,正确把握法律规定的精神,做到正确执法、公平执法。

2. 公开、公正原则

公开、公正是行政处罚必须遵循的另一条重要原则。公开是指作出行政处罚的依据及处罚的有关内容要公开，主要包括：

第一，作出行政处罚所依据的法律法规要事先公布，未经公布不得作为行政处罚的依据；

第二，执法人员的身份要公开，执法人员必须出示合法有效证件，有统一执法服装或执法标志的应当着装或者佩带执法标志，表明自己的身份；

第三，依法对被处罚人作出的行政处罚要公开，行政机关作出处罚决定之前，必须向被处罚人说明处罚决定的事实、理由及被处罚人依法享有的权利。

公正是指行政机关在处罚中对受罚者用同一尺度平等对待，平等公正地适用法律。公正的目的在于排除执法人员的偏私，以求查明事实，正确适用法律，作出公正处理。公正主要体现为：

第一，行政处罚必须以事实为依据，以法律为准绳；

第二，处罚要与违法行为的事实、情节及社会危害程度相适应。

3. 处罚与教育相结合原则

《行政处罚法》第5条规定："实施行政处罚，纠正违法行为，应当坚持处罚与教育相结合，教育公民、法人或者其他组织自觉守法。"对违法者给予行政处罚，更应强调教育。行政处罚的直接目的是纠正违法行为，但同时也是对违法者和广大人民群众进行教育，以提高法制观念，增强法律意识，使广大人民群众自觉地遵守法律、维护法律。

4. 保障当事人合法权利原则

保障当事人合法权利原则的基本要求是使无辜的人不受行政处罚，使违法行为人受到公正处理，使遭受违法侵害的人得到及时有效的补救。根据《行政处罚法》的规定，当事人的合法权利主要有：

第一，陈述权、申辩权。行政机关在作出行政处罚决定前，必须事先告知当事人违法的事实、处罚的理由和依据，使当事人有条件和可能为自己的行为进行陈述和申辩。当事人的陈述和申辩，有利于当事人维护自己的合法权利，也有利于防止、减少行政机关作出错误决定。

第二，听证权。行政机关作出责令停产停业、吊销许可证或执照、较大数额罚款等行政处罚决定之前，应当告知当事人享有听证权。当事人要求听证的，行政机关应当组织听证。

第三,申请行政复议、行政诉讼权和要求行政赔偿权。行政处罚是行政机关作出的单方行为。由于对事实的认定、法律的适用存在不同认识或者受执法人员主观意识的影响,行政机关作出的处罚决定在有些情况下可能是违法或者不当的。为了纠正行政机关实施行政处罚过程中的违法行为,平衡行政处罚实施过程中行政机关与相对一方明显不对等的法律地位造成的偏差,保护相对一方的合法权益,就必须建立相应的救济途径,赋予当事人提起行政复议和行政诉讼的权利。行政机关实施行政处罚过程中,存在违法或者不当行为,给公民、法人或者其他组织造成损害的,当事人有权依法提出赔偿要求。

(五)农业行政处罚的适用

行政处罚的适用,是指行政机关在认定行政相对人行政违法的基础上,依法决定对行政相对人是否给予行政处罚和给予何种行政处罚的活动,是将行政法律规范规定的行政处罚的原则、形式、具体方法运用到各种具体行政违法案件中的活动。行政处罚适用与公民、法人或者其他组织的切身利益密切相关。行政处罚适用状况,是衡量行政机关行政执法水平的一个重要标准。农业行政处罚适用中,应当特别注意以下问题:

1. 对于同一违法行为不得给予两次以上罚款

《行政处罚法》第 24 条规定,“对于当事人的同一个违法行为,不得给予两次以上罚款的行政处罚”。该条规定针对的是执法实践中当事人的一个违法行为同时触犯了不同的法律规范并且按规定都应当给予处罚的情况,是行政法学中“一事不再罚”原则在行政处罚中的具体体现,目的在于防止重复罚款和多头罚款。实践中应注意区分不同情况作出相应处理:

(1)一个行为触犯了不同法律规范,根据规定应当由不同行政处罚机关给予行政处罚的情况。在这种情况下,如果农业行政处罚机关处罚在先,则直接按照自身的执法权限进行处罚即可;如果其他行政机关对该行为已经给予了行政处罚,按照《行政处罚法》第 24 条的规定,农业行政处罚机关不得再给予罚款的行政处罚,但是对于应当给予的其他处罚,如吊销许可证、没收违法财物等,仍然可以给予处罚,不受该规定的约束。

(2)一个行为触犯了不同法律规范或不同条款,根据规定应当由同一农业行政处罚机关给予行政处罚的情况。对于这种情况,农业行政处罚机关除应当执行《行政处罚法》第 24 条的规定外,还应当按照“一事不再罚”的原则给予处罚,即应当对当事人违法行为所违反的不同农业法律规范和所应受的不同处罚进行比较,按照特别法优于普通法,特别条款优于普通条款的原则,给予行为人一次处罚。

2. 合并处罚

在农业行政处罚实践中,经常存在一个当事人实施了数个违法行为,触犯了不同法律规范,但根据规定应当由同一农业行政处罚机关给予行政处罚的情况。对于此种情况,法律没有明确规定,有意见认为应当参照刑法中数罪并罚的原则处理。对此,本书提出如下处理意见:

(1)合并处罚的适用条件

一是行政相对人实施了数个行政违法行为,而不是单个行政违法行为;二是数个行政违法行为属于同一农业行政处罚机关管辖,即不论地域管辖上,还是职权划分上,这些违法行为都应当由同一行政执法机关进行处罚。如果行政相对人不存在多个行政违法行为,或者这些违法行为由不同的行政机关管辖,就不存在“合并处罚”情形。

(2)合并处罚对刑罚中数罪并罚原则的参照

《刑法》中的数罪并罚是指对一个人所犯数罪合并处罚的制度,即在分别定罪量刑后,依照法定原则,解决数个宣告刑与一个执行刑的关系,也就是确定一个实际的刑罚问题,包括主刑和附加刑。我国《刑法》已确定了以限制加重原则为主,以吸收原则和并科原则为补充的并罚适用原则。所采用的各种原则均无普遍适用性,每一原则仅适用于特定的刑种,吸收原则只适用于死刑和无期徒刑,限制加重原则只适用于有期徒刑、拘役和管制三种有期自由刑,并科原则适用于附加刑。

《刑法》与农业法律法规两者既有联系也有区别,因此,在参照适用时,既不能照搬照抄,也不能全盘否定,而应区别不同情况,分别对待。一是凡农业法律、法规、规章对于行政违法处罚的法律适用问题已有明确规定的,从其规定;二是行政法律、法规、规章没有明确规定的,应立足于惩戒与教育相结合的原则,参照适用《刑法》中数罪并罚的法律适用原则。

农业行政处罚主要有警告、罚款、没收违法所得,没收非法财物、责令停产停业、暂扣或吊销许可证等行政处罚种类。罚款是适用最普遍、最经常的,不同违法行为的罚款宜适用限制加重原则决定执行罚款,即对数个违法行为分别决定处罚额度后,在总和处罚额度以下,最高单个处罚额度以上,决定执行的处罚额度;罚款与其他种类的行政处罚之间,应当采用并科原则,即同时作出互不影响;对于警告、责令停产停业、暂扣或吊销许可证等,不同违法行为决定最后执行处罚时宜采用吸收原则处理,即重处罚吸收轻处罚,因为适用并科或限制加重原则已无实际意义(如决定吊销许可证后再作出责令停产停业的决定);关于没收违法所得、没收非法财物,应区别对待,针对标的物不同的情况,宜适用并科原则处理;针对标的物相同的情况,宜适用吸收原则处理,因为重复叠加无意义。

3. 违法行为的追究时效

行政处罚的时效是指对违反行政管理秩序的违法行为人依法追究行政责任,予以行政处罚的有效期限。行政处罚的时效制度是保证公民、法人或者其他组织免受不法侵害,提高行政处罚效率的重要手段。

《行政处罚法》第29条规定:“违法行为在两年内未被发现的,不再给予行政处罚。法律另有规定的除外。”“前款规定的期限,从违法行为发生之日起计算。违法行为有持续或者继续状态的,从行为终了之日起计算。”对此,应作如下理解:

(1)行政处罚机关只能在法定追究时效期限内才能追究违法行为人的责任。超过法定追诉期限,一律不得再追究其行政处罚责任,已追究的,应当撤销行政处罚。

(2)法定追究时效期限原则上为两年。“法律另有规定的除外”中“法律”是指全国人大及其常委会制定的规范性法律文件以及经法律明确授权而制定的法规。

(3)行政处罚的追究时效从违法行为发生之日起计算,如果违法行为有连续或继续状态的,从行为终了之日起计算。连续状态是指行为人连续实施数个同一种类的违法行为,继续状态是指一个违法行为在时间上的延续。

(4)行政处罚的追究时效针对未被发现的违法行为，即行政处罚机关对违法行为未进行立案调查，也就是说行政处罚机关并不知晓违法行为或者虽然知晓违法行为但并没有要进行调查处理的意图。如果是行政处罚机关已经对违法行为进行立案调查，但是由于违法行为人的逃避而没有调查完毕或不能作出处罚的则不在此限。

4. 从轻、减轻、免予行政处罚的规定

任何法律规范规定的处罚都不是立法的主要目的，处罚的着眼点是行为人的未来行为而不是已经存在的违法行为。合法、适度地运用从轻、减轻或者免予处罚的手段，有利于提高行政处罚的教育效果。

从轻处罚是指在行政处罚的法定种类和法定幅度范围内，适用较轻的种类或者较轻的幅度的处罚。减轻处罚是指在行政处罚的法定最低限度以下适用处罚。免予行政处罚是指行为人虽然实施了违法行为，但在符合法定情形的特殊情况下，可以不追究行政责任，不予以行政处罚。

《行政处罚法》对在适用行政处罚时考虑的从轻、减轻或者免予处罚的情节作了明确的规定。根据我国《行政处罚法》第 25 条、第 27 条的有关规定，从轻、减轻处罚的法定情节主要有：

(1)已满十四周岁不满十八周岁的人有违法行为的；

(2)主动消除或者减轻违法行为危害后果的；

(3)受他人胁迫有违法行为的；

(4)配合行政机关查处违法行为有立功表现的；

(5)其他依法从轻或者减轻行政处罚的。

根据《行政处罚法》第 25 条、第 26 条、第 27 条第 2 款，免予行政处罚的情形包括以下几种：

(1)不满十四周岁的人有违法行为的；

(2)精神病人在不能辨认或者控制自己行为时有违法行为的；

(3)行为人虽有违法行为但情节轻微并及时纠正，没有造成危害后果的。

二、农业行政处罚程序

农业行政处罚程序是指农业行政处罚过程中,必须完成的事项和必经的步骤以及可以采取的手段、措施等的总称,是一定的方式和步骤,按照一定的时限和顺序所构成的行为过程。

根据《行政处罚法》和《农业行政处罚程序规定》的规定,农业行政处罚程序分为简易程序和一般程序。听证程序作为特定案件中一般程序的一个重要环节,下文也予以单独介绍。

(一)简易程序

农业行政处罚的简易程序是农业行政处罚机关针对轻微的违法案件所做出较轻微行政处罚时采用的相对简要的手续和方式。简易程序有以下三个特点:一是有严格的适用范围和条件,简易程序适用于案件事实清楚、证据确凿、处罚较轻的行政违法行为;二是处罚效率高,可以节省执法成本,及时地处理违法案件;三是当事人与行政机关之间行政争议小,一般不会发生行政争议。

1. 简易程序适用范围

适用简易程序必须具备以下三个条件:一是违法事实确凿。违法事实确凿要求有证据证明违法事实存在,而且证明违法事实的证据应当充分。适用简易程序的案件案情简单,违法事实简单明了,无须进一步调查取证就足以证明案件的违法事实;二是要有法定依据。这是指农业行政执法人员做出当场处罚时,一定要根据法律、法规和规章规定的处罚种类和幅度做出行政处罚决定,没有法定依据不能给予行政处罚;三是处罚轻微。适用简易程序案件的处罚种类应当是给予警告或者是对公民处以50元以下、对法人或者其他组织处以1000元以下罚款。法律法规另有规定的除外。

2. 简易程序的内容要求

简易程序应按照下列步骤进行:

第一,向当事人出示执法证件,表明身份。农业行政执法人员是代表农业行政处罚机关履行决定职责的,因此在实施农业行政处罚时,执法人员必须主动向当事人出示执法身份证件,以表明自己有权实施该项处罚。了解执法人员的执法身份,是当事人应有的权利。对于不出示执法证件或者不能证明其执法身份的,当事人可以拒绝接受处罚。出示证件,表明身份,对于防止越权处罚、无权处罚的情况,有着重要作用。

第二,当场查清违法事实,收集和保存必要的证据。当场处罚时,也要认真收集证明案件事实的所有证据,不能因为适用简易程序而忽略调查取证。

第三,告知当事人违法事实及给予处罚的理由和依据。行政执法人员应当在当场作出行政处罚决定之前,向当事人指出违法事实,说明违反了什么法律规范,将给予什么处罚等。

第四,听取当事人的陈述和申辩。这是行政处罚简易程序的必要环节,否则行政处罚无效。执法人员对当事人提出的有关意见,应当认真听取,不能因为当事人提出异议而加重处罚。

第五,作出处罚决定并当场交付处罚决定书,并告知相对人享有的权利。行政处罚决定是影响行政相对人权益的要式行为,必须有书面决定,要填写预定格式、编有号码的行政处罚决定书。行政处罚决定书由当事人签名或者捺指印后,执法人员应当场交给当事人一份。同时告知当事人享有依法申请行政复议和提起行政诉讼的权利。当场收缴罚款的,还应当向当事人出具省级财政部门统一印发的罚款收据。

第六,行政处罚决定报所属行政机关备案。执法人员应当自作出当场处罚决定之日起、渔业执法人员应当自抵岸之日起二日内将《当场处罚决定书》报所属农业行政处罚机关备案。执法人员当场收缴的罚款,应当自返回行政处罚机关所在地之日起二日内,交至农业行政处罚机关;在水上当场收缴的罚款,应当自抵岸之日起二日内交至农业行政处罚机关;农业行政处罚机关应当在二日内将罚款交至指定的银行。

★《当场处罚决定书》

1. 文书概述

当场处罚决定书是农业行政处罚机关适用简易程序,现场作出行政处罚决定的文书。当场处罚决定书应当载明当事人基本信息、违法事实、处罚依据及内容、告知事项、执法人员基本情况、作出处罚的时间、处罚机关印章等内容。

2. 内容要求

（1）首部

主要是文书案号，写法为“行政区划简称 + 执法机关简称 + 执法类别 + 简罚 + 年份 + 序号”，如京农（农药）简罚〔2013〕1号。

（2）正文

①“违法事实”一栏应当写明违法行为发生的时间、地点、违法行为的情节、性质、手段及危害后果等情况；对违法行为的经过、后果、手段、方式、方法的叙述要简明扼要。抓住能决定案件性质的事实写清楚。

②“处罚依据及内容”一栏应当写明作出处罚所依据的法律、法规的全称并具体到条、款、项、目。也就是说第几条第几款第几项都必须写明确，但不必写明条款项的内容；处罚内容应当具体、明确、清楚，同时写明处罚的种类。最好列举填写，例如既给予警告，又给予罚款50元，应该这样写：警告；罚款50元；罚款数额一方面要符合简易程序规定的限额，另一方面书写要规范。

③“告知事项”一栏的内容属于固定格式，包括以下四个方面的内容：应当告知当事人立即或在限定日期内纠正违法行为；若不是当场收缴罚款的，告知当事人在规定的期限内到指定银行缴纳罚款；告知当事人不履行义务将承担的法律责任；告知当事人享有的救济权利和途径。应该写清楚复议机关名称，如对县农业局具体行政行为不服的，应该向该县人民政府或上一级农业行政主管部门申请复议。

（3）尾部

①“执法人员基本情况”一栏中应当写明具体执法人员的姓名和执法证件的号码；“处罚机关”一栏中由具有处罚权的农业行政主管部门或农业管理机构填写具体的年、月、日并加盖公章。

②“当事人签收”一栏中应当由当事人或者其现场代表人亲笔签写自己的姓名或者盖章；

③“是否当场执行”一栏中应当根据执行情况写明“是”或“否”。

3. 注意事项

（1）当场处罚决定书适用于简易程序。也就是说，执法人员受案后，对符合简易程序的适用条件，即“违法事实确凿并有法定依据，对公民处以50元以下对法人或者其他组织处以1000元以下罚款或者警告的行政处罚的”案件，方可适用简易程序当场作出处罚决定，制作当场处罚决定书；

（2）处罚机关印章可事先盖好。因为当场处罚程序比较简便，当场处罚决定书类似于罚单，印章就不必制作完后再加盖；

（3）当场处罚决定书一式三联。第一联由处罚机关备案；第二联当场交付当事人；第三联交付当事人用于到银行缴纳罚款。

4. 文书范例

当场处罚决定书

×农（农产品）简罚〔2013〕1号

<table>
<tr><td rowspan="5">当事人</td><td rowspan="3">个人</td><td>姓名</td><td colspan="4"></td><td>电话</td><td></td></tr>
<tr><td>性别</td><td></td><td>年龄</td><td></td><td>身份证号</td><td colspan="2"></td></tr>
<tr><td>住址</td><td colspan="6"></td></tr>
<tr><td rowspan="2">单位</td><td>名称</td><td colspan="3">×××农业发展
有限公司</td><td>法定代表人
~~（负责人）~~</td><td colspan="2">张××</td></tr>
<tr><td>地址</td><td colspan="4">××市××大街××号</td><td>电话</td><td>×××××××</td></tr>
<tr><td>违法事实</td><td colspan="8">2013年5月20日本局执法人员对×××农业发展有限公司生产经营农产品行为开展执法检查，发现当事人在××区××镇××村租用100亩土地生产西红柿用于销售，生产过程中没有建立相应的生产记录。本局已责令×××农业发展有限公司在2013年6月1日前予以改正。2013年6月10日，本局再次对当事人进行检查，发现×××农业发展有限公司仍然没有建立农产品生产记录。</td></tr>
<tr><td>处罚依据及内容</td><td colspan="8">×××农业发展有限公司的行为违反了《农产品质量安全法》第二十四条第一款的规定。
依据《农产品质量安全法》第四十七条的规定，对×××农业发展有限公司作出如下处罚：
罚款人民币1000元。</td></tr>
</table>

续表

告知事项	1. 当事人应当对违法行为立即或在____日内予以纠正; 2. 当事人必须在收到处罚决定书之日起15日内持本决定书到××市××银行××支行缴纳罚款。逾期不缴纳的,每日按罚款数额3%加处罚款; 3. 当事人逾期不按规定缴纳罚款的,本机关将申请人民法院强制执行; 4. 对本处罚决定不服的,可以在收到本处罚决定书之日起60日内向××市人民政府或××省农林厅申请行政复议或者3个月内向××市××区人民法院起诉。			
执法人员基本情况	姓　名	孙××	唐××	(××市农林局印章) 2013年6月10日
	执法证件号	×农业000020	×农业000021	
当事人签收		张××	是否当场执行	否

(二)一般程序

行政处罚的一般程序又称普通程序,是行政机关对于事实复杂或者情况比较严重的违法行为给予较重的行政处罚时所应遵循的方法、步骤。按照行政处罚法的规定,除适用简易程序的处罚案件外,其他行政处罚适用一般程序。

1. 一般程序的特点

一般程序作为大多数行政处罚所应遵循的普通程序,具有以下特点:

一是适用范围广泛。与简易程序相比较,它的适用范围和条件是:案情比较复杂,情节比较严重,处罚比较严厉。

二是处罚手段较多。与简易程序相比较,处罚手段灵活多样。

三是不适宜个人独立裁决,制约机制相对较强。不适宜个人裁决是一般程序与简易程序的主要区别之处。适用一般程序时,许多过程,如调查取证、进行检查等,执法人员不得少于两人,对情节复杂或者重大违法行为给予较重的行政处罚时,行政机关的负责人应当经过集体讨论作出处罚决定。这些要求都强化了一般程序的制约机制,有利于保证行政处罚的合理性。

四是程序比较复杂,办案时限较长。适用一般程序的行政违法案件,往往是案情复杂、决定难度较大,需要进行调查取证。对于有些涉及当事人重大利益的行政处罚决定,当事人还可以要求行政机关组织听证。相比简易程序,一般程序具有复杂、时限较长的特点。

2. 一般程序的内容

一般程序由下列步骤构成:

第一,立案。立案是行政机关对于公民、法人或者其他组织的检举、控告或者本机关在执法检查中发现的违法行为以及上级机关交办的案件,认为需要进一步调查而决定开展查处的一个程序。立案是一般程序启动的标志,经行政机关负责人批准同意后,行政处罚案件正式启动。

第二,调查取证。立案后进入调查取证阶段。调查取证是行政处罚程序中的一个必经步骤。因为不查明案件事实,就不可能作出正确的行政处罚决定。调查取证的目的主要有:一是查明行政违法事实是否存在,其性质如何,危害结果的有无及大小等;二是查明违法当事人,查明其真实情况以及行为时的主观心理状态等;三是获取与案件事实有关的各种证据,如书证、物证、证人证言等。《行政处罚法》规定行政机关必须全面、客观、公正地调查。所谓全面,是指行政机关要全方位、多层次、多角度地收集证据,凡是与证明案件真实情况有关的证据都要收集,不仅要注意收集证明当事人违法的证据,而且必须同样注意收集证明当事人无违法情况的证据。所谓客观,是指行政机关收集的证据必须是客观存在的事实,即要有客观真实性,任何主观的推测、假想、想象的东西都不能作为证据。所谓公正,是指行政机关在调查取证时不能仅听取某一方或者某一个人的意见和说辞,更不能采取诱导方式提示证人作不利于被处罚人的证言,与当事人有利害关系的调查人员应当回避,等等。

第三,案件审查。调查结束后,执法人员提出具体处理意见,制作《案件处理意见书》,报行政机关负责人,由行政机关负责人对调查结果和执法人员的处理意见进行审查,根据不同情况作出处理决定:对违法行为证据确凿、事实清楚的,根据情节轻重,拟定行政处罚;或虽构成违法,但有不予处罚的法定事由的,应销案;对违法行为涉嫌构成犯罪的,移交司法机关处理。

第四,告知。在作出行政处罚决定之前,农业行政处罚机关应当制作

《行政处罚事先告知书》,送达当事人,告知拟给予的行政处罚内容及其事实、理由和依据,并告知当事人可以在收到告知书之日起3日内,进行陈述、申辩。符合听证条件的,告知当事人可以要求听证,否则,行政处罚决定不能成立。当事人陈述、申辩或者要求组织听证的,行政机关应当听取当事人的陈述、申辩意见或者组织听证会。

第五,作出处罚决定并制作《行政处罚决定书》。行政处罚决定书是行政机关给予行政违法当事人行政处罚的书面决定,在行政管理活动中具有重要的作用:一是行政机关及其执法人员查处行政违法案件的忠实记录;二是具体实施行政法律、法规和规章的重要手段,是行政处罚程序中必不可少的环节;三是行政机关及其执法人员行政执法质量和效率的集中体现;四是法制宣传教育的生动教材。因此,行政处罚决定书必须认真制作。

第六,送达。农业行政处罚机关依照相关规定,将农业行政处罚决定书或其他对相对人产生法律效力或具有法律意义的法律文书送交行政处罚相对人。送达是将法律文书交付当事人,或者是在交付确实不能时使法律文书的内容被相对人明确知悉,送达起到保障相对人的知情权和救济权的作用。法律文书未经送达相对人不对相对人发生法律效力。

第七,执行。行政机关依法作出行政决定后,当事人应当在法定期限内履行决定内容。当事人在法定期限内不履行义务的,行政机关可以申请人民法院强制执行。强制执行需要遵循行政强制法的规定。执行是实现行政处罚决定内容的关键环节,是将纸面的法律意志转变为客观的现实依靠。

第八,结案归档。行政处罚决定依法履行完毕后,行政机关承办人员制作《行政处罚结案报告》,由行政机关负责人批准结案,行政机关承办人员将案卷材料及时归档。

3. 听证程序

行政处罚听证是指行政机关在作出责令停产停业、吊销许可证或者执照、较大数额罚款等行政处罚决定之前,应当事人的要求,组织行政违法案件的调查人员和被处罚当事人同时参加,由调查人员和当事人对相关的违法事实和所适用的法律依据进行当面质证和辩论的一种活动。听证程序不是一个独立的行政处罚程序,仅是某些特定的一般程序案件中的一个环节。

通过举行听证,可以增强行政执法的公开性和透明度,保证公正处罚和保障被处罚当事人的合法权益;有利于行政机关客观、全面地查清案件事实,充分听取当事人的意见,获取证据并准确适用法律,从而使行政机关作出的处罚决定具有更强的合法性和公正性,防止滥用权力违法行为的发生。同时,由于听证原则上公开举行,因而便于被处罚当事人了解案情和法律,也便于人民群众对行政机关的执法活动进行监督,也有利于强化行政机关的自我约束和自我监督,促进依法行政;反过来,行政机关举行听证活动,也可以起到对人民群众进行法制宣传和教育的作用。

上面是关于一般程序和听证程序的简单介绍,关于其具体内容及相关法律文书将在后面章节详细介绍。

三、农业行政执法文书

(一)农业行政执法文书的概念和特点

农业行政执法文书是指农业行政执法主体在农业行政执法活动中制作、适用的具有法律效力或者法律意义的法律文书的总称。农业部《农业行政执法文书制作规范》中的农业行政执法文书主要是指农业行政处罚文书,本书讨论的农业行政执法文书特指农业行政处罚文书。

农业行政执法文书具有以下特点:

1. 农业行政执法文书的制作主体是特定的,必须具备农业行政处罚的主体资格。第一,享有一定的农业行政处罚权。第二,有权以自己的名义实施农业行政处罚行为。第三,能够独立承担由农业行政处罚行为所产生的法律后果。第四,以自己的名义参加行政复议或行政诉讼活动。依据《行政处罚法》和《农业行政处罚程序规定》的相关规定,农业行政处罚机关包括县级以上人民政府农业行政主管部门和法律、法规授权的农业管理机构。农业行政主管部门内设的农业行政综合执法机构或农业行政主管部门依法委托的农业管理机构,只是农业行政处罚工作的具体实施者、承担者,不是农业行政处罚主体,其执法行为必须以所属或委托部门的名义进行。

2. 农业行政执法文书的适用范围是特定的,仅限于农业行政执法主体实施的农业行政执法活动。在本书中主要指农业行政处罚活动,如农业行政处罚案件的立案、调查、听证、处罚决定、执行等。

3. 农业行政执法文书必须依法制作和适用。第一,制作农业行政执法文书必须遵循法定程序并且符合法定条件。例如,农业行政处罚机关制作《当场处罚决定书》,必须按照《行政处罚法》第33条、第34条和《农业行政处罚程序规定》第22条、第23条规定的条件和程序实施。第二,农业行政执法文书的内容、格式必须合法,即必须符合《农业行政执法文书制作规范》的要求。

4. 农业行政执法文书是针对具体人或个别事项制作的法律文书。农业行政执法文书是针对具体人或个别事项而制作的法律文件,只对特定的对象有效,而不是要求人人都遵守的行为规范。

5. 农业行政执法文书具有法律效力或法律意义。法律效力,是指农业行政执法文书具有法律上的拘束力和强制力,它是农业行政处罚机关运用法律规范对特定的社会关系进行个别调整的结果,是法律的普遍约束力的具体反映,它以国家强制力为实施保障,如果不履行要承担法律责任。法律意义是指某些法律文书虽不产生直接效力但对法律的正确实施能起到有力的保证作用或产生一定的法律效果。法律效力和法律意义是两个不同的概念。具有法律效力,一定具有法律意义;反之,具有法律意义,却并不一定具有法律效力。如《行政处罚决定书》既具有法律效力,又具有法律意义;《送达回证》则只具有农业行政执法机关完成了送达程序的法律意义,而不具有法律效力。

(二)农业行政执法文书的作用

1. 农业行政执法文书是农业行政处罚机关履行行政执法职能,实施法律的必要手段。农业行政处罚机关在具体的执法活动中,必须依法制作相应的执法文书,以执法文书作载体来体现执法机关的具体执法活动。如对当事人作出行政处罚就必须制作《当场处罚决定书》或《行政处罚决定书》送达当事人。

2. 农业行政执法文书是农业行政处罚机关开展执法活动的记录和凭

证。农业行政处罚机关开展执法活动的每一个具体步骤和环节都要制作相应的执法文书,如实地记录执法活动真实情况。这不仅是农业行政处罚机关开展执法活动的一个基本要求,而且是农业行政处罚机关执法活动正当与否、合法与否的凭证。一旦当事人提起行政复议或行政诉讼,执法机关就应当提供开展执法活动的法律文书以证实自己的执法活动是合法有效的。如没有相应的法律文书,执法机关的执法活动就得不到相应的法律支持,行政执法行为会被依法确认为无效或被撤销。

3. 农业行政执法文书是行政执法监督的重要依据。农业行政执法文书如实反映了农业行政处罚机关执法活动的全貌,执法行为是否合法、适当,及执法文书制作、适用是否规范、准确等,都要通过相应的农业行政执法文书来体现。上级农业行政执法机关对下级农业行政执法机关、农业行政执法机关对农业执法人员、司法机关及有关部门对农业行政执法机关的监督,都可以通过对农业行政执法文书的检查来实现。

4. 农业行政执法文书是衡量农业行政执法人员执法能力和水平的重要尺度。农业行政执法文书可以综合反映执法人员法律知识、专业知识、道德品质、文化修养等方面的素质。

5. 农业行政执法文书是法制宣传教育的生动教材。一份合格的法律文书尤其是对当事人或对外公开的法律文书,就是一份生动的法制宣传教材,它可以告诉人们:哪种行为是违法行为,违反了什么法律法规,要承担什么样的法律责任,从而让人们认识到哪些行为可为,哪些行为不可为,从而避免实施违法违规行为,自觉遵守法律法规。

(三)农业行政执法文书的分类

农业行政执法文书的分类,是指根据一定的标准将农业行政执法文书划分成不同的种类。对农业行政执法文书按照不同的标准进行科学分类,有利于更好地从整体上把握、制作和适用农业行政执法文书。通常农业行政执法文书可以作如下分类:

1. 内部文书与外部文书

以农业行政执法文书适用范围为标准,可以将农业行政执法文书分为内部文书和外部文书。内部文书是指为了解决农业行政执法活动中请示、报告等问题,而制作的在农业行政执法机关内部运转的农业行政执法文书,如《行政处罚立案审批表》、《案件处理意见书》、《行政处罚结案报告》等文书。外部文书是指农业行政执法机关在具体执法活动中制作的涉及当事人或与案件有关的其他人的农业行政执法文书。有的外部文书需要在当事人或者与案件有关的其他人的配合参与下才能制作,如《询问笔录》、《现场检查(勘验)笔录》等;有的外部文书需要按照法定程序和方式送达给当事人或其他人,如《产品确认通知书》、《行政处罚事先告知书》、《行政处罚决定书》等。

2.填写式、笔录式和书写式文书

以农业行政执法文书的制作方式为标准,可以将农业行政执法文书分为填写式文书、笔录式文书和书写式文书。填写式文书即表格式文书,是事先印制好,使用时由执法人员在空白处根据实际情况填写相应内容的格式文书,如《当场处罚决定书》、《抽样取证凭证》、《证据登记保存清单》、《查封(扣押)决定书》、《送达回证》等文书。笔录式文书是事先只印制笔录头,使用时由执法人员记录问答内容或现场实际情况的文书,如《询问笔录》、《现场(勘验)检查笔录》、《查封(扣押)现场笔录》等文书。书写式文书主要是规定必须具备的要素及形式,而具体内容由执法人员根据执法实际需要拟制的执法文书,如《行政处罚决定书》。

(四)制作农业行政执法文书的基本要求

制作农业行政执法文书应当做到合法、准确、充分、统一、规范。

1.合法。合法是指制作农业执法文书不仅程序要符合法律的规定,而且文书的内容也必须要符合法律的规定。一是要做到文书制作程序合法,即制作农业执法文书必须按照法律法规规定的文种、时限、步骤、方法等要求来制作。农业行政执法文书直接反映了农业行政执法活动的进程,必须遵守行政程序法的有关规定。如当场对当事人作出行政处罚决定要制作《当场处罚决定书》,《行政处罚听证会通知书》必须在举行听证会的七日前送达当事人,在作出行政处罚决定之前必须制作《行政处罚事先告知书》送达当事人等；二是要做到文书内容合法，即农业执法文书的内容所反映和体现的是国家法律法规规定，具体地体现实体法律规范所确定的权利义务关系和程序法律规范所规定的行为人享有权利和履行义务的方式、方法、步骤等。

2. 准确。准确指农业行政执法文书所依据的事实和所运用的语言必须准确无误。一是事实准确，这要求文书所认定的事实必须是有证据证明的事实，认定的事实应当与采信的证据相一致，尚未查证属实的事实不能写入执法文书；二是语言准确，这要求农业行政执法文书的语言文字必须准确，不能模棱两可、似是而非，用词要准确、精炼、言简意赅、通俗易懂。因书写错误或印刷错误需要对文书进行修改的，应加盖校对章或者由当事人签名或盖章。

3. 充分。充分即说理充分，指执法的理由要充分，充分说明当事人的行为在法律上是如何界定的及当事人应当承担的法律责任。法律规定是执法文书中阐明理由的基石，必须准确适用法律规范。引证法律条文力求明确具体，若法律条文分款分项，则应有针对性地引用某条某款某项，应将法律条文的原文引出或写明原条文第×条第×款第×项。一般先引法律规定，再引法规规定，最后引规章规定；先引定性规定，再引处罚性规定。

4. 统一。统一是指格式统一，即农业行政执法文书格式必须按照规定的格式统一制作。执法文书是程式化的文书，有固定的格式。根据《农业行政处罚程序规定》第67条，农业行政处罚基本文书格式由农业部统一制定，省级农业行政主管部门可以根据地方性法规、规章和工作需要，调整有关内容或补充相应文书，报农业部备案。农业行政执法机关在制作执法文书时必须按照《农业行政执法文书制作规范》和农业部制发的农业行政处罚基本文书格式或其省级农业行政主管部门报农业部备案的文书格式统一制作，不得随意改变。

5. 规范。规范即农业行政执法机关在制作执法文书时必须按照农业部或者省级农业行政主管部门确定的文书制作规范进行，对固定的用法、表述必须严格依照规范进行。具体应做到以下几点：

①用墨、笔、纸符合规范。墨、笔一般用黑色、蓝黑色笔墨书写，不能用

圆珠笔、红笔,做到字迹清楚、文面整洁;用纸一般采用国际标准A4型(210mm×297mm),左侧装订。张贴的文书用纸大小,根据实际需要确定。

②书写要规范,要使用法律语言,尽量避免口语、方言等。避免方言土话,如拖拉机的量词,通常是用“台”,若在执法文书中使用“部、挂、辆”等,就不规范,应尽力避免。文书语言要完整,不得随意省略或使用代号,如全称太长,叙述不便,可在第一次出现的全称后面用括号注明“以下简称……”。执法文书中的数字书写,除文件编号、价格、数量等必须用阿拉伯数字者外,一般用汉字书写。还应当正确使用标点符号,避免产生歧义。另外,文书要客观记录,不加评论。

③在填写当事人情况时,应按如下要求填写:根据案件情况确定“个人”或者“单位”,“个人”、“单位”两栏不能同时填写。当事人为个人的,姓名应填写身份证或户口簿上的姓名;个人需要填写上当事人的身份证号;住址应填写常住地址或居住地址;“年龄”应以公历周岁为准。当事人为法人或者其他组织的,填写的单位名称、法定代表人(负责人)、地址等事项应与工商登记注册信息一致,并要注意当事人名称前后应一致。

④文书设定的栏目,应当逐项填写,不得遗漏和随意修改。无须填写的,应当用斜线划去。如果执法文书首页不够记录,可以附纸记录,但应当注明页码,由相关人员签名并注明日期。

⑤印章规范。加盖印章是制作执法文书最后的法定程序,执法机关的印章加盖在发文日期之上,即所谓的“骑年盖月”。

第二章
立 案

立案,是指农业行政处罚机关对发现的违法案件材料,公民、法人或者其他组织的检举、控告或者在执法检查中发现的违法行为以及上级机关交办的案件,依照自己的管辖范围进行审查,以判断有无违法事实和是否需要追究责任,并决定是否进行调查处理的专门活动。立案是农业行政处罚机关对具体农业违法行为启动一般处罚程序的标志。立案须经农业行政处罚机关负责人批准生效。

一、案件来源

从农业行政执法的实践分析来看,农业违法案件的来源主要有以下几个方面:

1. 检举、控告

公民、法人或其他组织可以对当事人有违法嫌疑的行为以电话、信件、来访等形式向农业行政处罚机关进行检举、控告。随着人民群众法律意识的增强,农业投诉、举报网络的健全,这种来源的案件越来越多。

2. 主动投案

当事人在实施违法行为后主动向农业行政处罚机关投案。这类情况多见于共同违法中的部分成员,往往因分利不均或后果出乎意料,迫于艰难的处境而投案,希望得到从轻或减轻处罚。

3. 检查发现

农业行政处罚机关在执法检查、案件处理等过程中发现的违法行为或有较大违法嫌疑的案件。实践证明,执法人员主动发现线索是掌握案源的重要途径。

4. 媒体曝光

农业行政执法人员通过各种媒体宣传发现已发生的违法行为。通过媒体发现的案件一般是大案、要案,但案情的报道与事实往往存在偏差,执法人员应进行细致的调查分析。

5. 上级交办

上级交办的案件包括上级农业行政主管(处罚)机关、本级人大、政府或有关领导批示交办等。上级机关对下级机关交办案件,是实施协调、指导、监督职能的具体体现。

6. 其他机关移送或转移

没有管辖权的机关将受理的案件交给有管辖权的机关处理;或者某一农业行政处罚机关依法将可以由自己处理的案件转移给另一农业行政处罚机关管辖处理。接受移送或转移的农业行政处罚机关认为符合立案条件的,应当立案。

二、案件管辖

管辖,即各级各地农业处罚机关和法律法规授权组织(以下简称农业行政处罚机关)对农业行政处罚案件的权限划分。农业行政执法系统作为一个体系,由若干不同级别、不同地域的农业行政处罚机关组成。某一违法案件发生后,具体由哪一级别、哪一地域的处罚机关负责执法,是管辖制度所要解决的问题。

（一）地域管辖

地域管辖，也称区域管辖或属地管辖，是指同级农业行政处罚机关之间横向划分行政处罚管辖区的权限分工，即确定农业行政处罚机关依职权实施行政处罚的地域范围。农业行政处罚的地域管辖比较复杂，从实际情况来看，主要涉及一般地域管辖、共同管辖和特定管辖。

1. 一般地域管辖

一般地域管辖是指农业行政处罚由违法行为发生地的农业行政处罚机关管辖。当然，以违法行为发生地作为确定一般地域管辖的标准，并不排除在某些情况下以行为人住所地来确定管辖。如由行为人住所地的机关管辖比行为地的机关管辖更为方便，也可以由行为人住所地的机关管辖，这符合处罚的效率原则。当然，这种例外情况，要以法律、行政法规的特别规定为限。

2. 共同管辖

共同管辖是指两个以上机关或者组织依法对同一违法行为都有行政处罚管辖权的情况。同一违法行为是指同一主体的一个行为违反了一个法律规范，根据违法行为与处罚相适应的原则，对这个行为只能由一个机关或者组织给予一次处罚。因此，共同管辖要解决的问题是案件到底由哪一个机关或者组织管辖。

造成共同管辖的原因主要有如下情形：(1)违法行为的着手地、经过地、实施地和损害结果发生地不在同一地域，从而导致数个农业行政执法机关均有管辖权，如在甲地生产假农药，经乙地运输至丙地销售；(2)违法行为具有连续性或者持续性，从而使违法行为从一地转移到另一地，如无证驾驶农机跨区域作业。

对于此类共同管辖的案件，应根据“先立案原则”来确定最终管辖权。《农业行政处罚程序规定》第10条规定，对当事人的同一违法行为，两个以上农业行政处罚机关都有管辖权的，应当由先立案的农业行政处罚机关管辖。所谓先立案，就是指具体行政处罚程序的开始，包括行政机关收到检举材料，自己发现违法行为以及开始立案或者调查取证等。至于如何确定谁先立案,要根据有关立案材料所记载的时间来判断。在这个判断作出之前,一些机关或者组织可能不可避免地进行一些重复工作。严格来说,实施处罚的机关或者组织应该对那些共同管辖的行政处罚做到心中有数,在查处涉及共同管辖的违法行为时,及时与有关机关或者组织协商、通报情况,既避免重复劳动,亦可加强合作。当然,如果两个机关交流沟通后仍不能解决共同管辖产生的管辖争议问题,则应报请共同上一级机关指定管辖。

3. 特定管辖

特定管辖是指一般地域管辖和共同管辖所未能覆盖的管辖,主要是解决两种违法行为处罚的管辖问题:一是违法行为的地点难以查明的处罚管辖;二是单行法律、法规规定某种行为的处罚管辖。对前者,仍应根据"先立案原则",由最先查处的农业行政处罚机关管辖,这样可以提高行政处罚的效率,使违法行为得到及时的制裁。后者主要是在难以根据行为发生地或者共同管辖的原则来确定管辖机关的情况下,由单行法律、法规按其他标准来确定管辖机关。如《农业行政处罚程序规定》第 9 条第 2 款:渔业行政处罚有下列情况之一的,适用"谁查获谁处理"的原则:(1)违法行为发生在共管区、叠区的;(2)违法行为发生在管辖权不明确或者有争议的区域的;(3)违法行为发生地与查获地不一致的。

(二)职能管辖

职能管辖是指农业行政处罚机关与其他行政机关依据各自职权对实施行政处罚所作的分工。对一个行政违法案件进行处罚,首先需要根据法律规定的农业行政处罚机关以及其他行政机关的职权划分来确定案件的管辖主体,法律赋予农业行政处罚机关区别于其他行政机关的职权,由其对职权内的违法案件进行管辖,避免了不同行政机关对同一违法案件在管辖上发生冲突或推诿,有利于不同行政机关各司其职,维护行政管理秩序。例如,法律规定肥料需要登记,肥料未登记或假冒登记而发生的违法案件由农业行政机关管辖,免予登记的肥料发生质量问题则由质监部门管辖。

(三)级别管辖

级别管辖是指划分上下级农业行政执法机关之间实施行政处罚的分工

和权限。它所解决的是整个农业行政执法系统内哪些行政处罚应由哪一级农业行政处罚机关实施的问题。级别管辖对合理地均衡上下级机关在处罚中的作用和工作量,使行政处罚合法、高效地发挥其功能,具有重要意义。

《农业行政处罚程序规定》第8条规定:县级农业行政处罚机关管辖本行政区域内的行政违法案件。设区的市、自治州的农业行政处罚机关和省级农业行政处罚机关管辖本行政区域内重大、复杂的行政违法案件。农业部及其所属的经法律、法规授权的农业管理机构管辖全国或所辖区域内重大、复杂的行政违法案件。

由于对何为"重大、复杂的行政违法案件",目前还没有法定解释,根据《农业行政处罚程序规定》第11条"上级农业行政处罚机关在必要时可以管辖下级农业行政处罚机关管辖的行政处罚案件。下级农业行政处罚机关认为行政处罚案件重大复杂或者本地不宜管辖,可以报请上一级农业行政处罚机关管辖"的规定,结合实践,地方各级农业行政处罚机关的具体管辖范围可参考以下情况确定:

1. 县级农业行政处罚机关管辖范围

由于县级行政区划是我国行政区划中最基本的单位,因此,农业行政违法案件原则上都由违法行为发生地的县级农业行政处罚机关管辖。

2. 设区的市、自治州的农业行政处罚机关管辖范围

(1)本行政区域内两个或两个以上县级农业行政部门对案件管辖有争议,经协商不能解决的;

(2)违法行为造成重大经济损失(各地可根据当地经济发展实际水平确定)或者在本市造成严重社会影响的;

(3)原有管辖权的县级农业行政主管部门不宜处理的,或者同意县级农业行政主管部门报请管辖或者认为需要由自己管辖的;

(4)跨县的违法案件;

(5)上级交办的。

3. 省级农业行政处罚机关管辖范围

(1)法律、法规规定由省级农业行政主管部门管辖的;

(2)本行政区域内两个以上不相隶属的县市农业行政部门对案件管辖

有争议,经协商不能解决的;

(3)原有管辖权的下级农业行政主管部门不宜处理的,或者同意下级农业行政主管部门报请管辖的或者认为需要由自己管辖的;

(4)违法行为造成特别重大经济损失(各地可根据当地经济发展实际水平确定)或者在本省造成严重社会影响的;

(5)跨市的违法案件;

(6)上级交办的。

(四)指定管辖

指定管辖是指上级行政机关以决定的方式指定下级行政机关对某一行政处罚案件行使管辖权。指定管辖实际上也是赋予行政机关在处罚管辖上一定的自由裁量权,以适应错综复杂的情况。它对解决目前处罚管辖存在的重复管辖或者管辖空白等问题很有意义。

上级机关指定下一级机关对某一处罚行使管辖权,是具有法律效力的行政行为,以书面方式,按行政程序作出指定的决定。也就是说,上级机关行使指定权时,要依法作出指定决定,制作指定决定书。否则,难以分清决定者与被指定者的责任,也使被指定者行使管辖权失去法定依据。

1. 指定管辖的两种情形

一是发生管辖权争议时的指定管辖。所谓管辖权争议,是指两个以上的机关或者组织在实施某一处罚时,发生互相推诿或者互相争夺管辖权等问题。《农业行政处罚程序规定》第12条规定:“农业行政处罚机关对管辖发生争议的,应当协商解决。协商不成的,报请共同上一级农业行政处罚机关指定管辖。”发生管辖权争议后,争议双方应积极协商,努力解决争议。如果因体制等客观原因解决不了的,就应当及时报请共同上一级机关指定管辖。上级农业行政处罚机关在收到报请管辖或指定管辖的请示后,应当在10日内作出书面决定。

二是由于特殊原因而使管辖权不明确的。特殊原因既包括法律上的原因,如某一机关正处于合并或者撤销之中,也包括事实上或客观上的原因,如发生了重大农业意外事件,同时还包括新兴领域管理一时未跟上等。这些原因都可能导致处罚管辖权不明确或者出现管辖空白,对此,上级机关应及时指定有关下一级机关对因上述原因而不能实施的行政处罚行使管辖权。

2. 行使指定管辖权的机关

如前所述,指定管辖权是一种行政决定权和行政领导权,一般由上级机关行使。就发生管辖争议而言,其指定管辖权应由争议各方的共同上一级行政机关行使。这里的共同上一级行政机关又因争议各方的关系不同而不同。如果争议各方为同一行政区域的不同农业业务部门,那么行使指定管辖权的机关就是本级人民政府;如果争议各方是不同行政区域的相同业务部门,那么行使指定管辖权的机关就是争议各方中级别最高的工作部门的上一级业务部门;如果争议各方是不同行政区域的不同业务部门,那么行使指定管辖权的机关就是争议各方中级别最高的农业行政机关所属的人民政府。

至于因特殊原因引起的指定管辖,其指定权一般都是由原因发生地或者违法行为发生地的地方人民政府或者其上一级人民政府行使。

(五)移送管辖

移送管辖是行政机关立案后,发现本机关对该案无管辖权,依照法律规定将案件移送给有管辖权的行政机关办理的情况。移送管辖通常发生在同级行政机关之间,但也不排除在上、下级行政机关之间适用。移送管辖的适用应当具备以下条件:一是行政机关已立案。若尚未立案,经审查不归本机关管辖,不存在移送管辖问题,直接建议有管辖权的行政机关办理。二是立案机关对该案无管辖权。三是接受移送的行政机关对该案有管辖权。

就案件违法性质而言,案件移送可分为两类:一是涉嫌犯罪案件的移送;二是一般违法行为案件的移送。前者应将案件移送给有管辖权的司法机关处理,后者应将案件移送给有管辖权的行政机关处理。具体情形见本书第四章中的案件移送。

三、立案条件

立案的条件包括以下几个方面:第一,行政处罚机关对立案材料审查后,认为确有违法行为发生;第二,违法行为是应受处罚的行为;第三,属于本部门职权范围且归本机关管辖;第四,属于适用一般程序而非简易程序的案件。

1. 违法行为确已发生。这里的违法行为是指违反农业法律规范、破坏农业管理秩序的行为,须有一定的事实材料证明违法行为确已发生。

2. 应受处罚。并非有违法行为就一定要受到处罚,进行处罚必须是法律规定应受处罚的违法行为,而且要符合追责时效的要求。根据《行政处罚法》第 29 条第 1 款的规定:"违法行为在两年内未被发现的,不再给予行政处罚,法律另有规定的除外。""前款规定的期限,从违法行为发生之日起计算,违法行为有持续或者继续状态的,从行为终了之日起计算。"即除非有法律特别规定,农业违法行为两年之后才被发现的,不予立案。

3. 属于本部门职权范围且归本机关管辖。即按照职权法定原则,该行为属于本部门职权范围之内,而且按照级别管辖、地域管辖、移送管辖和管辖权转移等原则,该案件属于本部门管辖,方可立案。否则,即使已经立案也要将案件移送有管辖权的农业行政处罚机关。

4. 该案件应当适用一般程序而非简易程序。主要包括以下几种:

(1)处罚较重的案件。按照农业行政处罚的种类来说,责令停产停业、没收违法所得、没收非法财物、暂扣或者吊销许可证以及数额大的罚款等行政处罚,是较重的行政处罚,应当适用一般程序。按照罚款的幅度来说,罚款数额对公民在 50 元以上、对法人或者其他组织在 1000 元以上罚款的行政处罚,执法人员不能当场做出行政处罚决定,必须依照一般程序依法做出行政处罚决定。

(2)情节复杂的案件。行政机关需要经过调查,才能查明案情,做出行政处罚决定的案件,不能适用简易程序,执法人员应当报告行政机关,按照一般程序处理。

(3)当事人对于执法人员给予当场行政处罚的事实认定及法律适用有分歧,执法人员无法当场做出行政处罚的案件。执法人员在处理较轻的行政处罚案件时,尽管可以当场做出行政处罚决定,但是遇有当事人认为执法人员认定事实或适用法律有错误,而执法人员又与其争执不下,难以做出行政处罚决定时,应当提交处罚机关,按照行政处罚的一般程序,经过调查取证,在查清事实的基础上做出行政处罚决定。

四、立案程序

立案是农业行政处罚一般程序的开始阶段,也是法定程序。立案是一种要式行政行为。先立案后查处,是行政处罚程序的最基本要求,即使在执法检查过程中遇到紧急情况需要先采取紧急措施的,也应当在事后补办立案手续。

立案程序分以下步骤:

(一)初查初审

执法人员对不同来源的涉嫌违法行为进行初步调查,形成有关材料(如调查报告)。特别是对群众举报、控告等涉嫌违法案件,应当先初步调查核实违法行为是否存在,违法事实存在的,再按程序报处罚机关负责人批准立案。

(二)报批

执法人员根据初查初审情况,填写《行政处罚立案审批表》,并提出建议,报本机关或组织负责人;负责人做出是否立案的决定,决定立案的,由指定的办案人员承办。对在行政执法检查过程中发现的违法案件,如没有特殊、紧急情况的,必须填写立案审批表报处罚机关负责人批准才能查处;情况特殊、紧急的,可以先采取查处措施,再补办立案登记手续。如根据《农业行政处罚程序规定》第40条,在边远、水上和交通不便的地区按一般程序实施处罚时,执法人员可以采用通讯方式报请处罚机关负责人批准立案和对调查结果及处理意见进行审查。报批记录必须存档备案。

★《行政处罚立案审批表》

1. 文书概述

《行政处罚立案审批表》是农业行政处罚机关在办理一般程序案件中,用以履行报批立案手续的文书。该文书属于内部文书。

2. 内容要求

(1)首部

①"案号"的正确填写方法为:"行政区划简称+执法机关简称+执法类别+立+年份+序号",如延农(农药)立〔2012〕1号;

②"案件来源"栏应当按照检查发现、群众举报、上级交办、有关部门移送、媒体曝光、违法行为人交待等情况据实填写;

③ 案由的写法:"涉嫌+违法行为定性+案";

④ 当事人为个人的,个人的姓名、性别、年龄、身份证号、联系电话、住址应当写明;当事人为单位的,写明名称全称、法定代表人、地址和联系电话;

⑤受案时间:写明受案的具体时间。

(2)正文

①"简要案情"栏应当写明当事人涉嫌违法的事实、证据等简要情况;对当事人的违法行为进行初步定性,并写明当事人违反法律的具体条款和立案依据,同时应明确是否立案的意见;"受案人"一般是两个人,应当分别签名(不可代签)和写明日期。

②"执法机构意见"、"法制机构意见"和"处罚机关意见"栏中,相关负责人应明确是否同意立案的意见,并签名和写明日期。

(3)尾部

"备注"栏写明有无特殊信息。

3. 注意事项

①以简易程序当场处罚的案件不适用立案审批表;

②在是否立案上,应当考虑是否构成违法并应按照一般程序给予处罚,是否属于本机关管辖,是否在法定的追究时效内等;

③在立案时间的把握上,除非现场处理等紧急特殊情况,一般来说,立案时间在调查取证时间之前,效率比较高的执法机关,立案时间与调查取证时间也可在同一天;

④在填写"案由"栏目时,应有"涉嫌"两字居前,因为案件未经调查取证时,不可直接认定为违法;

⑤在是否同意立案的审批意见栏中,应明确填写自己的观点,即同意立案与否,不能只签名不表态,或填写同意某某人意见等。

4. 文书范例

行政处罚立案审批表

×农(农药)立〔2012〕5号

<table>
<tr><td colspan="2">案件来源</td><td colspan="5">检查发现</td><td>受案时间</td><td>2012年3月6日</td></tr>
<tr><td colspan="2">案　　由</td><td colspan="7">涉嫌经营劣质农药案</td></tr>
<tr><td rowspan="5">当事人</td><td rowspan="3">个人</td><td>姓名</td><td colspan="4">潘××</td><td>电话</td><td>×××××××</td></tr>
<tr><td>性别</td><td>男</td><td>年龄</td><td>52岁</td><td>身份证号</td><td colspan="2">××××</td></tr>
<tr><td>住址</td><td colspan="6">××县农业生产资料公司宿舍</td></tr>
<tr><td rowspan="2">单位</td><td>名称</td><td colspan="4"></td><td>法定代表人
(负责人)</td><td></td></tr>
<tr><td>地址</td><td colspan="4"></td><td>联系电话</td><td></td></tr>
<tr><td colspan="2">简要案情</td><td colspan="7">2012年3月6日,我局执法人员检查发现,当事人在其××门市部经营标称××公司生产的农药“40%毒死蜱乳油”,登记证号为LS2011××××,生产日期为2011年10月28日,共3200公斤;随后,执法人员对该产品进行抽样送检。2012年4月12日,××检验中心出具的《检验报告》判定:样品质量分数为33.9%,为不合格产品。当事人明确表示认可检验结果、不申请复检。根据《农药管理条例》第三十二条第二款第一项“下列农药为劣质农药:(一)不符合农药产品质量标准的……”之规定,当事人涉嫌经营劣质农药,违反了《农药管理条例》第三十二条第一款“禁止生产、经营和使用劣质农药。”之规定。依照《农药管理条例》第四十三条之规定,应当给予行政处罚,建议立案。
受案人签名:曹××　杨××
2012年4月13日</td></tr>
<tr><td colspan="2">执法机构意见</td><td colspan="7">同意立案。
签名:张××
2012年4月13日</td></tr>
<tr><td colspan="2">法制机构意见</td><td colspan="7">同意立案。
签名:赵××
2012年4月14日</td></tr>
<tr><td colspan="2">执法机关意见</td><td colspan="7">同意立案。
签名:罗××
2012年4月15日</td></tr>
<tr><td colspan="2">备注</td><td colspan="7">无。</td></tr>
</table>

五、立案中应注意的问题

立案过程中应注意以下问题:

1. 案件要进行受理登记,写明案件来源、初审意见、是否立案、承办状态等。要鼓励和保护举报人。案件立案后及时向有关方面反馈,特别要注意对一些经初查初审认为不符合立案条件的,也应向案情来源方(举报人、移送单位或交办领导等)说明理由,报告情况。对案件实行登记管理,既有利于加强执法责任制的建设和落实,也有利于规范执法部门的内部管理。

2. 关于立案时间。根据抽检结果立案的,以不合格检验报告出具的时间作为立案时间。办案过程中情况紧急,采取先电话请示立案、后补办立案手续的,以电话请示的时间作为立案时间。

3. 对当事人的同一违法行为,如果有管辖权的另一农业行政处罚机关已经立案或已对违法行为人进行了处罚,那么后发现的农业行政处罚机关就不再进行立案,已经立案的要及时报批撤销。

4. 发现重大、复杂的案件,应及时向上级农业行政处罚机关转移,由上级农业行政处罚机关进行管辖。

第三章
调查取证

调查取证是农业行政机关在决定立案之后，为查清涉嫌违法行为人是否确有违法行为以及有什么样的违法行为，展开的全面、客观、公正的调查并收集证据的工作。

调查取证是执法人员执法活动的主要内容，执法人员通过依法询问当事人和证人，提取相关物证、书证、视听资料，进行物证检验或鉴定等活动，依法收集各种相关证据，用来证明案件的真实情况。证据是办案人员用以证明案件事实的基础、认定案件事实的依据，是办案的关键所在。在法治社会，无论是刑事侦查人员还是行政执法人员，无论是审判机关还是行政机关，在办理案件的时候都必须以证据为基础，从不同角度认定进而证明案件事实。离开了证据，认定或证明案件事实就成了无本之木、无源之水。因此，证据是对案件事实认识的本源，收集证据、保存证据、审查证据、运用证据是办案人员办理案件时最基本的工作。一言以蔽之，“办案”就是“办证据”。

一、概述

(一)证据的概念和特征

农业行政处罚证据是农业行政处罚机关依法调取的、可以作为定案依据的、具有法定形式的、能够证明案件真实情况的一切事实根据。证据对农业行政处罚机关和当事人都具有重要意义。一方面,证据是农业行政处罚机关据以认定当事人行为违法和作出处罚决定的依据。证据的有无和证明力的大小直接决定当事人行为的性质、情节,决定行政机关如何依法决定和依法裁量。另一方面,证据也是决定行政处罚案件得以维持或撤销的关键。当事人不服农业行政处罚,依法提起行政复议或者行政诉讼的,按照《行政诉讼法》的规定,具体行政行为所依据的主要证据不足时,法院会做出撤销或者部分撤销的判决。

证据必须经过查证属实,才能作为认定案件事实的根据。经查证属实的证据应当符合证据的真实性、合法性、关联性的基本特征。若不能满足上述特征,则该证据在行政处罚案件中不能作为定案依据。

1. 真实性

所谓证据的真实性,是指证据作为证明案件事实的工具,其本身必须是客观存在的事实,既不是人主观想象的,也不是伪造的,不以人的主观意志为转移。真实性要求不能把个人主观的判断或者人们的想象、假设、推断和感受作为定案的证据来使用。对证据是否具有真实性的判断往往须从其是否与其他证据之间存在矛盾进行认定。

2. 合法性

所谓证据的合法性,是指证据必须依法加以收集和运用,包括收集、运用证据的主体要符合法律规定,证据的取得必须遵循法定程序,证据的形式应当符合法定要求,证据必须经法定程序查证属实等等。严重违反法定程序收集的证据材料,不能作为定案依据。

3. 关联性

所谓证据的关联性,是指农业行政处罚案件中的证据必须与案件事实具有一定的客观联系，证据证明的事实不仅必须是该案件的事实，而且应当与具体行政行为的合法性与适当性有着密切的内在联系。办案人员在调取证据时，不仅要从案件发生的原因、过程、结果去调取相关证据，还要从法律对违法行为应当采取的相关措施方面调取证据。这种关联性的证据越多越有利于办案人员做出正确的判断。

（二）证据的种类

《农业行政处罚程序规定》第 27 条第 3 款规定，“证据包括书证，物证，视听资料，证人证言，当事人的陈述，鉴定结论，勘验笔录和现场笔录”，这与《行政诉讼法》第 31 条的规定是一致的。据此，农业行政处罚中，法定证据种类如下：

1. 书证

书证是指能够根据其表达的思想和记载的内容查明案件真实情况的一切物品。这些物品大致可以包括：用文字记载的内容来证明案情的书证，以符号表达的思想来证明案情的书证以及用数字、图画、印章或其他方式表露的内容或意图证明案情的书证。

农业行政执法中常见的书证有：反映行为人主体身份的材料（身份证、营业执照、任职免职的文件）、账簿、凭证、产品质量的检验文书、农业行政处罚文书、各种许可证、各种文件、合同等。

书证在取证时应调取书证的原件。原本、正本和副本均属于书证的原件。调取原件确有困难的，可以调取与原件核对无误的复印件、照片、节录本；注意在调取书证时应当注明出处，经相对人核对无误后签名或盖章。报表、图纸、账册、科技文献应有说明材料。

2. 物证

物证是指据以查明案件真实情况的一切物品和痕迹。物证以其存在的形状、质量、规格、特性等外部特征证明案件真实。

农业行政执法中常见的物证主要有：抽样取证的商品、包装物、与违法行为有关的工具等。

物证在取证时应尽量调取原物，调取原物确有困难的，可以调取与原物核对无误的复制件或者证明该物证的照片、录像等其他证据;原物为数量较多的种类物的,调取其中的一部分,如抽取的样品或其照片、证据登记保存的物品等。

物证具有较强的客观性,不以人的意志为转移,因而,物证具有较强的证明力,其证据高于没有经过登记的书证、视听资料和证人证言。但是,无法与原物核对的复制品不能单独作为认定案件事实的根据。

3. 证人证言

证人证言是指知道案件真实情况的人向办案人员所做的有关案件部分或全部事实的陈述。

证人证言的内容包括能查清案件真相的一切事实。与案件无关的内容,或者是证人的估计、猜想、想象等,不能作为证言的内容。办案人员只能要求证人陈述案件事实,而不能要求证人对这些事实作出判断。证人陈述的情况,可以是亲自听到或看到的,也可以是别人听到或看到而转告的。但转告的情况,必须说明来源,说不出来源的,或者道听途说的消息,不能作为证人证言使用。

证人证言应做文字记载,应写明证人的姓名、年龄、性别、职业、住址等基本情况;证人证言应当有证人的签名,不能签名的,应当以盖章等方式证明(实际执法中多为签名、摁手印);注明出具日期;办案人员应当调取居民身份证复印件等证明证人身份的文件。

需要注意的是,根据法律规定,生理上、精神上有缺陷而不能辨别是非、不能正确表达真实意思的人不能作为证人,未成年人所作的与其年龄和智力状况不相适应的证言不能单独作为定案的依据。

4. 当事人陈述

当事人陈述是指当事人就有关案件的真实情况向行政机关所作的说明,它包括当事人自己对案件事实的说明和对案件事实的承认。当事人陈述包括当事人有关情况的说明、自述材料等。询问笔录是当事人陈述的一种形式。

当事人陈述在可信度上具有双重性。一方面,当事人是案件的亲历者,对双方争议的事实情况了解得最全面,对农业行政处罚机关所作的陈述往往可以揭示案件的真实情况；另一方面，当事人与案件处理结果有直接的利害关系，往往在真实的陈述中掺入虚假的成分，因而又具有主观性和片面性。

鉴于当事人陈述的上述特点，农业行政处罚机关往往需要借助其他证据来证明当事人陈述本身的真实性，在对案件事实进行认定时应当结合其他证据综合考虑，不能仅以当事人陈述认定案件事实。

5. 视听资料

视听资料是指采用现代技术手段，将可以重现案件原始声响、形象的录音录像资料和储存于电子计算机的有关资料及其他科技设备提供的信息，用来作为证明案件真实情况的资料，如录音资料、录像资料等。这是一种更接近于案件的真实情况的证据。

视听资料应注明制作方法、制作时间、制作人和证明对象等；声音资料应当附有该声音内容的文字记录。

一般来讲，视听资料比其他证据的证明力要强。但是，对于没有其他证据印证并存有疑点的视听资料，一般不能单独作为认定案件事实的根据。

6. 鉴定结论

鉴定结论是指鉴定人接受委托或聘请，运用自己专门知识或技能，对某些专门性问题进行分析、判断后所作出的结论意见。

鉴定结论应当载明委托人和委托鉴定的事项，向鉴定部门提交的相关材料，鉴定的依据和使用的科学技术手段，鉴定部门和鉴定人鉴定资格的说明，并应有鉴定人的签名和鉴定部门的盖章。通过分析获得的鉴定结论，应当说明分析过程。

鉴定结论作为一种独立的证据形式，是鉴别、认定其他证据是否真实可靠的重要途径和必要手段，具有较强的证据效力，也是农业行政执法办案人员借以查明案件事实，认定案件性质的重要依据，在执法实践中被广泛采用。

7. 勘验笔录与现场笔录

勘验笔录是指农业行政处罚机关对能够证明案件事实的案发现场或对难以实物收集保存的证据就地进行勘查、测量、检验后所作的记录；现场笔录是指农业行政处罚机关工作人员在农业行政执法过程中对现场处理情况所作的书面记录。

勘验笔录与现场笔录的形成环境一般是农业执法检查的现场,《行政诉讼法》第31条也把二者并举,规定为一类证据形式。但事实上二者还是有区别的,其各自的特点如下:

首先,就制作主体而言,勘验笔录既可由行政机关制作,也可以在诉讼程序中由司法机关制作,而现场笔录是行政执法程序中特有的证据,只能由行政机关制作。

其次,就所反映的事实而言,勘验笔录是在行政程序和诉讼过程中对与案件有关的场所、物品和现场进行勘查、检测、测量、拍照、绘图后所作的笔录,所反映的多是静态的客观情况,而且一般是案件发生以后进行的;现场笔录则是农业行政机关对执法现场的当时情况所作的记录,其一般是动态的事实,所反映的是制作笔录当时的情况。

无论是勘验笔录还是现场笔录都应当载明时间、地点和事件等内容,并由执法人员和当事人签名(盖章),当事人拒绝签名(盖章)或者不能签名的,应当注明原因。有其他人在现场的,可由其他人签名。

勘验笔录,尤其是现场笔录是农业行政执法重要的形式,一般认为其效力要高于当事人的陈述。当然其也有一定的局限性,必须注意调取其他相关证据与其相印证。

二、调查取证的原则和要求

(一)调查取证的原则

1. 合法

所谓合法,就是调查取证必须依法进行,取证主体、程序和方法,证据来源和形式等都应当符合法律要求,经得起行政复议、行政诉讼的审查检验。这主要包括以下三个方面:

一是执法办案人员的主体资格要合法。调查取证必须由法律、法规规定的农业行政处罚机关取得执法资格的人员依法进行,执法主体资格是否合法是关键。取证主体不具有相应的执法资格,会影响证据的证明效力。

二是取证程序要合法。调查取证必须遵循法定的步骤、方式、程序和时限。执法人员调查处理农业行政处罚案件时,应当向当事人或者有关人员出示执法证件。有统一执法服装或执法标志的应当着装或佩戴执法标志;执法人员调查收集证据时不得少于二人;行政机关实施行政强制措施前须向行政机关负责人报告并经批准;情况紧急,需要当场实施行政强制措施的,行政执法人员应当在二十四小时内向行政机关负责人报告,并补办批准手续。行政机关负责人认为不应当采取行政强制措施的,应当立即解除。这些规定从办案人数、方式、步骤、时效等方面对取证作了明确规定,执法人员在办案时必须严格执行,否则取得的证据就会因为违反法定程序,证据效力受到严重影响。

三是取证手段要合法。如根据最高人民法院《关于行政诉讼证据若干问题的规定》第57条、第58条的相关规定,以偷拍、偷录、窃听等手段获取侵害他人合法权益的证据材料和以利诱、欺诈、胁迫、暴力等不正当手段获取的证据材料不能作为定案依据;以违反法律禁止性规定或者侵犯他人合法权益的方法取得的证据,也不能作为认定案件事实的依据。所以,农业行政处罚机关在调查取证中一定要保证取证手段的合法性,否则,一旦当事人提起行政诉讼,以上述非法手段取得的证据将得不到人民法院的认定和支持,从而可能导致败诉风险。

2. 全面

所谓全面,就是要在收集证据的过程中,既要收集违法事实中基本要素的证据,又要收集查明重要情节、作案手段的证据;既要收集能证明当事人违法、情节严重的证据,又要收集能够证明当事人行为合法或者应从轻处罚、减轻或不予处罚的证据,通过收集全面的证据材料来还原真实的案件事实。

由于执法实践中违法行为嫌疑人为逃避行政处罚,常常隐匿证据,设置障碍,因而农业执法机关收集证据必须做到全面、深入、细致,不放过每一个与案件有关的证据。当得到传来证据时,必须追根溯源,寻找原始证据;当得到言辞证据时,必须深入调查,力求获取与之相印证的书证、物证等。在必要时,还应对所有涉案人员、涉案地点进行全面突击检查,收集相关证据,以尽快全面掌握违法嫌疑人的违法事实和情节的关键证据。

3.客观

所谓客观,就是要按照事物的本来面目去调取证据,了解案情,不夸大,不缩小,不事先主观定框框,定调子,违背客观事实。全面和客观是紧密联系的,只有保持客观的态度,反对先入为主,偏听偏信,才能保证不从主观愿望出发,只注意去收集那些符合自己设想的材料,而不注意收集与原来设想不符合的反证;同样,只有多种形式正反两方面全面收集证据,才能还事实以本来面目,做到证据所认定事实与客观事实最大程度的符合,使当事人接受处罚时心服口服。

(二)调查取证的具体要求

证据不确实、不充分是农业行政处罚之大忌。要避免这种情况发生,农业行政处罚机关在收集证据时应做到以下几点:

1.抓住时机,做到“四快”,争取在第一现场获取更多的原始证据

四快,即“手快、眼快、嘴快、腿快”。第一现场,即农业违法行为发生的现场,它往往保留了行为人违法行为的重要原始证据。违法行为人为了逃避行政处罚,往往想方设法破坏第一现场,销毁证据,甚至伪造证据,加之一些客观原因的变化等因素,有的物证会灭失或发生变化。因此,收集证据必须要行动迅速及时,才能收集到更多的、真实的证据。执法人员进入第一现场时,违法行为人一时难以摸清执法人员的真实意图,其防范规避执法的措施尚难形成,这正是获取原始证据最好的时机。抓住了这个时机,就赢得了办案的主动权。因此,要抓住这个时机,就必须突出一个“快”字,该亲自看的必须亲自看,该亲自去的地方必须亲自去,该说话的时候必须及时解释,防止行政相对人做背后动作,影响证据收集,阻碍执法工作。同时,要善于发现情况,掌握现场动态。例如,某农业行政执法机关和公安机关在突袭假农资生产窝点时,发现一个衣着讲究、手拿皮包的人想乘乱逃走,执法人员当即喝令其站住,经工人指认为该窝点的负责人,若其逃走将使查案工作难以顺利开展。

2. 做好事前计划与准备，以便检查时游刃有余

执法人员要做有心人，事前就做到心中有数，切忌到了现场再临时谋划。首先，应根据案件性质计划好要检查哪些方面以及检查时的注意要点。要认真分析研究案情和现有的材料，大概了解案件的发生、发现和发展过程，明确需要解决哪些问题，应当采起什么步骤和方法，到什么地方，向什么人去收集证据。其次，要设计好尽可能多的检查及应对方案，对可能遇到的困难要有预测和准备，以便于及时采取措施，防止出现被动局面。对于重大复杂案件，执法机关还应当认真研究周密计划，针对需要证明的问题，确定调查取证的步骤、方法、重点、人员组织等，制订专门方案。最后，要准备好取证所用的硬件设备，如照相机、摄像机、微型录音机等，对于不便带走或不能带走的证据要及时摄录下来，争取掌握更多的第一手资料。进入第一现场不怕原始证据多，就怕缺乏收集固定证据的方式和手段，因此，事前有所准备，现场检查时方可有的放矢。

3. 在收集证据过程中注意与行政相对人关系的处理

执法人员与行政相对人的谈话要讲究技巧，工作方式讲究灵活性，与行政相对人始终保持一种弹性的平衡关系。因为如果执法人员与行政相对人的关系针锋相对，行政相对人强烈抵抗或根本不予配合，检查工作将很难进行下去，执法效果也很难体现。要保持这种弹性的平衡关系，执法人员的素质与能力甚为关键。首先，与行政相对人谈话切忌就办案谈办案，要将案件巧妙糅合到谈话中，使谈话就像是在上一堂课，既要给行政相对人压力，也要给行政相对人希望，尽量消除敌对情绪；其次，要动之以情，晓之以理，刚柔相济，增强人性化执法理念，争取行政相对人的理解；再次，遇到复杂局面，切忌工作方式简单化，不要意气用事，要懂得轻重缓急，软硬兼施；最后，反应要快，处理问题的方式要灵活，对于防范意识较强的相对人，尽量避免直接相撞，可以采取迂回策略，如声东击西法、打埋伏法、顺藤摸瓜法等。

4. 注意案情的变化及时补充证据

在执法实践中，随着案件调查的深入，有时会出现和举报内容不一致的情况，调查取证目的和方向也随之发生变化，导致原调查材料证明的事实和行政机关新认定的事实不一致。此时，行政机关如果改变对原违法事实的

定性(如将假种子案的事实认定改为无证生产种子),按照新认定的事实实施行政处罚,就必须及时进行补充调查取证,如对当事人重新进行询问,补充调取相关书证等,保证证据的证明方向和关联性,避免发生没有证据或者证据不充分而导致行政处罚无效或被撤销的情况。

5. 注意做好证据的固定和保全

证据保全是为了避免证据灭失或以后难以取得的情况,办案机关依法对证据采取的一种保护措施。在农业执法实践中对证据的保全和固定,应当采取不同的方法及时对证据材料予以保全,防止证据灭失或丧失证据的证明力。

执法办案人员在收集证据过程中,应当采取符合法定程序的规范措施和科学方法,将一切能够证明案件真实情况的证据固定和保全下来,如制作询问笔录对证人证言、当事人陈述等言辞证据保全;用照相、摄像、制作现场笔录等方式,对违法现场进行保全,注意在现场检查笔录、照片或摄像资料中详细记载采取固定和保全措施的时间、地点、记录人等情况;采取现场勘验检查提取相关物证,注意载明物证的名称、数量、质量、当事人姓名,提取时间及地点、提取人等情况,由原物持有人、提取人、见证人签名或盖章。对数量大、体积大和不便异地保全的物证,可以拍照、制作检查笔录或依法查封,注意将物证签封并用文字注明,由执法人员和当事人签字;对异地保存的物证,应当妥善保管,不得丢失或损坏。对查封、扣押的场所、设施或者财物,应当妥善保管,不得使用或者损毁;造成损失的,应当承担赔偿责任。对于已经形成的证据,应当及时整理,粘贴整齐,装订成卷,妥善保管,以保证所有证据的效力。

三、调查取证的具体手段及相关文书

(一)询问

1. 询问的概念

询问是指农业行政处罚机关为收集证据,查明案情,依法向案件当事人或者有关知情人了解案情的一种调查活动。

2. 询问的作用

一是可查明基本案情。通过询问可查明案件的基本情况,包括案件发生的时间、地点、作案手段和方法、经过以及当事人的基本情况,涉案的物品种类、数量、规格、涉案金额和违法性质,等等。

二是可发现案件线索。特别是在对当事人的询问当中要注意他们的表情、动作、对什么问题最为敏感、对哪个问题在回避。在询问过程中,还须尽力去发掘、收集其他证据。

三是可收集固定证据。查明违法行为的当事人是否是“明知而为之”,并与掌握的物证进行核实,还可对相关证件和手续进行验证(如许可证件、营业执照、身份证、货物清单等);查实违法行为人和整个违法行为的全过程,为该案的初步定性提供证据支持,然后和其他证据合并,形成完整的证据链。

3. 询问的注意事项

询问是提高办案质量的重要手段和途径,当在调查“从事到人”的案件时,也是揭露违法行为全过程的主要方法,同时也是办案的法定程序。经过查证的“询问笔录”是认定案件事实的重要证据之一。询问时应注意以下事项:

第一,询问的主体应是农业行政处罚机关的执法人员。即询问主体必须是农业行政处罚机关持证上岗、有权执法的人员,其他非执法人员不得对当事人进行询问;询问之前要出示有效证件且询问人员必须两人以上,并将询问人的身份告知被询问人;同时还要注意礼节,穿着整洁大方。

第二,询问对象必须是当事人及相关人员。当事人是指可能受到行政处罚的行政相对人及与违法活动行为有关的利害关系人,如企业的法定代表人、业主等。有关人员是指直接或者间接了解与违法行为有关情况的人。如企业的部门经理、财务人员、仓库保管人员、个体工商户雇员等。要认真做好对当事人及有关人员的调查询问笔录,对被询问人的基本情况要做好详细记录,尤其对案情有直接影响的内容必须如实记录在案,一字一句都不能出现差错,只有这样,询问内容才能起到证据的作用。必要时可以录音,但不得作诱导性提示,不得采用强迫或欺骗等手段使被询问者提供证言;如果被询问人自愿用书面的陈述代替口头陈述,询问人员应当允许,询问人员在必要时也可以要求被询问人亲笔书写事实经过。

第三,询问之前要充分了解案情。询问前要认真分析案件的性质并查阅掌握的全部材料,阅卷时要对全部材料逐件查阅,熟悉了解案件的全部材料,包括已查明和尚待核实的事实,哪些是确实可靠的,哪些还需要进一步查证和核实。在开始询问前最好拟定询问计划,内容包括:(1)主要目的和主要问题。(2)步骤及突破口。(3)可能遇到的问题和困难及相应的措施和对策。(4)向被询问人提出的问题及询问顺序。

第四,询问时应当告知被询问人权利义务。执法人员依法询问的,被询问人应出示身份证并如实回答询问和协助调查,被询问人作伪证要承担相应法律责任;非依法进行的询问调查或与案件无关的问题,被询问人可以拒绝回答询问和配合调查。如果被询问人是女性的,在询问时尽量安排一名女同志配合进行询问。

第五,要掌握有关询问方法。询问的方法常见的有三种:一是开门见山、直截了当;二是由远而近、旁敲侧击,迂回问话;三是顺水推舟、追问细节。由于不同的询问对象与案件有着不同的关系,他们的年龄、职业、文化程度、性别以及社会关系不同,他(她)们的个人心理素质也千差万别,违法当事人的心理活动十分复杂,可能有恐惧、恐慌心理、侥幸心理、戒备心理、试探心理以及伪装心理等,所以,询问人员在询问之前要针对不同的当事人和场合选取不同的询问方法,抓住核心问题,使询问有条不紊地进行;询问之中要善于观察被询问人的言行,研究并掌握询问对象的心理变化和特点,根据询问工作的进展、案情的发展变化、被询问人的思想动态,随时调整、修改、补充和完善询问计划,尽量让当事人多说,及时发现违法事实。

此外,询问时还应注意:询问多人时应当个别进行,防止串供,并对每个被询问者的陈述单独制作笔录;同时要注意,询问时能固定下来的证据一定要固定下来。

★《询问笔录》

1. 文书概述

询问笔录是指为查明案件事实，收集证据，而向相关人员调查了解有关案件情况的文字记载。

2. 内容要求

（1）首部

包括询问的地点，询问开始和结束的具体时间，询问的机关，询问人的姓名、记录人员的姓名、被询问人的姓名及其基本情况和有效身份证件、联系电话等。对同一被询问人多次询问的，应注明是第几次询问。

（2）正文

正文部分是询问笔录的核心部分，应当全面、准确、详细、客观地记录询问人的问话和被询问人的答话，不仅要如实记录被询问人对其违法行为的供述，也要如实记录被询问人为自己违法行为的辩解。

（3）尾部

询问结束后，应当场将询问笔录交给被询问人过目或向其宣读，如发现记录上有差错、遗漏，应允许其更正或补充，并在更正和补充处捺指印；最后，被询问人应在笔录的末页上写明"以上笔录经我看过（或向我宣读过），与我所说的相符"，并逐页签名或盖章。执法人员也应在末页同时签名或盖章。

3. 注意事项

（1）记录时应将所有情况了解清楚后再在《询问笔录》上记载，避免在笔录上涂改处太多；

（2）询问笔录时，对被询问人的回答，记录中应使用第一人称；

（3）询问笔录中涂改处应由当事人捺指印；

（4）制作询问笔录时应一问一答，尽量具体，不能漏过一些细微的环节。

4. 文书范例

询 问 笔 录

询问时间:2012 年12 月15 日9 时10 分至10 时30 分

询问地点:××种业有限公司

询问机关:××县农业局

询问人:×××执法证件号:××××××

×××　××××××

记录人:×××

被询问人:姓名　张××　性别　男　年龄　42 岁

身份证号:××××××××××××××××××

联系电话:×××××××××××

工作单位:××种业有限公司　职务　法定代表人

住址:××市××路××号

问:我们是××县农业局的农业执法人员(出示执法证件),现依法向你进行询问调查。你应当如实回答我们的询问并协助调查,作伪证要承担法律责任,你听清楚了吗?

答:听清楚了。

问:我们今天找你的目的是调查了解你公司涉嫌无证生产、经营“××2 号”水稻种子一事,请你配合调查,如实说出你知道的事实,并提供相关的书证和物证,听明白了吗?

答:明白了。

问:你公司能不能提供“××2 号”水稻种子《农作物种子生产许可证》?

被询问人签名或盖章:张××(摁指印)

(第 1 页共 3 页)

笔 录 纸

答:不能提供,"××2号"水稻种子我们没有办理《农作物种子生产许可证》。
问:你公司能不能提供《农作物种子经营许可证》?
答:不能提供,我们公司没有办理《农作物种子经营许可证》。
问:你公司办理了《营业执照》吗?
答:办理了。
问:《营业执照》登记的法定代表人就是你吗?
答:是的。
问:请你将营业执照复印件提供给我们。
答:可以。
问:你公司从2011年到2012年共生产了多少"××2号"水稻种子?
答:共生产了2500公斤"××2号"水稻种子。
问:在哪里生产的?是公司自己制种还是委托制种?
答:公司自己制种,都是在××县××村生产的。
问:生产时有生产记录和经过植物检疫吗?能不能提供?
答:有生产记录,经过了植物检疫,××县植物检疫站开具了手续。这些都可以提供。
问:这2500公斤"××2号"水稻种子你是用什么包装的?
答:用我公司的名义包装的。
问:这2500公斤"××2号"水稻种子的包装规格是什么样的?
答:是用塑料袋包装的,规格是每袋1公斤。
问:你看看是不是这个包装袋的种子?
答:是的。
问:这2500公斤"××2号"水稻种子销售了多少?
答:销售了1000公斤。
问:销售价格是多少?
答:每公斤10元或11元都有。
问:有销售记录吗?现在能不能提供?
答:有。马上就提供给你们。

被询问人签名或盖章:张××(摁指印)

(第2页共3页)

笔　录　纸

问:剩余的1500公斤"××2号"水稻种子现在在哪里?

答:在我公司的仓库里。就是已经被你们封存起来的那些种子。

问:被我们登记保存是不是全部剩余种子?

答:是的。

问:这1500公斤全部是小包装的吗?

答:是的。

问:你公司的种子包装袋在哪里印制的?

答:在××市××印刷厂印制的。

问:印制了多少个包装袋?

答:印制了6000个,包装种子时报废了1000个。

问:印制该批包装袋时签订了合同吗?

答:签订了。

问:印刷厂与你公司结账了吗?

答:已经结账。

问:结账后印刷厂出具发票了吗?

答:出具了发票。我可以拿出来给你们看。

问:你有没有需要陈述和申辩的?

答:没有。

以上记录我看过,与我所述一致。

被询问人签名或盖章:张××(摁指印)

2012年12月15日

执法人员签名或盖章:×××(签名)、×××(签名)

(第3页共3页)

(二)现场检查、现场勘验

1. 现场检查、现场勘验的概念

现场检查是指执法人员为发现、查明案情,收集证据,揭露证实违法行为,依法对与违法事实有关的场所、物品、账簿等进行的检查和围绕现场有关人员进行的访问工作。

现场勘验是对在检查过程中发现的与案件有关的现场、物品、痕迹等所作勘察、测量、绘图、拍照等活动。

现场检查和勘验都是农业执法检查中的行为,其目的都是发现、固定、提取与违法行为有关的证据和其他信息,制作和储存现场信息资料,以重现违法行为过程,判断案件性质,确定取证方向和范围,为行政处罚提供线索和证据。由于二者具有很大相似性,故下文一并论述,仅就个别情况分别说明。

2. 现场检查(勘验)的方法

现场检查(勘验)是查处违法案件的基础性工作,现场检查(勘验)活动中形成、收集、占有的证据往往都是案件的"第一手材料",其质量的好坏直接关系到案件事实及性质的认定。有人认为检查(勘验)很简单,发现违法的农资就没收,在相应的材料上记录一下就可以了,其实不然,执法检查绝对是细活,做好它既要按部就班,又要适当灵活,绝不能随意处之,要注意做好以下五点:

(1)检查的时机要"变"。检查时机的确定不能拘泥于例行的市场监管,而要坚持定期与不定期相结合、例行检查与突击检查相结合、重点检查与市场走访相结合、独立检查与其他部门联合检查相结合。检查前,应尽量收集信息,做好案情分析,根据具体案件的难易程度,设定检查方案,精心安排检查程序和人员分工。只有把握好检查的时机,并做好各种准备工作,才能临阵不乱,既不打草惊蛇,也不贻误战机。

(2)检查的过程要"活"。检查(勘验)中,执法人员应分工明确、配合默契,对现场的人、财、物作有效的观察和控制,枝枝节节都不能马虎,检查速度急缓恰当,对被检查人态度要做到有礼有节,言语不亢不卑,努力争取被检查人的理解和配合。

(3)法定程序要“全”。检查必须有两名以上执法人员进行,检查前先主动出示执法证件,表明身份,说明来意,对先行登记保存证据要遵循法定程序,制作的检查(勘验)笔录要由被检查人核实确认。

(4)收集、固定证据要“细”。在检查中,不仅要从动态的违法经营场所内收集直接证据(主要包括物证和书证),还要从被检查人、其他在场人的言行中寻找蛛丝马迹,不能登记保存的证据,用影像、录音等方式来采集,对与案件相关的细节不能有任何的遗漏和疏忽。

(5)宣传教育要“多”。执法检查作为行政管理的重要手段,就应坚持教育与处罚相结合的执法宗旨。不能为了处罚而检查,应重教育和管理,多宣传,提高行政相对人守法、守规经营的自觉性,结合诚信等级管理,建立农资市场监管的长效机制。

3. 现场检查(勘验)笔录的效力

现场检查、勘验的结果是形成现场检查(勘验)笔录,包括勘验笔录和现场笔录两种。勘验笔录作为现场以及现场物品、痕迹等情况的客观记录,其具有很高的证据效力,但是由于其内容所限,不能单独作为证据使用。现场笔录的情况比较特殊,下面着重介绍。

现场笔录是我国《行政诉讼法》第 31 条明确规定的一种独立的行政诉讼证据种类。这是根据我国行政执法的具体实践,充分考虑到违法当事人不配合调查取证、不提供其他证据的情况下作出的必要规定。将现场笔录作为一种独立的证据类别,对于执法机关正常开展执法活动,有效打击违法活动意义重大。

相对于其他证据而言,现场检查笔录的证据力是独特而又具有优势的。即使现场检查笔录为“孤证”时,有时也可直接作为定案的根据。这是因为:第一,现场检查笔录属于原始证据。本身直接来源于案件的第一手材料。相对于派生证据而言,原始证据的证据力当然较强。第二,现场检查笔录属于直接证据,记载的内容与案件的相关性最强,往往也最具实质性的内容,能够直接用以证明案件事实。相对于间接证据而言,证据的可靠性和证据力更加明显。第三,现场检查笔录的制作程序比较严格。例如,制作的主体只能是执法机关及其工作人员,不得以违法的方式制作等。

★《现场检查(勘验)笔录》

1. 文书概述

现场检查(勘验)笔录是在农业行政执法办案过程中,依法对违法活动有关的物品和违法现场进行检查(勘验)时所作的书面记录,是对被检查(勘验)的物品、场所的客观存在的反映,也是对检查(勘验)过程的真实写照,是固定、保全证据的一种方法。

现场检查(勘验)笔录实际上是勘验笔录与现场笔录的统称,由于二者形成的环境都是农业执法检查的现场,它们之间在很多方面是相同的,所以用一种文书的格式。但二者之间也有一些不同之处,其最主要的区别是反映对象和包含的内容不同。勘验笔录只是对勘验现场与案件有关的场所、物品及其存在状况进行的客观记录,是对勘验现场“物”的情况的静态反映,检查笔录除对“物”的反映外还包括对执法程序的记录,是动态的过程记录。

基于上述原因,在下文“制作原则”、“内容要求”、“注意事项”三部分,我们对二者做统一论述,仅在特别情况加以表明;但在“文书范例”部分对二者分别举例说明,以更清楚表明这两种文书的运用。

2. 制作原则

要想制作好现场检查(勘验)笔录,需要把握三个原则:

第一是合法性原则。所谓合法性,即制作现场检查(勘验)笔录应当按照法定程序进行。主要包括以下五方面:其一,现场检查(勘验)人员必须两人以上,出示执法证件,表明身份;其二,现场检查不得超越检查范围;其三,现场检查(勘验)笔录,应当当场制作,不能事后追忆制作;其四,现场检查(勘验)笔录制作完毕后应当交当事人阅读或向其宣读并由当事人填写意见并签名,同时见证人和两名以上检查执法人员签名,当事人拒绝签名或不能签名的应当注明拒绝和不能签章的原因;最高人民法院《关于行政诉讼证据若干问题的规定》第15条第1款规定:“被告向人民法院提供的现场笔录,应当载明时间、地点和事件等内容,并由执法人员和当事人签名。当事人拒绝签名或者不能签名的,应当注明原因。有其他人在场的,可由其他人签名”;其五,现场笔录一经有关人员,特别是到场的见证人签字就不能改动。最高人民法院《关于行政诉讼证据若干问题的规定》第71条规定“经一方当事人或者他人改动,对方当事人不予认可的证据材料不能单独作为定案依据”,如果发现笔录中有遗漏或者有差错的,可以补充和修改,并由当事人在改动处签章或摁指印确认。

第二是记实性原则。所谓记实性原则,就是要求真实地记录检查(勘验)的全过程,反映被检查(勘验)的物品、场所的客观存在。例如:记录执法人员检查勘验的方法和手段包括记录检查过程中的拍照、录像、收集、提取其他证据、邀请见证人等情况;记录当事人的活动状况,如记录当事人在检查过程中是否在场,是否正在违法生产、经营,是否按要求提供购销凭据、合法证明文件等;记录执法人员对违法物品和证据采取的相关措施,如记录在现场检查过程中依据现场情况做出的先行登记保存、封存扣押等措施及物品数量的清点和过磅称重的过程。

第三是准确性原则。所谓准确性,就是要准确地反映现场检查的时间地点位置和检查物品的数量、质量、重量。主要应注意以下三点:①要准确记录检查(勘验)的起止时间,应精确到分钟。②检查的地点要具体、明确,应填写到被检查地的门牌号。对没有门牌或地点情况复杂的要选择好参照物,方向、距离要准确无误,必要时还可以绘图说明;对物品放置的地点、位置、数量和摆放方法都应准确记录。③对检查中出现的各种数量、重量、距离等要精确,不能使用"大约"、"大概"、"估计"、"差不多"或"多"、"左右"等不确定词语。

执法人员在制作现场检查(勘验)笔录时必须严格按上述几项原则进行制作才能保证现场检查(勘验)笔录成为定案的有力证据。

3. 内容要求

(1)首部

①"时间"处应当写明现场检查(勘验)的起、止时间,并且要具体到年、月、日、时、分;

②"地点"处应当写明进行现场检查(勘验)的地方,即涉嫌违法的单位或个人生产和经营场所,并且要具体到市、区(县)、镇(乡)、路(街)、门牌号、楼层、房间号等;

③"检查(勘验)机关"处应当写明农业行政主管部门或法律法规授权执法的农业管理机构的全称;

④"勘验人员"应为两名执法人员,并填写其"执法证件号"。"记录人"也必须是执法人员。

(2)正文

"现场检查(勘验)情况",应当全面、客观、准确地记载所检查的物品名称、数量、包装形式、规格或所勘验的现场具体地点、范围、状况等。

现场检查笔录应如实记载检查的范围、方法、过程等情况。如实记录检查发现涉嫌违法的物品数量、状态、品种名称、规格等；执法人员依法检查情况，被检查人和现场当事人以及证人的情况，有无反常、抗拒执法的行为和语言；对现场取证情况(调取证据采取的各种方法等)等；是否拍摄照片和录像记载现场情况等。现场勘验笔录应按照勘验的顺序，全面客观地记录。对现场地点、方位、周围环境、现场状况、现场物品、外形、大小、数量、包装、产品名称、标示、摆放位置、周围有无固定附着物以及现场其他情况要作详尽的记录。

(3)尾部

进行检查(勘验)的执法人员应当签名；“当事人签名或盖章”处应当由被检查(勘验)人签名或盖章。

4. 注意事项

(1)执法人员进行现场检查(勘验)时，应当表明身份，出示执法证件，并在笔录中注明。

(2)现场检查(勘验)笔录要对所检查的物品名称、数量、包装形式、规格或所勘验现场的具体地点、范围、状况等作全面、客观、准确的记录。记录时切忌评述和评价，如使用“非法”、“违法”、“假劣”等定性词语或者“查获当事人非法销售的假种子500公斤”、“发现违法生产的劣质农药20吨”等语言。另外，如果当时对有关物品进行了证据登记保存或者查封(扣押)，现场检查物品的数量、品名、规格必须与《证据登记保存清单》和《查封(扣押)决定书》所附清单上登记的一致。

(3)对现场调取的物证、绘制的勘验图、拍摄的照片和摄像、录音等资料以及采取的行政强制措施或保存证据措施等应在笔录中明确记录；对于绘制的现场图应当注明绘制的时间、方位、绘制人姓名、身份等内容。

(4)一个案件有多处现场的，应当分别制作笔录。

(5)现场检查(勘验)笔录应当场交当事人阅读或者向当事人宣读，并由当事人逐页签字或盖章确认。当事人拒绝签字盖章或拒不到场的，执法人员应当在笔录中注明，并可以邀请在场的其他人员签字。

(6)不能将几次检查(勘验)情况记录在一份笔录中，应逐次制作现场检查(勘验)笔录。

(7)注意现场检查笔录和现场勘验笔录的区别。现场检查笔录是动态记录,以执法人员检查活动为记录核心;勘验笔录是静态记录,以对勘验现场的情景、环境、物品的描述为记录核心。

(8)贴近案情,详略得当。

5.文书范例

现场勘验笔录

时间:2012 年12 月12 日9 时30 分至11 时20 分

勘验地点:××种业有限公司仓库(××县××路××号)

当事人:××种业有限公司

勘验机关:××省农业厅

勘验人员:××× 执法证件号:××××××

××× ××××××

记录人:×××

现场勘验情况:××种业有限公司仓库位于××县××路××号,紧邻×××农业局,面积为500 平方米。在仓库大门里左边堆放着"××2 号"水稻品种,高8 层,每层8 件,包装标注为每件30 公斤,为蛇皮袋包装。"××2 号"水稻品种小包装规格为1 公斤/袋,共计1920 公斤;在正对着大门处堆放着"××3 号"棉花品种,高8 层,每层8 件,每件20 公斤,为纸盒包装。"××3 号"棉花品种小包装规格为0.5 公斤/罐,共计1280 公斤(以上情况同时经过拍照为证)。

当事人签名或盖章:张××(见证人签名或盖章)

执法人员签名或盖章:×××、×××

现场检查笔录

时间:2012年12月12日9时30分至11时20分

检查地点:××种业有限公司仓库(××县××路××号)

当事人:××种业有限公司

检查机关:××县农业局

检查人员:××× 执法证件号:××××××

××× ××××××

记录人:×××

现场检查情况:2012年12月12日上午9:30,××县农业局执法人员向××种业有限公司法定代表人张××出示了执法证件。执法人员对××种业有限公司仓库进行了检查,发现在仓库大门里左边堆放着"××2号"水稻品种,高8层,每层8件,包装标注为每件30公斤,为蛇皮袋包装。"××2号"水稻品种小包装规格为1公斤/袋,共计1920公斤。在正对着大门处发现堆放着"××3号"棉花品种,高8层,每层8件,每件20公斤,为纸盒包装。"××3号"棉花品种小包装规格为0.5公斤/罐,共计1280公斤,检查中张××无法提供"××2号"杂交水稻种子的生产经营许可证。执法人员对法定代表人及仓库管理人员进行了询问,制作了询问笔录。执法人员拍摄现场照片两张。检查过程中,张××较为配合。

当事人签名或盖章:张××(见证人签名或盖章)

执法人员签名或盖章:×××、×××

（三）抽样取证

1. 抽样取证的概念

抽样取证是指办案人员根据案情需要，为了提请有关部门检验、鉴定以取得检验（鉴定）报告证据或者提取物证，依据科学的方法，抽取具有代表性的一定量的物品作为证据的活动。抽样取证过程中使用的法律文书是《抽样取证凭证》。

2. 抽样取证的内容

（1）抽样。抽样的方法、步骤、数量、工具须符合有关技术规范的要求，样品通常不少于一式两份，一份用于送检，另一份用于备份。备检的样品，可以由承检单位带回，也可以封存于被检测人处保管。

（2）封样。抽取的样品应使用专用封签当场封样，并有承检单位抽样人员、执法人员、被检测人签字盖章。

（3）送检。可由承检单位办理，也可由执法人员、被检测人共同送检。

（4）告知。组织实施检测的农业行政处罚机关，应当自收到检测结果后及时通知被检测人。

（5）异议。被检测人对检测结果有异议的，自收到检测结果确认书之日起15日内，向有关单位提出书面复检申请。逾期未提出的，视为认可检测结果。法律法规对申请复检有明确规定的从其规定。

（6）复检。有关单位收到复检申请后，应及时组织复检并将复检结果通知复检申请人。

3. 抽样取证时应注意的事项

（1）抽样取证的对象不局限于产品本身，也可以是产品标识、包装等。

（2）有两名以上办案人员，并出示有效的行政执法证件。

（3）事先应有计划，准备好抽样所需的材料和工具，如执法文书、证件、封签、无菌袋（瓶）等。

（4）应有当事人在场。当事人是单位的，应通知其单位领导，并有其单位领导或者相关的实物保管人员、管理人员、销售人员在场。当事人不在场或者拒绝到场的，可以请在场的其他人员见证，由两名执法人员在抽样取证凭证上注明情况并签名，有见证人的，还应当由见证人签名。当事人应当在《抽样取证凭证》上签名或盖章，如拒绝签名或盖章，可邀请有关人员作为见证人到场见证，由两名执法人员在抽样取证凭证上注明情况并签名，有见证人的，还应当由见证人签名。

(5)抽样的方法要科学，样品要具有代表性。抽样人员应了解、熟悉相关国家标准，知悉抽样步骤、抽样方法，明确样品运输、储藏的条件。抽样方法，要遵循一定的科学方法或者随机抽取样品，法律、法规、规章、质量标准对抽样、封样方法和样品的数量等有规定的，应遵守其规定。抽样时应尽量少抽，与案情无关的物品不能抽样，避免给当事人造成不必要的损失。样品应当在现场进行封样，样品的代表数量应该准确、具体，所代表的物品的名称、型号、规格、批号、存放地点、数量等信息均应记录在案。

(6)送检时要对鉴定人、鉴定机构的资格作必要的审查，以免出具的结论无效。

(7)应履行告知义务，让当事人充分行使知情权。抽样前，应向当事人介绍抽样送检的目的和抽样方法、检验依据等；告知当事人必须妥善保管留存样品，不得私自拆封、调换、毁损样品，告知当事人可以在法定时间内行使复检申请权；及时将检验报告送达当事人，并告知当事人自收到检验报告之日起 15 日内(法律法规另有规定的从其规定)有提出书面复检申请的权利。不得剥夺当事人对检测结果提出异议和申请复检的救济权利。如果当事人逾期未提出申请，则视为当事人承认检测结果。因此，在时间上要经过复检申请法定期限 15 日(法律法规另有规定的从其规定)后才能终结调查，发出《行政处罚事先告知书》。

★《抽样取证凭证》

1. 文书概述

《抽样取证凭证》是指执法人员在执法过程中，抽取涉嫌违法物品样品保存作证据或送交有关部门鉴定而制作的文书。

《抽样取证凭证》有两个作用：一是表明所抽取的样品是被取证人财产的一部分，对样品性质的认定适用于被取证人同种类的财物；二是可以约束执法人员,不得以抽取样品为由随意占有当事人的财物。

2. 内容要求

(1)首部

“时间”处应当写明进行抽样取证的具体时间;“地点”处应当写明进行抽样取证的具体地点;在“因你(单位)涉嫌”后的横线处应当写明抽样取证的事由,即涉嫌违法的具体行为,如涉嫌经营假冒农药。

(2)正文

抽样取证物品的名称、商标、生产单位、许可号、生产日期(批号)、样品规格、抽样数量、样本基数栏目应当真实、准确地填写。

(3)尾部

执法人员应当签名,并注明执法证件号;应当注明日期并加盖执法机关印章;“当事人签名或盖章”处应当由被抽样取证人签名或盖章。

3. 注意事项

(1)对一个当事人存放于不同地点的物品进行抽样时,应分别制作抽样取证凭证;

(2)进行抽样取证时,应当有当事人在场;

(3)《抽样取证凭证》一式两联,第一联处罚机关留存,第二联交付当事人作为凭证。

4. 文书范例

抽样取证凭证

当事人：××种业有限公司

抽样时间：2012 年 12 月 15 日 10:30

抽样地点：××种业有限公司仓库（××县××路××号）

因你（单位）涉嫌无证生产、经营"××2 号"杂交水稻种子，本机关需对你（单位）下列物品抽样取证。

物品名称	"××2 号"杂交水稻种子	
商　　标	××牌	
生产单位	××种业有限公司	
许可号	（×）农种生许字（××××）×××号 （×）农种经许字（××××）×××号	
生产日期（批号）	2012 年 11 月 2 日	
样品规格	1 公斤/袋	
抽样数量	2 袋	
样本基数	1500 袋（1500 公斤）	

执法人员：×××　执法证件号：××××××

执法人员：×××　执法证件号：××××××

××县农业局（印章）

2012 年 12 月 15 日

当事人签名或盖章：张××（见证人签名或盖章）

(四)产品确认

产品确认是指农业行政处罚机关从非生产单位取得样品时,为确认样品的真实生产单位,向标签标注的生产单位发出《产品确认通知书》进行确认的专门活动。它具有两方面的作用:一是通过产品确认,对违法嫌疑人的行为进行定性;二是通知被侵权企业,使他们积极协助打击违法行为。

★《产品确认通知书》

1. 文书概述

《产品确认通知书》是指农业行政处罚机关从非生产单位取得样品,为确认样品的真实生产单位,向标签标注的生产单位发出的文书。

2. 内容要求

(1)首部

包括致送单位的名称。在文书名称的下一行顶格写明接受文书的单位名称,如:"×××有限责任公司"。

(2)正文

正文部分是《产品确认通知书》的主体。应当详细载明需确认产品的发现时间、发现单位或个人以及产品的名称、商标、生产单位、许可号、生产日期(批号)、规格等内容。发现同一生产单位有不同产品需确认的,应一并填写。发现不同生产单位生产的产品需确认的,应分别发送通知书。

(3)尾部

尾部应写明要求致送单位确认的期限、非致送单位生产的理由和逾期未书面回复的后果,并附联系人和联系电话。最后在文末右下角加盖处罚机关的印章,并注明制作日期。

3. 注意事项

(1)致送单位为物品(产品)包装、标签标注的生产单位;

(2)正文中的产品名称、商标、生产单位、许可号、生产日期(批号)、规格等各栏信息,应当按照物品(产品)包装、标签上标注的内容填写,其中"许可号"栏,应当按照物品(产品)包装、标签上标明的许可证号、批准文号、登记证号、审定号等填写。物品(产品)包装、标签中没有标注的栏目信息可不填写;

(3)向标签标注单位发送产品确认通知书时,应当同时附送产品样品包装标签或照片;

(4)确认的期限应把路途往返所需时间、核对核实时间等计算在内,并留有余地;

(5)产品确认通知书一式两联,第一联处罚机关留存,第二联发至标称的生产单位;

(6)空格用斜杠划去。

4. 文书范例

产品确认通知书

××种业有限公司:

本机关于2012年12月5日在××县××农资经营部发现标注为你单位生产的产品,基本情况如下(附包装袋正反面照片各一张):

产品名称	"××2号"杂交水稻种子	/
商　　标	××牌	/
生产单位	××种业有限公司	/
许可号	(×)农种生许字(××××)×号 (×)农种经许字(×××)××号	/
生产日期(批号)	2012年11月2日	/
规　　格	1公斤/袋	/

请你单位于2012年12月20日前确认上述产品是否为你单位生产。若非你单位生产,请说明理由。逾期未书面回复的,视上述产品为你单位生产。

联系人:×××　联系电话:×××××××

××县农业局(印章)

2012年12月6日

(五)协助调查

在执法过程中,农业行政处罚机关经常碰到一些情况需要进一步核实,为此,《农业行政处罚程序规定》第15条规定,县级以上地方农业行政处罚机关在办理跨行政区域案件时,需要其他农业行政处罚机关协查的,可以发送《协查函》。有关农业行政处罚机关应当予以协助并及时书面告知协查结果。这样规定的目的是保障农业部门内部更好地协作调查。但在现实中,协助调查不仅只适用于农业部门,也同样可以用于向不同的机关、单位或个人请求协助调查。

协助调查时使用的法律文书,即《协查函》。《协查函》属于应用文范畴里的函件类。它的特点是,需要协查机关回复。目前最常见的是文件,次之为邮政快件,较少用的是电子邮件(此方式随着政务电子化和科技水平的不断提高将会得到普遍的接受和应用)。协查另外一个方式就是电话查询,它属于应急情况下的特殊手段。

★《协查函》

1. 文书概述

《协查函》,是农业行政处罚机关为查明案件事实,请求协查主体(一般是行政机关)对其管辖范围内的协查对象或者某一类其应当知情的事情(行政案件)进行调查的书面文件。它是行政执法证据的重要来源。

2. 内容要求

目前,农业部规定的文书里没有《协查函》,各地可以根据需要自行制作。一般而言,《协查函》的行文要紧扣协查的内容,具体内容由协办单位的称谓、协查事项、回复时间、回复方式,落款时间、主办单位盖章等构成。

3. 注意事项

(1)从用词上讲,向上级部门或同级部门去函的,要使用敬语,俗称外交语言;向下级部门去函的,采用正常语言即可。要求文字简单明了,内容平实清楚,用词准确,不会产生歧义;

(2)需要协办单位协查时,由主办单位向协办单位发出《协查函》,同时抄送共同的上一级农业行政主管部门备案。《协查函》需包括协查对象、基本案情、已查获证据或已作出的处罚决定、具体协查要求等。在办案过程中，主办单位可根据案件进展情况，多次发出《协查函》。协办单位要对《协查函》所附材料进行审核，如有问题及时与主办单位协商。协办单位收到《协查函》后应当做好函件登记，并按照《协查函》的时限要求开展协查工作；

（3）协办单位对主办单位提交的证据材料要妥善保存，协作办案工作结束后，退回主办单位。协办单位接到《协查函》后，发现无法协查的，要及时向主办单位通报并说明原因，同时报共同的上一级农业行政主管部门备案。

4. 文书范例

关于请求协助调查××公司涉嫌无证生产、经营“××2号”水稻种子的函

×××农业厅：

近日，我县在对我省种子市场上销售的××公司生产、经营的“××2号”水稻种子进行调查时，发现该品种涉嫌无证生产、经营。因标注的种子生产、经营许可证是你单位核发的，所以需要贵单位给予协助，并提供相关证明文件和资料，请于2012年12月20日前书面回复。联系电话：××××××××

附：相关证据材料（略）。

××县农业局（印章）

2012年12月10日

(六)证据先行登记保存

1. 证据先行登记保存的概念

证据先行登记保存,是指在证据可能灭失或者以后难以取得的情况下,执法机关依照职权主动采取一定措施加以固定的调查取证措施。《农业行政处罚程序规定》第31条第2款规定,在证据可能灭失或者以后难以取得的情况下,经农业行政处罚机关负责人批准,可以先行登记保存。

证据先行登记保存是取证中的重要环节和手段,发现证据后应妥善保管并及时提取、固定,否则证据一旦被毁坏、灭失,将达不到收集证据的目的。证据先行登记保存实际上就是要保护证据在行政执法活动中的价值。这有三层含义:第一是保护证据的特定价值,即防止证据材料遗失或被替换;第二是保护证据的证明价值,即防止证据材料变质或被损坏;第三是保护证据的法律价值,即防止证据材料因保管手续不健全而失去法律效力。

2. 证据先行登记保存的措施和要求

根据《行政处罚法》及《农业行政处罚程序规定》的相关规定和立法精神,农业行政处罚机关在执法过程中,既要及时采取恰当措施登记保存证据以保证案件有效查处,同时也要注意方式方法,避免滥用权力侵害相对人的合法权益。据此,农业行政处罚机关在实施证据登记保存时,必须注意以下几个方面:

(1)证据先行登记保存必须是行政处罚机关发现证据可能灭失或以后难以取得的情况下实施。不能随意扩大证据先行登记保存的范围,对没有必要进行证据登记保存,或通过询问笔录、证人证言、现场检查(勘验)笔录等其他证据就能够确定行政相对人违法事实的,则不能采取该措施。实施先行登记保存的物品作为证明案件真实情况的证据,必须与违法行为有直接必然的联系。

(2)行政处罚机关在实施证据先行登记保存措施后的7日内应当做出处理决定并告知当事人。《行政处罚法》第37条第2款规定,实施证据先行登记保存应当在7日内及时作出处理决定。如果行政机关在7日内不能做出处理,则应将登记保存的证据发还给所有人。

(3)行政处罚机关在实施证据先行登记保存期间负有妥善保管证据的责任,禁止动用、调换或损毁证据。行政处罚机关在现场提取证据后,应当制作先行登记保存物品的清单。对保存的证据进行规范登记。但行政处罚机关在执法中往往只考虑证据先行登记保存的"实质",在形式和程序上却存在瑕疵,表现为不制作或者不规范制作证据先行登记保存单,漏填或者用"一车、一箱、半件"等含糊单位标记,不能准确地反映登记保存物品的名称、种类、数量、质量等,容易与相对人产生分歧,引发行政复议或行政诉讼。如某县人民法院审理的一起农业行政诉讼案件中,农业行政主管部门在先行登记保存物品清单中只写农药两件半,7 日后农业行政主管部门解除了登记保存,但当事人说农业行政主管部门归还的数量少了,最后法院支持了原告的主张。

(4)证据先行登记保存的实施必须经行政机关负责人批准。这种批准可以是"一案一批";也可以是"事先授权",即在明确具体标准的情况下,授予行政执法人员根据具体情况处置的权力,行政执法人员根据"事先授权"采取"先行登记保存"后,应及时向行政机关负责人汇报。应当注意防止执法人员在未经批准的情况下随意采取先行登记保存措施,或者在紧急的情况下为保全证据而采取先行登记保存措施而事后未向负责人汇报这类违法情况的发生。

★《证据登记保存清单》

1. 文书概述

《证据登记保存清单》是指农业行政处罚机关在查处案件过程中,对可能灭失或者以后难以取得的证据进行登记保存时使用的文书。

2. 内容要求

(1)首部

包括证据登记保存时间,证据登记保存地点等。

(2)正文

首先写明事由、证据登记保存物品的存放地。就地登记保存的,应明确警示当事人登记保存期间不得使用、销售、转移、损毁、隐匿。然后详细记录被保存物品的名称、规格、数量、生产日期(批号)、生产单位。

(3)尾部

尾部应写明执法人员的姓名和执法证件号码,并在文末右下角加盖处罚机关的印章,注明制作日期。交当事人核对后签字盖章。

3. 注意事项

(1)处罚机关应当根据证据保存的需要选择就地或异地保存;

(2)登记保存时,应当有当事人在场;

(3)处罚机关可以在证据登记保存的相关物品和场所加贴封条,封条应当标明日期,并加盖处罚机关印章;

(4)登记保存的物品应在7日内做出处理决定,需要进行技术检验或者鉴定的时间扣除在外,但是要告知当事人登记保存的物品正在进行技术检验或者鉴定;

(5)为防止损害公共利益,需要销毁或者无害化处理的,依法进行处理;

(6)根据《行政处罚法》,先行登记保存应经负责人批准,在具体实施时建议加上审批表,以证明是经过负责人批准的;

(7)该文书一般与封条一起使用;

(8)证据登记保存清单一式两联,第一联由处罚机关留存,第二联交付当事人。

4. 文书范例

证据登记保存清单

当事人：××种业有限公司

时　间：2012年12月16日9:30

地　点：××种业有限公司仓库（××县××路××号）

因你（单位）涉嫌无证生产、经营水稻种子“××2号”，本机关依照《中华人民共和国行政处罚法》第三十七条第二款之规定对你（单位）在××种业有限公司仓库（××县××路××号）的下列物品：

□就地保存，登记保存期间，你（单位）不得使用、销售、转移、损毁、隐匿。

□异地保存于________。

序号	物品名称	规格	生产日期（批号）	生产单位	数量
1	“××2号”杂交水稻种子	1公斤/袋	2012年11月2日	××种业有限公司	1500袋
	（以下空白）				

执法人员：×××　执法证件号：××××××

执法人员：×××　执法证件号：××××××

××县农业局（印章）

2012年12月16日

当事人签名或盖章：张××

★《登记保存物品处理通知书》

1. 文书概述

《登记保存物品处理通知书》是指农业行政处罚机关在规定的期限内对被登记保存的物品作出处理决定并告知当事人的文书。

2. 内容要求

(1)首部

包括致送个人或单位的称谓,注意应与《证据登记保存清单》上致送人的称谓一致。

(2)正文

首先写明登记保存作出的时间,然后写明对保存物品的具体处理决定(或没收,或退还,或送交有关部门检验或者鉴定,或移送有关部门处理)。

(3)尾部

在文末右下角加盖处罚机关的印章,并注明制作日期。

3. 注意事项

(1)登记保存物品处理决定应当在登记保存作出之日起7日内作出。处罚机关应视具体处理情况制作物品清单,处理物品应与证据登记保存物品一致。

(2)《登记保存物品处理通知书》应送达当事人,并要求当事人在送达回证上签字或盖章;为避免当事人收到退还物品后不承认,建议在当事人收到归还物品时在存档的通知书上注明“已收到×××”,并签名和写清日期。

(3)登记保存物品处理通知书一式两联,第一联处罚机关留存,第二联交付当事人。

4. 文书范例

登记保存物品处理通知书

××种业有限公司：

本机关对2012年12月16日登记保存在××种业有限公司仓库（××县××路××号）的物品作出如下处理决定：

本机关自即日起将登记保存的物品退还你单位。（登记保存物品清单附后）

××县农业局（印章）

2012年12月21日

四、查封与扣押

行政机关在行政管理过程中，为制止违法行为、防止证据损毁、避免危害发生、控制危险扩大等情形，依法对公民的人身自由实施暂时性限制，或者对公民、法人或者其他组织的财物实施暂时性控制的行为，称作行政强制措施。行政强制措施是取得直接证据，查明违法事实，查获违法嫌疑人的行政手段，是行政执法机关正确处理案件比较关键的环节。同时，实施行政强制措施，直接关系到公民、法人或其他组织的人身权、财产权，所以实施行政强制措施前，须向行政机关负责人报告并经批准，由两名以上行政执法人员依照《行政强制法》行政强制措施实施程序规定执行。行政强制措施在农业行政执法的范畴主要有查封和扣押两种。农业行政强制措施没有对人身自由实施限制的，只有对财产或者场所采取的行政强制措施。

（一）查封、扣押的概念

查封是指由法律、法规规定的行政机关用封条将当事人的财物就地封存，不准任何人转移和处理。扣押是指由法律、法规规定的行政机关把当事人的可作为必要证据的物品、文件及依法应当予以没收的财物转移至另外场所，加以扣留，防止当事人占有、使用或处分。

(二)查封、扣押的异同

查封与扣押的主要目的是相同的,二者的区别在于:查封的财产一般是不易移动或没有必要转移的物品,即留在原地查封。查封主要是就地进行,加贴封条;而扣押的财产一般是可以移动的,且有必要从相对人处所转移的物品。扣押主要是易地进行。

(三)农业行政主管部门实施查封、扣押权利的有关规定

查封、扣押必须依据法律、法规的规定才能实施,当前赋予农业行政主管部门实施查封、扣押强制措施的法律、法规有以下 11 部,分别是:

1.《农产品质量安全法》第 39 条:县级以上人民政府农业行政主管部门在农产品质量安全监督检查中,可以对生产、销售的农产品进行现场检查,调查了解农产品质量安全的有关情况,查阅、复制与农产品质量安全有关的记录和其他资料;对经检测不符合农产品质量安全标准的农产品,有权查封、扣押。

2.《中华人民共和国动物防疫法》第 59 条:动物卫生监督机构执行监督检查任务,可以采取下列措施,有关单位和个人不得拒绝或者阻碍:……(二)对染疫或者疑似染疫的动物、动物产品及相关物品进行隔离、查封、扣押和处理。

3.《渔业法》第 48 条第 2 款:在海上执法时,对违反禁渔区、禁渔期的规定或者使用禁用的渔具、捕捞方法进行捕捞,以及未取得捕捞许可证进行捕捞的,事实清楚、证据充分,但是当场不能按照法定程序作出和执行行政处罚决定的,可以先暂时扣押捕捞许可证、渔具或者渔船,回港后依法作出和执行行政处罚决定。

4.《兽药管理条例》第 46 条:兽医行政管理部门依法进行监督检查时,对有证据证明可能是假、劣兽药的,应当采取查封、扣押的行政强制措施,并自采取行政强制措施之日起 7 个工作日内作出是否立案的决定;需要检验的,应当自检验报告书发出之日起 15 个工作日内作出是否立案的决定;不符合立案条件的,应当解除行政强制措施;……未经行政强制措施决定机关或

者其上级机关批准,不得擅自转移、使用、销毁、销售被查封或者扣押的兽药及有关材料。

5.《植物检疫条例》第18条第3款:对违反本条例规定调运的植物和植物产品,植物检疫机构有权予以封存、没收、销毁或者责令改变用途。销毁所需费用由责任人承担。

6.《植物新品种保护条例》第41条:省级以上人民政府农业、林业行政部门依据各自的职权在查处假冒授权品种案件时,根据需要,可以封存或者扣押与案件有关的植物品种的繁殖材料,查阅、复制或者封存与案件有关的合同、账册及有关文件。《植物新品种保护条例实施细则(农业部分)》第58条:农业行政部门依据条例第41条的规定对封存或者扣押的植物品种繁殖材料,应当在1个月内作出处理。

7.《农业转基因生物安全管理条例》第39条:农业行政主管部门履行监督检查职责时,有权采取下列措施:……(五)在紧急情况下,对非法研究、试验、生产、加工、经营或者进口、出口的农业转基因生物实施封存或者扣押。

8.《农业机械安全监督管理条例》第50条:未按照规定办理登记手续并取得相应的证书和牌照,擅自将拖拉机、联合收割机投入使用,或者未按照规定办理变更登记手续的,由县级以上地方人民政府农业机械化主管部门责令限期补办相关手续;逾期不补办的,责令停止使用;拒不停止使用的,扣押拖拉机、联合收割机,并处200元以上2000元以下罚款。

9.《乳品质量安全监督管理条例》第47条:畜牧兽医、质量监督、工商行政管理等部门在依据各自职责进行监督检查时,行使下列职权:……(四)查封、扣押有证据证明不符合乳品质量安全国家标准的乳品以及违法使用的生鲜乳、辅料、添加剂;(五)查封涉嫌违法从事乳品生产经营活动的场所,扣押用于违法生产经营的工具、设备;……

10.《饲料和饲料添加剂管理条例》第47条:国务院农业行政主管部门和县级以上地方人民政府饲料管理部门在监督检查中可以采取下列措施:……(三)查封、扣押有证据证明用于违法生产饲料的饲料原料、单一饲料、饲料添加剂、药物饲料添加剂、添加剂预混合饲料,用于违法生产饲料添加剂的原料,用于违法生产饲料、饲料添加剂的工具、设施,违法生产、经营、使用的饲料、饲料添加剂;(四)查封违法生产、经营饲料、饲料添加剂的场所。

11.《国务院关于加强食品等产品安全监督管理的特别规定》第 15 条:农业、卫生、质检、商务、工商、药品等监督管理部门履行各自产品安全监督管理职责,有下列职权:……(二)查阅、复制、查封、扣押有关合同、票据、账簿以及其他有关资料;(三)查封、扣押不符合法定要求的产品,违法使用的原料、辅料、添加剂、农业投入品以及用于违法生产的工具、设备;(四)查封存在危害人体健康和生命安全重大隐患的生产经营场所。

此外,尚未制定法律、行政法规,且属于地方性事务的,地方性法规对查封、扣押可以作出规定。

(四)实施查封、扣押的要求

查封、扣押作为行政强制措施,关系到当事人的人身权、财产权等基本的宪法权利,对社会的影响也很大,所以执法人员在采取查封、扣押时,必须慎重对待,应遵循以下原则:

一是有明确的实体法律依据。采取行政强制措施必须有明确的法律授权规定,没有法律规定就不能采取行政强制措施。

二是遵循法定程序。在实施过程中必须履行法定程序,不可简化。第一,执法人员要出示执法证件,亮明身份;第二,要通知当事人到场;第三,要当场告知当事人采取行政强制措施的理由、依据以及当事人依法享有的权利和救济途径;第四,要听取当事人的陈述和申辩;第五,实施查封、扣押时应制作并当场交付查封、扣押决定书和清单;第六,要制作查封、扣押现场笔录,现场笔录由当事人和行政执法人员签名或者盖章,当事人拒绝的,应在笔录中予以注明;第七,当事人不到场的,邀请见证人到场,由见证人和行政执法人员在现场笔录上签名或者盖章;第八,法律、法规规定有其他程序的,应遵行相应法定程序规定。

三是对象要合法。应当是实体法明确规定的。对当事人的与案件无关的物品、文件,例如,某县农业执法人员在打击假劣农资时,扣押了相对人,相对人提出了行政诉讼。处罚机关败诉是必然的。

四是不损害当事人的合法权益。第一,不能随意扩大查封扣押的范围。查封、扣押限于涉案的场所、设施或者财物,不得查封、扣押与违法行为无关的场所、设施或者财物;不得查封、扣押公民个人及其所扶养家属的生活必需品。例如,《兽药条例》对假劣兽药才能查封扣押,对运输假劣兽药的汽车不能采取强制措施,法律、法规没有赋予农业处罚机关扣押运输工具的权力。当事人的场所、设施或者财物已被其他国家机关依法查封的,不得重复查封。第二,不能擅自处理查封扣押的物品。对查封、扣押的场所、设施或者财物,行政机关应当妥善保管,不得使用或者损毁;造成损失的,应当承担赔偿责任。当事人可以依据《国家赔偿法》要求行政机关予以赔偿。第三,行政机关采取查封、扣押措施后,应当及时查清事实,在规定的期限内作出处理决定。对违法事实清楚,依法应当没收的非法财物予以没收;法律、行政法规规定应当销毁的,依法销毁;应当解除查封、扣押的,作出解除查封、扣押的决定。

五是及时原则。这包含两层意思:一方面是对那些当事人有可能转移、销毁违法物证、书证的案件,应依法及时、果断地采取行政强制措施,以保全证据,查明事实,不给违法行为人以逃避处罚的可乘之机,确保对违法行为进行及时查处,维护国家利益和社会公共利益;另一方面,一旦限定期限结束或者必要性消失,就必须及时解除查封、扣押强制措施,出具相应的解除查封扣押决定书,恢复当事人合法的权益。

查封、扣押是一种具有可诉性的具体行政行为,相对人对行政主体的行政强制措施不服的,可以提起行政复议或向人民法院提起诉讼,或者行政复议后再向人民法院起诉。如果行政机关及其工作人员错误采取查封、扣押措施,侵犯了相对人合法的财产权,属于《国家赔偿法》规定的行政赔偿范围,受害人有获得赔偿的权利。

随着农业执法职能的不断深化,法律法规的不断健全,会有越来越多的有关行政强制措施的法律法规出台。执法人员也要与时俱进,不断学习,依法采取查封、扣押等强制措施,保证行政执法的合法性和公正性。

★《查封(扣押)决定书》

1. 文书概述

《查封(扣押)决定书》是农业行政处罚机关在案件调查过程中依照有关法律法规对有关涉嫌违法的物品采取强制措施,实施查封(扣押)的文书。

2. 内容要求

(1)首部

包括执法机关名称及文书名称和致送个人或单位的名称,在标题的下一行顶格写明接受文书的个人姓名或者单位名称。如:“×××有限责任公司”。

(2)正文

首先写明事由和查封(扣押)的法律依据,查封(扣押)的场所、设施或者财物的名称、数量,查封(扣押)期限,当事人权利义务。附于《查封(扣押)决定书》的查封(扣押)财物清单应详细记录被查封(扣押)物品的名称、规格、生产日期(批号)、生产单位、数量。

(3)尾部

尾部为行政机关的名称、印章和日期。《查封(扣押)决定书》交当事人核对后,当事人在《查封(扣押)决定书》的附件即查封(扣押)财物清单上签字盖章,执法人员也应同时在查封(扣押)财物清单上签字盖章。

3. 注意事项

(1)查封(扣押)时,应当在相关物品、场所加贴封条,封条应当标明查封(扣押)日期,并加盖处罚机关印章。

(2)扣押的物品、文件必须是能够作为物证、书证的物品、文件,其他任何与案件无关的物品、文件都不得扣押。

(3)扣押的物证、书证应当妥善保管或者封存。首先要作好登记,对不能入卷的物证、书证应当拍照,将照片附卷;对容易受到损害的物证、书证应采取拍照、录像、绘图等方法加以固定和保全。

(4)查封、扣押时,应通知当事人及利害关系人到场,并出示由行政机关负责人签发的查封、扣押决定书。当事人及利害关系人拒不到场时,可通知有关组织派员参加,协助查封、扣押。案情复杂的,执法人员还应制作查封(扣押)现场笔录。

(5)执法人员应会同在场见证人和被扣押物品、文件的当事人查点清楚，对于被查封、扣押的财产，必须造具清单，写明扣押物品的名称、规格、特征、质量、数量、文件的名称、编号以及物品、文件发现地点、扣押时间等，并由当事人、利害关系人或协助查封、扣押的人签名盖章。查封、扣押清单一式二份，由当事人和行政机关分别保存。

4. 文书范例

×××农业局

查封(扣押)决定书

×农封(扣)〔2012〕7号

××种业有限公司：

因你(单位)涉嫌未按照《植物检疫条例》规定调运应施检疫的植物产品，依据《植物检疫条例》第十八条：……(三)未依照本条例规定调运、隔离试种或者生产应施检疫的植物、植物产品的；对违反本条例规定调运的植物和植物产品，植物检疫机构有权予以封存、没收、销毁或者责令改变用途之规定，本机关决定对你(单位)1500公斤"××2号"杂交水稻种子予以查封(扣押)30日。在查封(扣押)期间，你(单位)不得使用、销售、转移、损毁、隐匿。

当事人对本决定不服的，可以在收到本决定书之日起60日内向×××人民政府或×××农业局申请行政复议；或者三个月内向×××人民法院提起行政诉讼。行政复议和行政诉讼期间，本决定不停止执行。

附：查封(扣押)财物清单。

×××农业局(印章)

2012年12月5日

查封(扣押)财物清单

序号	财物名称	规格	生产日期（批号）	生产单位	数量
1	“××2号”杂交水稻种子	1公斤/袋	2012年11月2日	××种业有限公司	1500袋
	（以下空白）				

当事人签名或盖章:张××

执法人员签名或盖章:×××、×××

查封(扣押)现场笔录

时间:2012年12月5日9时30分至11时20分

地点:××种业有限公司仓库

执法机关:×××农业局

当事人:××种业有限公司

执法人员:××× 执法证件号:××××××

××× ××××××

记录人:×××

现场情况:2012年12月5日上午9:30,当事人××种业有限公司仓库存有1500袋“××2号”杂交水稻种子,规格为1公斤/袋×10袋/箱,生产日期为2012年11月2日,生产单位标称××种业有限公司,种子包装完好。检查中,当事人当场出示了营业执照、杂交种子经营许可证、“××2号”杂交水稻种子审定文件和购销合同。执法人员现场发现当事人××种业有限公司购进的1500袋“××2号”杂交水稻种子外包装和内标签上均无检疫证明编号。执法人员拍摄现场照片二张。检查过程中,当事人××种业有限公司法定代表人张××较为配合,现场还邀请了当事人××种业有限公司所在地社区负责人×××为见证人。

当事人签名或盖章:张×× （见证人签名或盖章:×××）

执法人员签名或盖章:×××、×××

★《解除查封(扣押)决定书》

1. 文书概述

《解除查封(扣押)决定书》是指经农业行政处罚机关调查核实,依法对查封(扣押)物品解除强制措施并告知当事人的文书。

2. 内容要求

(1)首部

在标题的下一行顶格写明接受文书的个人姓名或者单位名称。如:“××有限责任公司”。

(2)正文

首先写明查封(扣押)的场所、设施或者财物的名称、数量,然后写明解除查封(扣押)的时间。附《解除查封(扣押)决定书》的解除查封(扣押)财物清单应详细记录解除查封(扣押)物品的名称、规格、生产日期(批号)、生产单位、数量。

(3)尾部

在文末右下角加盖执法机关的印章,并注明制作日期。当事人核对后在《解除查封(扣押)决定书》的附件即解除查封(扣押)财物清单上签字盖章,执法人员也应同时在解除查封(扣押)财物清单上签字盖章。

3. 注意事项

(1)解除查封(扣押)的物品要与查封(扣押)时的物品核对无误。对查封(扣押)物品部分解除时,清单应当写清解除查封(扣押)物品的具体情况。

(2)解除查封(扣押)财物清单一式二份,由当事人和行政机关分别保存。

4. 文书范例

×××农业局

解除查封(扣押)决定书

×农解封(扣)〔2012〕1号

××种业有限公司:

本机关决定对你(单位)1500公斤"××2号"杂交水稻种子自2012年12月31日起解除查封(扣押)的强制措施。

附:解除查封(扣押)财物清单。

×××农业局(印章)

2012年12月31日

解除查封(扣押)财物清单

序号	财物名称	规格	生产日期(批号)	生产单位	数量
1	"××2号"杂交水稻种子	1公斤/袋	2012年11月2日	××种业有限公司	1500袋
	(以下空白)				

当事人签名或盖章:张××

执法人员签名或盖章:×××、×××

第四章
案 件 审 查

依据《农业行政处罚程序规定》第 37 条的规定，执法人员在调查结束后，认为案件事实清楚、证据充分的，应当制作《案件处理意见书》，经有关机构审核后，报农业行政处罚机关负责人审批，这就进入了案件的审查阶段。

一、概述

(一)案件审查的概念

案件审查是指农业行政处罚机关在案件调查终结后，作出行政处罚决定前对整个案件的全部材料进行全面审查，并对案件证据的有效性、案件的事实、处罚依据和建议等提出意见的总称。它是农业行政处罚机关在行政处罚决定作出之前的把关环节，对农业行政处罚起到自查、自纠的作用，能确保行政执法合法、准确、适当；同时也是法制机构实施执法监督的重要手段。案件审查虽属内部程序，但影响着最终的处罚决定，需要高度重视。

(二)案件审查的主体

执法机构、农业行政处罚机关法制机构及农业行政处罚机关负责人分别承担案件审查工作。对案情复杂或者有重大违法行为需要给予较重行政处罚的,还应当由农业行政处罚机关负责人集体讨论决定。

二、审查内容

根据《行政诉讼法》,人民法院对行政处罚行为审查的主要内容包括:行政机关是否具有行政处罚权,违法事实是否调查清楚、收集的证据是否确凿,行政处罚程序是否合法,适用法律、法规是否正确,行政处罚是否显失公正。根据《行政复议法》,行政复议机关对行政行为审查的标准更加严格,还包括具体行政行为是否明显不当。依据行政诉讼和行政复议中对行政行为审查的要求,农业行政处罚案件审查应当主要包括以下内容:

(一)行政处罚实施主体及其权限

依据《行政处罚法》第15条"行政处罚由具有行政处罚权的行政机关在法定职权范围内实施"的规定,无行政处罚权的行政主体实施的行政处罚行为无效;有行政处罚权的行政主体超越自身处罚权或者滥用处罚权,其行政处罚行为无效。因此,行政处罚实施主体及其权限的审查应主要包括以下内容:

1. 行政处罚实施主体是否合法

行政处罚的实施主体行使处罚权必须具有法律、法规、规章的明确规定。没有法律依据、法律依据无效或者不能授予该项处罚权的,行政处罚实施主体不具有该项行政处罚权,据此作出的行政处罚行为无效。因此,审查时应注意:

(1)行政机关虽是最主要的行政处罚实施主体,但其只有得到法律、法规和规章的明确授权,才能行使法定的行政处罚权,且该法律、法规和规章应当是有效的。

(2)法律、法规授权的具有管理公共事务职能的组织应在法定授权范围内以自己名义实施行政处罚。

(3)基于公共管理的需要,农业行政机关依法将自己拥有的行政处罚权委托给非行政组织行使,须符合法律规定的条件。委托还应当履行相应的手续,如履行委托手续、公示委托内容等。

2. 行政处罚实施主体是否超越法定权限

行政处罚实施主体超越行政处罚权是指行使行政处罚权的实施主体超越法定权限实施行政处罚的行为。其主要包括三类情形:

(1)实施主体行使了其他行政主体的行政处罚权,如甲行政机关行使了乙行政机关的行政处罚权。又如,在农产质量安全管理活动中,农业行政机关行使了工商行政机关的行政处罚权;下级行政机关行使了上级行政机关的行政处罚权。

(2)行政主体的内部管理机构行使了外部管理机关的职权,主要表现为:以内部管理机构的名义行使外部管理机关的行政处罚权,如处罚决定书盖执法队的公章。

(3)实施主体超越法定授权范围或处罚幅度。具体表现为:使用了法律法规没有规定的执法手段;行政处罚超越法律法规规定的处罚幅度,如超越法律法规规定处罚幅度上限实施处罚或无法定减轻情节而低于下限处罚。

3. 行政处罚实施主体是否滥用行政处罚权

行政处罚实施主体滥用行政处罚权是指行政处罚实施主体在行使行政处罚权时,违背法律设定的目的,违反法定的幅度和范围行使权力,损害相对人的合法权益。审查行政处罚实施主体是否滥用行政处罚权主要从以下几方面进行:

(1)是否追求不适当的目的。追求不适当的目的是指具体裁量决定所追求的目的不是法律授权的目的。比如,查处或处罚不是为了维护农业管理秩序,而是为了创收,不管情节轻重、具体情况如何,一律作出相同处罚;或者在追求法定目的的同时还存在法律所不允许的附属目的或隐藏目的。

(2)是否考虑不相关的因素。考虑不相关的因素是指将法律不允许的东西纳入作出行政处罚决定考虑的因素范围,从而使作出的决定违背了依法行政的要求,如将人情关系纳入作出行政处罚决定考虑的因素范围。

(3)裁量结果是否显失公正。裁量结果显失公正是指处罚结果违背过罚相当和公平合理的原则,如违法情节较重而处罚却较轻或者是违法情节较轻而处罚却较重,这样的处罚结果都是显失公正的,违背了过罚相当的原则。

(二)适用对象

农业行政处罚的适用对象,即农业违法行为的实施主体,是指违反农业法律、法规和规章调整的农业行政管理秩序的公民、法人或其他组织。农业行政处罚的适用对象包括以下三类:

(1)公民。指参加到农业行政法律关系中的有责任能力的中国人和外国人。

(2)法人。指依法成立的,有自己的组织机构、名称和经营场所,有独立的财产,能够以自己的名义从事法律行为并承担法律责任的社会组织。包括在中国取得法人资格的各类企、事业单位。

(3)其他组织。指经有关主管机关认可,准许其成立和进行某种业务活动,但没有取得法人资格的社会团体或经济组织。

对农业行政处罚适用对象的审查,一是审查被处罚对象的基本信息,保证违法对象与受罚对象的一致性;二是审查被处罚对象是否适格,即是否具有责任能力,同时也审查与其责任能力相关的一切资料和因素。

(1)审查违法对象与受罚对象的一致性

农业行政处罚适用对象的审查首先就是违法对象与受罚对象的一致性,即保证不能罚错人。在审查中,对于公民应核对其姓名、性别、年龄、住址等,尤其应当注意核对其身份证号;对于法人应核对其名称、地址、营业执照以及其法定代表人姓名、身份证号等;对于其他组织,应当核对其名称、地址、主要负责人姓名等基本信息。建议农业行政处罚机关办案时在相关法律文书中注明法人的法定代表人的身份证号、个体工商户责任人的身份证号,以备审查,同时也防止处罚对象出错。

(2)审查被处罚对象是否适格,即是否具有责任能力

农业行政处罚中,违法嫌疑人具有相应的责任能力是成为行政处罚适

用对象的必要因素。关于责任能力的审查，对于公民，主要审查其年龄是否已满 14 周岁或者 18 周岁、精神状况是否正常。因为依据《行政处罚法》，除非法律、法规另有规定，精神病人在不能辨认或者不能控制自己行为时有违法行为的以及不满 14 周岁的人有违法行为的，不应给予行政处罚；已满 14 周岁不满 18 周岁的人有违法行为的，从轻或者减轻行政处罚。对于法人和其他组织，主要审查其是否已经注册登记，是否具备相关证照，因为不具备法人资格或者其他组织资格的，其违法行为的法律责任应由其主要负责人和相关直接责任人承担。需要注意的是，对相关被处罚对象，如个体工商户、分支机构、加工中心等的认定，不能只看其名称，而要通过审查其登记材料，判断其是否适格。

（三）违法事实

农业行政违法事实的审查是指农业行政处罚机关对违反农业法律、法规和规章的客观事实的审查。主要包括以下内容：

1. 违法事实发生的时间、地点

（1）时间。包括违法行为发生的时间和持续的时间。违法行为的时间首先，可以帮助确定违法行为发生的时间背景，在一定情况下还可以帮助确定是否违法，例如《渔业法》规定禁止在禁渔期进行捕捞，捕捞行为如果发生在禁渔期才是违法行为，要进行处罚，而不在禁渔期则不构成违法行为。其次，违法行为的时间关系到从何时开始起算两年追诉时效，《行政处罚法》第 29 条规定违法行为从发生之日起两年内未被发现的，不再给予行政处罚，因此，发生时间就决定从何时开始起计算追诉时效。如果违法行为存在持续状态，根据《行政处罚法》第 29 条的规定，违法行为存在连续或者继续状态的，两年追诉时效从行为终了之日起计算。最后，发生和持续的时间也可以帮助确定违法行为的情节轻重，违法行为持续时间长或者是多次发生，与持续时间短暂或偶犯在情节上显然是不一样的，这会影响到最后的法律适用和最终的处罚结果。

（2）地点。包括违法行为的发生地、经过地、结束地和影响区域等。违法行为的地点帮助确定违法行为的空间背景，还可以区分违法行为的危害大小,例如《渔业法》规定禁止在禁渔区进行捕捞,捕捞行为如果发生在禁渔区才是违法行为,要进行处罚,而不在禁渔区则不构成违法行为。《草原法》规定的禁牧、休牧制度,放牧行为是否发生在禁牧区、休牧区就决定行为是否违法。违法行为的地点还与管辖密切相关。违法行为发生地帮助确定管辖地,如果违法行为涉及不同的几个地方,则会存在几个地方的主管机关都有管辖权的情况。

2. 违法行为的特征

违法行为的特征包括如下方面:当事人的行为是作为还是不作为;是一个行为还是多个行为;行为的表现方式、手段是什么,具体经过如何;如果是作为,那么违法行为处于何种阶段,是准备、开始还是完成;行为是一人行为还是共同行为,如果是共同行为,当事人在其中是起主要作用还是起次要作用;是偶然行为还是经常行为;当事人的行为是否构成法律、法规和规章规定的事实要件等。不同的行为特征构成了不同违法行为的定性情节和裁量情节,必然导致不同的定性和不同的处罚,因此必须认真审查。如未经品种权人许可,以商业目的生产并销售授权品种的繁殖材料行为,根据《植物新品种保护条例》构成品种权侵权行为;但是如果进一步鉴定发现,该种子仅有授权品种之名,而实际上不是该品种,那么这就不是品种权侵权行为,而是假冒品种权行为和生产销售假种子的行为,违法事实不同,对其定性和处罚显然不同。

3. 违法行为的后果是否存在及存在的具体状况

执法人员应当查明违法后果是否存在以及存在的具体情况。一方面,没有违法后果或者是违法后果轻微,可能会被免于处罚;另一方面,违法后果的具体情况如造成损失的大小,往往直接关系到侵权赔偿数额的大小。因此违法后果的情况需要认真确定。

4. 违法行为与后果之间是否存在因果关系

违法行为与违法后果之间存在必然的因果关系。例如,违法行为可能是由其他主体引起,或者是由于其他原因引起。如受保护的渔业资源遭到破坏可能是由于炸鱼、电鱼等违法行为引起,也可能是由于环境污染造成的,也可能同时存在。

5. 审查违法行为的主观状态

违法行为的主观状态包括主观上是否有过错，是故意还是过失，是否有法定情节来证明或者推定该主观状态等情况。违法行为人是否有悔改之心，是否在违法后果没发生之前积极采取措施防止危害后果的发生，或者是危害后果轻微并积极采取措施纠正，或者是事发后采取措施防止损失进一步扩大，对于前两种情形应当从轻、减轻或免予处罚，而对于最后一种则可以酌情从轻处罚。

6. 审查违法行为是否具有构成犯罪或者从轻、减轻或者免予处罚的情形

一方面，行为违反农业法律、法规和规章的规定并且情节严重构成犯罪的，应依据刑法的规定追究刑事责任；另一方面，审查违法行为是否有法定的从轻、减轻或者免予处罚的情形。违法行为及违法后果是否轻微并及时纠正。根据《行政处罚法》第 27 条的规定，违法行为人具有以下情形之一的："主动消除或者减轻违法行为危害后果的；受他人胁迫有违法行为的；配合行政机关查处违法行为有立功表现的；其他依法从轻或者减轻行政处罚的"，应当依法从轻或者减轻行政处罚；已满 14 周岁不满 18 周岁的人有违法行为的，也要从轻或者减轻行政处罚。另外，不满 14 周岁的人有违法行为的，不予行政处罚，责令监护人加以管教；违法行为轻微并及时纠正，没有造成危害后果的不予行政处罚。

（四）证据

证据在行政执法中起着决定性的作用，它是衡量违法行为是否客观存在的唯一标准，对认定违法行为的性质起着决定性作用，也是作出行政处罚的依据和基础。证据审查是行政处罚机关执法人员依法对已经收集到的各种证据材料，进行分析研究、审查判断、鉴别真伪，以确定各个证据有无证明力和证明力大小，并对整个案件事实做出合乎实际结论的活动。证据审查的目的是排除假证据，去掉对案件定性定量缺乏证明力、说明力的证据以及相互矛盾的证据，确保案件定性、定量证据的充分、合法和真实，确保案件事实清楚、证据充分确凿。因此，对证据的审查是案件审查的关键。

1.证据审查的标准

(1)客观性:审查证据必须以证据客观性为标准,即证据的事实内容和材料必须是客观的,而不是主观捏造或想象的。具体应当审查:证据形成的原因;发现证据时的客观环境;证据证明的事实;证据是否为原件、原物;复制件、复制品与原件、原物是否相符;提供证据的人或者证人与当事人是否具有利害关系及影响证据真实性的其他因素等。

(2)关联性:审查证据必须以证据与案件有关联为标准,即证据的事实内容和材料必须与待证明的案件事实有联系,它们或是条件,或是原因,或是结果。具体应当审查:证据与案件的关系,是直接关系还是间接关系;证据与证据的关系,证据与证据是否相互印证,是否形成证据链等。

(3)合法性:审查证据必须以证据的合法性为标准,即证据的事实内容和材料必须合法。主要包括:取证的程序合法;证据的内容、形式合法;是否存在非法证据排除的情况;是否有影响证据效力的违法情形等。

2.证据审查的内容

(1)书证:书证应为原件。调取原件确有困难的,可以调取与原件核对无误的复印件、照片、节录本;注意在调取书证时应当注明出处,经相对人核对无异后签名或盖章,并注明此件与原件一致;调取报表、图纸、会计账册、专业技术资料、科技文献等书证的,还应当附有说明材料;法律、法规和规章对书证的制作形式另有规定的,从其规定。

(2)询问、陈述、谈话类笔录:具体行政行为所依据的询问、陈述、谈话类笔录,应当有行政执法人员、被询问人、陈述人、谈话人签名或者盖章,并注明以上记录已核对属实。

(3)物证:物证应为原物。调取原物确有困难的,可以调取与原物核对无误的复制件或者证明该物证的照片、录像等其他证据;原物为数量较多的种类物的,可提取样本,并对种类物依法采取措施,如实施证据登记保存,依法查封、扣押等。

(4)计算机数据或者录音、录像等视听资料:应调取有关资料的原始载体,即计算机数据或者录音、录像等视听资料的正本。调取原始载体确有困难的,可以调取复制件。由于复制件与原始载体很难区分,因此,调取原始载体和复制件均要注明制作方法、制作时间、制作人和证明对象；调取复制件的，还应注明视听资料的具体来源及制作过程。声音资料还应附有该声音内容的文字记录。

（5）证人证言：具体行政行为所依据的证人证言应写明证人的姓名、年龄、性别、职业、住址等基本情况；要有证人的签名，不能签名的，应当以盖章或摁指印等方式证明；注明出具日期；附有居民身份证复印件等证明证人身份的文件。

（6）鉴定结论：鉴定结论应当载明委托人和委托鉴定的事项、向鉴定部门提交的相关材料、鉴定的依据和使用的科学技术手段、鉴定部门和鉴定人鉴定资格的说明，并应有鉴定人的签名和鉴定部门的盖章。通过分析获得的鉴定结论，应当说明分析过程。

（7）现场笔录：现场笔录应当载明时间、地点和事件等内容，并由执法人员和当事人签名。当事人拒绝签名或者不能签名的，应当注明原因。有其他人在现场的，可由其他人签名。法律、法规和规章对现场笔录的制作形式另有规定的，从其规定。

在审查证明案件客观事实的同时，还要注重对案件调查程序证据的审查，如：

（1）调查取证中，执法人员是否表明身份情况；

（2）应当说明理由的，是否说明；

（3）应当告之权利的，是否告之；

（4）应当举行听证的，是否举行；

（5）应当制作的执法文书，是否依法制作；

（6）应当回避的，是否回避。

3. 证据审查的方法

（1）个别审查

个别审查是对具体证据进行个别的分析、审查、判断。首先，应审查该证据的证明力，即审查该证据对于案件事实的证明能力。而证据要具有证明能力，必须具有证明案件事实的客观性和关联性。因此，审查证据的证明力就是审查证据是否客观存在，是否与案件事实和证明案件事实的其他证据有联系,是否能够证明案件事实的本来面目;其次,应审查证据的证据能力又称证据资格,即审查该证据材料在法律上允许其作为证据的资格。证据要具有作为证据的资格,就必须具有合法性。因此,审查该证据的证据能力就是审查证据的合法性:是否为依法收集的证据,是否符合证据的法定形式。

个别审查应注意的问题:

①笔录类证据实体事实部分的审查应注意:笔录中的时间、地点、人物、事情、起因、结果六要素是否齐全;陈述是否客观;关系到案件定性、定量的关键问题记录是否到位;从重从轻的情节是否体现;与其他证据是否相互印证;笔录之间是否有矛盾;是否附有被询问人的身份证明材料;被询问人与本案中其他人的关系等问题是否记载清楚。

②笔录类证据程序部分的审查应注意:是否存在单人取证现象,如笔录取证只有一人实施或笔录实施人签名处空白等;笔录制作是否出现漏项、错填等现象;是否履行告知义务;询问时是否告知执法人员身份、出示执法证件;是否注明笔录制作开始、结束的时间;询问未成年人时,除法律有特殊规定情形外,是否通知未成年人家长、指定监护人或教师等相关监护人到场;询问聋哑人、不通晓当地语言的人或外国人时,是否有翻译人员参与并签名盖章;被询问人为文盲的,笔录结尾核对意见是否注明“以上笔录我已听询问人读过,与我讲的一样”,被询问人签名处是否摁指印。

③证据及相关物品的保全措施的审查应注意:保全是否是依法实施;对不易保存的物品、痕迹,是否已采取照相等措施固定;实施保全措施的物品特征、数量是否写明。

(2)综合审查

综合审查:综合审查是指在逐个证据审查的基础上,将收集的全案证据相互对比进行审查,看证据之间能否相互印证、相互核实,是否存在矛盾,能否相互组合形成对违法事实的充分证明。通过对各种证据的综合分析和互相印证,进行全面审查,分析矛盾,排除无效证据,确定对案件定性定量的有效证据。综合审查可以首先采取分类审查的方式进行。如首先对物证、书证、证人证言等分类综合分析、相互印证,进行分类审查;其次再按案件的定性和定量的证据来分类审查;最后再把案件定性和定量的证据进行全面的综合分析,相互印证,全面审查。

综合审查应注意的问题:

①只有一个直接证据,而且该直接证据证明事实不全面,又没有其他任何间接证据予以鉴别或印证的情况下,不能以该直接证据定案。

②只有间接证据,而没有直接证据的情况下,各个间接证据之间要求形成一个完整的体系,环环相扣,构成证据链而不能有任何中断,每一个单独的证据都是整个证据链中的一环。

③用证据证明案件事实时,应注意证据与案情之间的矛盾以及案件结论的其他可能性被合理地排除。案件中的所有证据都指向一个目标,得出的结论是唯一的,具有排他性。

④综合审查过程中,允许对所取得的证据提出合理的怀疑,确定其可信程度,如有必要可提出对该证据所证明的事实进行重新调查。在证据审查过程中,还有可能遇到对某一事实的证明上,有两个或两个以上完全不同,甚至完全相反的证据,在这种情况下,一定要通过证据比较、甄别,用证据分类理论结合案件实际加以分析判断,确定采用其中一方面的证据,绝对不能将上述证据同时采用。

4. 证据审查时应当遵守的证据运用规则

认定和运用证据应当遵守法定规则,证据审查时也要遵守这些规则,并以此为依据进行审查。根据《最高人民法院关于行政诉讼证据若干问题的规定》等,证据认定和运用应遵守以下规则。

第一,作为定案证据的数个证据,其证明效力一般可以按照下列情形分别认定:

(1)国家机关以及其他职能部门依职权制作的公文文书优于其他书证;

(2)鉴定结论、现场笔录、勘验笔录、档案材料以及经过公证或者登记的书证优于其他书证、视听资料和证人证言;

(3)原件、原物优于复制件、复制品;

(4)法定鉴定部门的鉴定结论优于其他鉴定部门的鉴定结论;

(5)原始证据优于传来证据;

(6)其他证人证言优于与当事人有亲属关系或者其他密切关系的证人

提供的对该当事人有利的证言;

(7)数个种类不同、内容一致的证据优于一个孤立的证据。

第二,不能作为定案依据的证据:

(1)严重违反法定程序收集的证据材料;

(2)以偷拍、偷录、窃听等手段获取侵害他人合法权益的证据材料;

(3)以利诱、欺诈、胁迫、暴力等不正当手段获取的证据材料;

(4)在中华人民共和国领域以外或者在中华人民共和国香港特别行政区、澳门特别行政区和台湾地区形成的未办理法定证明手续的证据材料;

(5)被当事人或者他人进行技术处理而无法辨明真伪的证据材料;

(6)不能正确表达意志的证人提供的证据;

(7)以违反法律禁止性规定或者侵犯他人合法权益的方法取得的证据,不能作为认定案件事实的依据;

(8)不具备合法性和真实性的其他证据材料。

第三,下列证据不能单独作为定案依据:

(1)未成年人所作的与其年龄和智力状况不相适应的证言;

(2)与当事人有亲属关系或者其他密切关系的证人所作的对该当事人有利的证言,或者与当事人有不利关系的证人所作的对该当事人不利的证言;

(3)难以识别是否经过修改的视听资料;

(4)无法与原件、原物核对的复制件或者复制品;

(5)经人改动,对方当事人不予认可的证据材料;

(6)其他不能单独作为定案依据的证据材料。

(五)法律适用

法律适用的审查是对农业行政机关针对违法行为是否正确地适用了相关法律规定,并作出合法适当的处理决定的审查。

1.法律适用的审查内容

(1)案件违法事实是否符合适用的法律、法规和规章规定的需要给予处罚的情形;

（2）案件违法事实是否与适用的法律、法规和规章规定的违法事实的法律责任相对应；

（3）适用的法律、法规和规章是否有效；

（4）适用的法律、法规和规章是否存在法律冲突；

（5）适用的法律、法规和规章是否违背自由裁量规则。

2. 法律适用的相关规则和应注意的问题

农业行政机关对公民、法人或其他组织的违法行为实施行政处罚，必须正确适用国家现行有效的行政法律、法规和规章，不能适用已经失效或者尚未生效的法律、法规和规章，也不能适用与行政处罚无关的法律、法规和规章。行政处罚必须有法定依据，没有法定依据或者适用法律依据错误的行政处罚行为无效。因此，正确掌握法律适用的相关规则，有利于行政执法中正确适用国家行政法律、法规和规章，保障行政执法的准确性和合法性。

（1）法律适用的一般规则

由于作为执法依据的法律规范的制定主体、程序、时间、适用范围等不同，其效力也不相同，并由此形成一个法律效力等级体系。这个效力等级体系的一般规则是：等级高的立法主体制定的法律规范的效力高于等级低的立法主体制定的法律规范的效力，即上一级法律规范的效力高于下级法律规范的效力。

我国行政执法依据的效力层级是：宪法→法律→行政法规→地方性法规→行政规章。

宪法是国家权力机关制定的规定国家根本制度、根本任务和基本活动原则的具有最高法律效力的法律规范。在我国法律体系中，宪法地位最高，效力等级最高。

法律是由国家权力机关根据宪法制定的规范性文件。其地位和效力等级仅次于宪法，其他一切立法和执法活动不得与之相抵触。法律是设定行政执法依据的基本形式，也是行政执法的基本依据。依据《行政处罚法》规定：法律可以创设各种行政处罚，且对限制人身自由的行政处罚的创设拥有专属权。

行政法规是国务院依据宪法、法律制定的规范性文件。其地位和效力等级仅次于宪法和法律,是行政执法的主要法律依据。依据《行政处罚法》规定行政法规的设定权包括:行政法规的创设权,即可以创设除限制人身自由以外的各种行政处罚;行政法规的规定权,即法律对违法行为已作出行政处罚规定的,行政法规必须在法律规定的给予行政处罚的行为、种类和幅度的范围内规定。

地方性法规是特定的地方国家权力机关依法制定的规范性文件,包括:省、自治区、直辖市以及省会所在地的市、自治区首府所在地的市和国务院批准的较大市的人大及其常务委员会制定的地方规范性文件。其等级和效力低于宪法、法律和行政法规。依据《行政处罚法》规定地方性法规的设定权包括:创设权,可以创设除限制人身自由、吊销企业营业执照以外的各种行政处罚;规定权,法律、行政法规对违法行为已作出行政处罚规定的,地方性法规需要作出具体规定的,必须在法律、行政法规规定的给予行政处罚的行为、种类和幅度的范围内规定。

自治条例和单行条例是民族自治地方(包括自治区、自治州、自治县)人民代表大会依据当地民族的政治、经济、文化特点制定的规范性文件。其效力相当于地方性法规,效力范围仅限于其行政区域内。

行政规章分为部门规章和政府规章两类。部门规章是国务院部、委等依法制定的规范性文件。政府规章是省、自治区、直辖市以及省会所在地的市、自治区首府所在地的市和国务院批准的较大市的人民政府依法制定的规范性文件。国务院部门规章和地方政府规章,属效力等级较低的法律规范,其设定权有限:只能设定一定数额的罚款和警告的处罚。其主要拥有规定权,行政规章必须在法律、法规规定的给予行政处罚的行为、种类和幅度的范围内规定。

除上述法律、法规、规章以外的其他规范性文件都不得对行政处罚加以设定。

(2)法律依据发生冲突时的适用规则

在我国,由于立法主体的多重性,立法主体之间协调性的缺乏及立法技术存在某些不足等原因,不可避免地产生法律冲突。法律冲突是指对同一法律事实或关系，有两个或两个以上的法律文件作出了不同的规定，产生了法律上的冲突。而法律冲突的产生，又必然导致司法和行政执法等法律适用的冲突。为了解决行政法律适用冲突，依据有关法律、法规的规定，按照法制统一原则，行政执法应适用下列行政法律适用冲突规则：

①层级冲突适用规则

不同效力等级的行政法律规范发生冲突时，应选择适用效力等级高的行政法律规范。宪法具有最高的法律效力，一切法律、行政法规、地方性法规、自治条例和单行条例、规章都不得同宪法相抵触；法律的效力高于行政法规、地方性法规、规章；行政法规的效力高于地方性法规、规章；地方性法规的效力高于本级和下级地方政府规章；省、自治区的人民政府制定的规章的效力高于本行政区域内的较大的市的人民政府制定的规章。

②特别冲突适用规则

同一机关制定的法律、行政法规、地方性法规、自治条例和单行条例、规章，特别规定与一般规定不一致的，适用特别规定。

③同级冲突适用规则

同一机关制定的法律、行政法规、地方性法规、自治条例和单行条例、规章，特别规定与一般规定不一致的，适用特别规定；新的规定与旧的规定不一致的，适用新的规定。

法律之间对同一事项的新的一般规定与旧的特别规定不一致，不能确定如何适用时，由全国人民代表大会常务委员会裁决。

行政法规之间对同一事项的新的一般规定与旧的特别规定不一致，不能确定如何适用时，由国务院裁决。

根据授权制定的法规与法律规定不一致，不能确定如何适用时，由全国人民代表大会常务委员会裁决。

地方性法规、规章之间不一致时，由有关机关依照下列规定的权限作出裁决：

A. 同一机关制定的新的一般规定与旧的特别规定不一致时，由制定机关裁决。

B. 地方性法规与部门规章之间对同一事项的规定不一致，不能确定如何适用时,由国务院提出意见,国务院认为应当适用地方性法规的,应当决定在该地方适用地方性法规的规定;认为应当适用部门规章的,应当提请全国人民代表大会常务委员会裁决。

C. 部门规章之间、部门规章与地方政府规章之间对同一事项的规定不一致时,由国务院裁决。

④人际、区际冲突适用规则

A. 自治条例和单行条例依法对法律、行政法规、地方性法规作变通规定的,在本自治地方适用自治条例和单行条例的规定。

B. 经济特区法规根据授权对法律、行政法规、地方性法规作变通规定的,在本经济特区适用经济特区法规的规定。

C. 大陆法律规范与港、澳、台法律规范的冲突,发生于港、澳、台地区的行政案件,适用在港、澳、台地区施行的法律规范,发生于大陆的行政案件,则适用大陆的法律规范。

(3)行政处罚适用的裁量规则

依据《行政处罚法》及其他法律法规对裁量规则的规定,行政处罚适用的裁量规则主要是:

①"应当"处罚和"可以"处罚。"应当"处罚是指对行政违法行为必须依法作出行政处罚或依法作出从轻、减轻、从重等处罚。"可以"处罚是指行政处罚机关对行政违法行为根据其具体情况依法选择是否予以行政处罚。

②从轻、减轻与从重处罚。从轻处罚,是指行政处罚机关在法定的处罚方式和幅度内,对相对人的行政违法行为,依据法定从轻情节选择适用较轻的方式或幅度较低的处罚。减轻处罚是指行政处罚机关在法定的处罚幅度最低线以下适用行政处罚。从重处罚是指行政处罚机关在法定的处罚方式和幅度内,对相对人的行政违法行为,在数种处罚方式中适用较严厉的处罚方式,或在某一处罚方式允许的幅度内适用接近于上限或上限的处罚。

③不予处罚与免除处罚。不予处罚是指因有法律法规规定的法定事由存在,行政处罚机关对不构成违法或虽构成违法,但依法不应承担法律责任的行为,不适用行政处罚。免予处罚是指行政处罚机关依据法律法规规定,对本应处罚的违法行为人免予处罚。

④单处与并处。单处是指行政处罚机关对违法行为人仅适用一种处罚方式。在法律法规没有明确规定可并处的情况下,行政处罚机关只应对违法行为适用一种处罚,不得同时适用几种处罚。并处是指行政处罚机关对某一违法行为依法同时适用两种或两种以上的行政处罚方式。并处必须有法律法规的明确规定,否则不得采用并处。

(4)法律适用应注意的问题

《行政诉讼法》第54条规定:行政机关的具体行政行为适用法律法规错误的,人民法院可以判决撤销或部分撤销该具体行政行为,并可判决被告重新作出具体行政行为。因此,行政执法中,应避免适用法律错误,实践中适用法律错误主要有以下几种情形:

①应适用甲法却适用乙法;

②应适用效力等级高的法律规范却适用了效力等级低的法律规范;

③应适用此条款却适用彼条款;

④应同时适用几部法律、法规或应同时适用几条法律条款,却只适用了其中一部法律、法规或某一条法律条款;或应适用一条法律条款,却适用了几条不应适用的法律条款;

⑤适用尚未生效的法律规范;

⑥适用无权适用的法律规范;

⑦适用已经废止、撤销的法律规范;

⑧适用的法律依据与法律事实不相符。

(六)处罚程序

对农业行政处罚程序审查,是指农业行政处罚机构、农业行政处罚机关法制机构及农业行政处罚机关负责人对此前的处罚程序,主要是立案、调查取证程序是否合法进行的审查。

1.案件办理是否符合《行政处罚法》和《农业行政处罚程序规定》规定的立案、调查、处理等程序;是否有遗漏程序,如遗漏了立案或者出现程序颠倒、立案审批表所反映的日期是否落在了调查取得相关证据之后等。

2.案件办理各环节是否符合法律法规的规定程序。如立案环节是否制作《行政处罚立案审批表》,是否经行政处罚机关负责人批准。调查环节调查取证的方式、手段是否合法,如是否二人以上进行调查,是否采用了法定文书,采取证据先行登记保存或者采取强制措施是否符合法定要求等。

三、重大复杂案件集体讨论

《行政处罚法》第 38 条第 2 款规定,“对情节复杂或者重大违法行为给予较重的行政处罚,行政机关的负责人应当集体讨论决定”;《农业行政处罚程序规定》第 37 条第 2 款规定“案情复杂或者有重大违法行为需要给予较重行政处罚的,应当由农业行政处罚机关负责人集体讨论决定。”据此,对案情复杂或者有重大违法行为需要给予较重行政处罚的案件,应通过农业行政处罚机关负责人集体讨论的形式审查决定。

根据规定,农业行政处罚机关负责人集体讨论审查决定的案件范围是案情复杂或者有重大违法行为需要给予较重行政处罚的案件。但是,何谓“案情复杂或者有重大违法行为需要给予较重行政处罚的”案件,《行政处罚法》及《农业行政处罚程序规定》,均无明确规定。根据法理和农业行政处罚的实践,对“案情复杂”的案件可以结合如下因素认定:

(1)认定事实和证据争议较大的;

(2)适用的法律、法规和规章有异议的;

(3)上级交办、群众举报、媒体曝光等社会影响较大的违法行为;

(4)执法管辖区域不明确,或有争议的;

(5)对违法行为拟给予减轻处罚的;

(6)其他认为属于复杂案件的。

对于“有重大违法行为需要给予较重行政处罚的”案件,可以处罚涉及相对人较大利益为标准认定,具体包括可以适用听证程序的三类案件(责令停产停业、吊销许可证和较大数额的罚款)和价值重大的财产的没收案件。

(1)责令停产停业、吊销许可证和较大数额的罚款

责令停产停业、吊销许可证、较大数额的罚款案件是《行政处罚法》规定

的可以适用听证程序的三类案件。之所以如此规定，就是因为这三类处罚是比较严重的行政处罚。因此，比照听证程序适用范围的规定，将这三类案件作为应当由农业行政处罚机关负责人集体讨论审查决定的案件，是与立法目的和精神相一致的。其中，较大数额的罚款的认定，根据《农业行政处罚程序规定》第42条规定，地方农业行政处罚机关按省级人大常委会或者人民政府规定的标准执行，农业部及其所属的经法律、法规授权的农业管理机构对公民罚款超过三千元、对法人或其他组织罚款超过三万元属较大数额罚款。

(2)价值重大财产的没收

价值重大财产的没收处罚虽然没有被法律纳入可申请听证的范围，但是其显然与较大数额的罚款一样可以严重影响相对人的权益，因此从严格执法、慎重办案的角度出发，作出这类处罚决定也应当集体讨论决定。例如，《渔业法》第38规定“使用炸鱼、毒鱼、电鱼等破坏渔业资源方法进行捕捞的，或者使用禁用的渔具、捕捞方法和小于最小网目尺寸的网具进行捕捞或者渔获物中幼鱼超过规定比例的，没收渔获物和违法所得，处五万元以下的罚款……情节特别严重的，可以没收渔船；构成犯罪的，依法追究刑事责任”，显然处五万元以下的罚款应由集体讨论决定，而没收渔船作为更严重的行政处罚，理应由农业行政处罚机关负责人集体讨论决定。

四、审查结果及相应处理

对案件进行审查之后，按下列方式进行处理：

1.对事实清楚、证据充分、定性准确、处罚适当、程序合法的，依法作出行政处罚；

2.对违法行为不能成立的，不予行政处罚，并撤销案件；

3.对事实不清、证据不足的，应重新调查补证；

4.对定性不准、适用法律不当的，应予修正；

5.对办案程序违法的，应予纠正；

6.对超出管辖范围的，应按有关规定办理移送；

7. 对违法行为轻微,依法可以不予行政处罚的,可不予处罚,并撤销案件;

8. 对违法行为已构成犯罪的,移送司法机关处理。

五、案件移送

案件移送是指受理案件的农业行政部门对不属本部门管辖的案件,根据法律和有关规定,按照一定的程序将案件移交有管辖权的部门处理的行为。案件移送应制作移送函,并将有关证据材料一并移送。案件移送主要包括以下三种情形:

第一,完全无管辖权的案件,如甲机关查到完全属乙机关管辖的案件,应移送乙机关管辖;

第二,有部分管辖权的案件,应依法对有管辖权部分进行查处,并将无管辖权的部分移送有管辖权的机关处理。如违法销售农资的案件,除农业部门依法查处外,对情节严重,依法应当吊销营业执照的,应当通知有管辖权的工商部门查处;

第三,违法行为涉嫌构成犯罪的,行政处罚机关应当将案件移送司法机关追究法律责任。《刑法》未规定与行政处罚种类相一致的罚则规定,行政处罚机关应在及时移送案件的同时,对行政违法行为作出相应的行政处罚。例如,行政法规罚则规定应处以吊销生产许可证的处罚,而《刑法》未规定此罚则,行政处罚机关应作出此项处罚。

根据国务院《行政执法机关移送涉嫌犯罪案件的规定》,最高人民检察院、全国整顿和规范市场经济秩序领导小组办公室、公安部、监察部联合发布的《关于在行政执法中及时移送涉嫌犯罪案件的意见》,以及 2011 年《农业部关于加强农业行政执法与刑事司法衔接工作的实施意见》,各地农业行政主管部门在查处农资违法案件时,对于部分危害性大、情节严重的涉嫌犯罪行为,农业行政主管部门应与公安机关密切配合,依法移送并追究刑事责任。《农业行政处罚程序规定》第 17 条也作了相应的规定:"违法行为涉嫌构成犯罪的,农业行政处罚机关应当将案件移送司法机关,依法追究刑事责任,不得以行政处罚代替刑罚。"

1. 农业违法行为可能涉嫌的主要罪名

农业行政主管部门在农资打假中需要移送的涉嫌犯罪行为主要涉及以下几个罪名:生产、销售伪劣产品罪;生产、销售伪劣种子、农药、兽药、化肥罪;伪造、变造、买卖国家机关公文、证件、印章罪;非法制造、买卖、运输、储存危险物质罪;生产、销售有毒有害食品罪;非法经营罪;妨碍动植物检疫罪等。

2. 一般农业违法行为与涉嫌犯罪的界限

农业违法行为中涉嫌犯罪应根据案件的性质和情节,并依照现行《刑法》以及有关司法解释加以认定。例如,根据《刑法》第 147 条的规定,生产假农药、假兽药、假化肥,销售明知是假的或者失去使用效能的农药、兽药、化肥、种子,或者生产者、销售者以不合格的农药、兽药、化肥、种子冒充合格的农药、兽药、化肥、种子,使生产遭受较大损失的,处三年以下有期徒刑或者拘役,并处或者单处销售金额百分之五十以上二倍以下罚金;使生产遭受重大损失的,处三年以上七年以下有期徒刑,并处销售金额百分之五十以上二倍以下罚金;使生产遭受特别重大损失的,处七年以上有期徒刑或者无期徒刑,并处销售金额百分之五十以上二倍以下罚金或者没收财产。根据最高人民法院和最高人民检察院的司法解释,"使生产遭受较大损失的",一般以 2 万元为起点;"重大损失",一般以 10 万元为起点;"特别重大损失",一般以 50 万元为起点。

3. 农业行政处罚机关移送涉嫌犯罪案件的相关规定

根据《行政执法机关移送涉嫌犯罪案件的规定》(中华人民共和国国务院第 310 号令),农业行政处罚机关向公安机关移送犯罪案件要遵守以下相关规定:

第一,农业行政处罚机关对应当向公安机关移送的涉嫌犯罪案件,应当指定两名或者两名以上行政执法人员组成专案组专门负责,核实情况后提出移送涉嫌犯罪案件的书面报告,报经本机关正职负责人或者主持工作的负责人审批。

行政执法机关正职负责人或者主持工作的负责人应当自接到报告之日起 3 日内作出批准移送或者不批准移送的决定。决定批准的,应当在 24 小时内向同级公安机关移送;决定不批准的,应当将不批准的理由记录在案。

第二,农业行政处罚机关向公安机关移送涉嫌犯罪案件,应当附有下列材料:

①涉嫌犯罪案件移送书;

②涉嫌犯罪案件情况的调查报告;

③涉案物品清单;

④有关检验报告或者鉴定结论;

⑤其他有关涉嫌犯罪的材料。

农业行政处罚机关接到公安机关不予立案的通知书后,认为依法应当由公安机关决定立案的,可以自接到不予立案通知书之日起 3 日内,提请作出不予立案决定的公安机关复议,也可以建议人民检察院依法进行立案监督。

第三,农业行政处罚机关对公安机关决定不予立案的案件,应当依法作出处理;其中,依照有关法律、法规或者规章的规定应当给予行政处罚的,应当依法实施行政处罚。

第四,农业行政处罚机关对应当向公安机关移送的涉嫌犯罪案件,不得以行政处罚代替移送。

农业行政处罚机关向公安机关移送涉嫌犯罪案件前已经作出的警告、责令停产停业、暂扣吊销许可证、暂扣或者吊销执照的行政处罚决定的,不停止执行。

依照《行政处罚法》的规定,农业行政处罚机关向公安机关移送涉嫌犯罪案件前,已经依法给予当事人罚款的,人民法院判处罚金时,依法折抵相应罚金。

第五,农业行政处罚机关对公安机关决定立案的案件,应当自接到立案通知书之日起3 日内将涉案物品以及与案件有关的其他材料移送公安机关,并办结交接手续。

第六,农业行政处罚机关违反本规定,逾期不将案件移送公安机关的,由本级或者上级人民政府,责令限期移送,并对其正职负责人或者主持工作的负责人根据情节轻重,给予记过以上行政处分;构成犯罪的,追究刑事责任。

农业行政处罚机关违反本规定，对应当向公安机关移送的案件不移送，或者以行政处罚代替移送的，由本级或者上级人民政府，责令改正，给予通报；拒不改正的，对其正职负责人给予记过以上行政处分；构成犯罪的依法追究刑事责任。

向公安机关移送犯罪案件需须要注意的几个事项和关键环节。根据2011年《农业部关于加强农业行政执法与刑事司法衔接工作的实施意见》的规定，各地农业部门应当及时将涉嫌犯罪案件移送公安机关，使违法行为人不仅受到行政责任和民事责任追究，而且还要依法承担刑事责任，有利于最大限度地打击违法行为，遏制违法犯罪活动。

一是做好案件移送和线索移送工作。各级农业行政处罚机关要严格依法履行职责，对违法事实违法行为涉及的金额、情节、后果等几个重要方面进行审查。对涉嫌生产、销售伪劣种子、农药、兽药、化肥、饲料，生产、销售有毒有害食用农产品，非法经营、伪造、变造、买卖国家机关公文、证件、印章，非法制造、买卖、运输、储存危险物质等犯罪案件，切实做到该移送的移送，不得以罚代刑。各级农业行政处罚机关在查处违法行为过程中，发现国家工作人员涉嫌贪污贿赂、渎职侵权等违纪违法线索的，应当根据案件的性质，及时向监察机关或者人民检察院移送。

二是及时通报和移送公安机关。各级农业部门在执法检查时，发现违法行为明显涉嫌犯罪的，应当及时向公安机关通报。公安机关经调查立案后依法提请农业部门作出检验、鉴定、认定等协助的，农业部门应当予以协助。各级农业部门在查处农业违法案件过程中，发现违法行为涉嫌犯罪的，应当及时向公安机关移送。农业行政处罚机关负责人应当自接到移送案件的书面报告之日起3日内作出批准移送或者不批准移送的决定。移送时应当移交案件的全部材料，同时将案件移送书及有关材料目录抄送人民检察院。农业行政处罚机关在移送案件时已经作出行政处罚决定的，应当将行政处罚决定书一并抄送公安机关、人民检察院；未作出行政处罚决定的，原则上应当在公安机关决定不予立案或者撤销案件、人民检察院作出不起诉决定、人民法院作出无罪判决或者免予刑事处罚后，再决定是否给予行政处罚。农业行政处罚机关要妥善保存所收集的与违法行为有关的证据，对查获的涉案物品,如实填写涉案物品清单,并按照国家有关规定予以处理。农业行政处罚机关在司法机关决定立案后,应当于接到立案通知书之日起3日内,将涉案物品以及与案件有关的其他材料移交给公安机关,并办结交接手续。

三是做好移送案件的立案监督工作。农业行政处罚机关对公安机关不受理本部门移送的案件,或者未在法定期限内作出立案或者不予立案决定的,可以建议人民检察院进行立案监督。对公安机关作出的不予立案决定有异议的,可以向作出决定的公安机关提请复议,也可以建议人民检察院进行立案监督;对公安机关不予立案的复议决定仍有异议的,可以建议人民检察院进行立案监督。对公安机关立案后作出撤销案件的决定有异议的,可以建议人民检察院进行立案监督。

四是建立相关制度。完善联席会议制度,要充分发挥农业部门农资打假牵头单位作用,定期组织召开联席会议,由有关单位相互通报查处违法犯罪行为以及行政执法与刑事司法衔接工作的有关情况,提出加强衔接工作的对策。健全案件咨询和会商制度,对案情重大、复杂、疑难,性质难以认定的案件,农业部门可以就刑事案件立案追诉标准、证据的固定和保全等问题咨询和会商公安机关、人民检察院,避免因证据不足或定性不准而无法移送。健全信息通报制度,通过工作简报、情况通报会议、电子政务网络等多种形式实现信息共享。

★《案件移送函》

1. 文书概述

《案件移送函》是指农业执法机关在执法过程中,将案件移送其他有权机关处理的文书。

2. 内容要求

《案件移送函》应当写明受移送单位名称、移送案件的基本情况及移送依据。

3. 注意事项

(1)案件的有关材料、证据物品应同时移送,并附清单;

(2)移送案件应与受移送单位办理移送手续,移送手续应注明移送案件的有关材料、证据物品及收案人签名并加盖受移送单位公章。

4. 文书范例(参考)

案件移送函

黔农(农药)移〔2012〕5号

×××(处罚机关或公安机关):

××农化有限公司生产经营假农药一案,经本机关调查核实,认为该公司已涉嫌触犯《中华人民共和国刑法》第一百四十七条的规定,构成生产销售伪劣农药罪。根据《农药管理条例》第四十三条、《中华人民共和国行政处罚法》第七条、《行政执法机关移送涉嫌犯罪案件的规定》第三条及有关规定,现将此案移送你单位处理,并请将处理结果函告本机关。

附:有关材料。

××县农业局(印章)

2012年10月16日

六、责令改正

责令改正是指行政主体责令违法行为人停止和纠正违法行为,以恢复原状,维持法定的秩序或者状态。《行政处罚法》第23条规定:"行政机关实施行政处罚时,应当责令当事人改正或者限期改正违法行为。"这一规定实际上是为行政处罚机关设置了一种作为义务,即针对违法行为,不能仅实施行政处罚了事,而应当责令改正违法行为。先行责令当事人改正违法行为,主要目的是避免因采取制止措施不及时,给国家和人民的利益带来更大的甚至是无法弥补的损失。

1. 责令改正的主要内容

责令改正违法行为主要包括如下内容:一是停止违法行为,并积极主动地协助行政处罚实施机关调查取证;二是消除违法行为所造成的不良后果,以恢复违法行为实施之前的状态;三是法律法规明确规定的改正要求。

2. 责令改正适用形态

《行政处罚法》第 23 条规定“行政机关实施行政处罚时,应当责令当事人改正或者限期改正违法行为。”根据现行法律、法规和规章的规定,责令改正违法行为有三种适用形态:其一是单独适用,并不伴随行政处罚;其二是作为行政处罚实施的前置程序;其三是和行政处罚并行适用,既责令改正违法行为,又进行行政处罚。

在农业行政处罚中,尤其需要注意作为行政处罚前置程序的责令改正。因为在这种情况下,必须先通过责令改正给予相对人自行改正的机会,从而纠正违法行为,恢复行政管理秩序。行政相对人逾期不改正,农业行政处罚机关就可对其进行行政处罚,但未经责令改正直接进行行政处罚的,该行政处罚行为无效。

目前,我国农业法律和行政法规中规定了前置类责令改正的主要有:

《动物防疫法》第 73 条:违反本法规定,有下列行为之一的,由动物卫生监督机构责令改正,给予警告;拒不改正的,由动物卫生监督机构代作处理,所需处理费用由违法行为人承担,可以处一千元以下罚款:(一)对饲养的动物不按照动物疫病强制免疫计划进行免疫接种的;(二)种用、乳用动物未经检测或者经检测不合格而不按照规定处理的;(三)动物、动物产品的运载工具在装载前和卸载后没有及时清洗、消毒的。

《农产品质量安全法》第 47 条:农产品生产企业、农民专业合作经济组织未建立或者未按照规定保存农产品生产记录的,或者伪造农产品生产记录的,责令限期改正;逾期不改正的,可以处二千元以下罚款。

第 48 条:违反本法第二十八条规定,销售的农产品未按照规定进行包装、标识的,责令限期改正;逾期不改正的,可以处二千元以下罚款。

《渔业法》第 40 条:使用全民所有的水域、滩涂从事养殖生产,无正当理由使水域、滩涂荒芜满一年的,由发放养殖证的机关责令限期开发利用;逾期未开发利用的,吊销养殖证,可以并处一万元以下的罚款。

《饲料和饲料添加剂管理条例》第 38 条:已经取得生产许可证,但不再具备本条例第十四条规定的条件而继续生产饲料、饲料添加剂的,由县级以上地方人民政府饲料管理部门责令停止生产、限期改正,并处 1 万元以上 5

万元以下罚款;逾期不改正的,由发证机关吊销生产许可证。第 42 条:不符合本条例第二十二条规定的条件经营饲料、饲料添加剂的,由县级人民政府饲料管理部门责令限期改正;逾期不改正的,没收违法所得和违法经营的产品,违法经营的产品货值金额不足 1 万元的,并处 2000 元以上 2 万元以下罚款,货值金额 1 万元以上的,并处货值金额 2 倍以上 5 倍以下罚款;情节严重的,责令停止经营,并通知工商行政管理部门,由工商行政管理部门吊销营业执照。

第 27 条:不具备本条例第十六条规定的条件,经营饲料、饲料添加剂的,由县级以上地方人民政府饲料管理部门责令限期改正;逾期不改正的,责令停止经营,没收违法所得,可以并处违法所得 1 倍以上 3 倍以下罚款。

《兽药管理条例》第 59 条:违反本条例规定,兽药安全性评价单位、临床试验单位、生产和经营企业未按照规定实施兽药研究试验、生产、经营质量管理规范的,给予警告,责令其限期改正;逾期不改正的,责令停止兽药研究试验、生产、经营活动,并处 5 万元以下罚款;情节严重的,吊销兽药生产许可证、兽药经营许可证;给他人造成损失的,依法承担赔偿责任。

第 60 条:违反本条例规定,兽药的标签和说明书未经批准的,责令其限期改正;逾期不改正的,按照生产、经营假兽药处罚;有兽药产品批准文号的,撤销兽药产品批准文号;给他人造成损失的,依法承担赔偿责任。

第 70 条第 2 款:上级兽医行政管理部门对下级兽医行政管理部门违反本条例的行政行为,应当责令限期改正;逾期不改正的,有权予以改变或者撤销。

《渔业船舶检验条例》第 33 条:违反本条例规定,渔业船舶应当申报营运检验或者临时检验而不申报的,责令立即停止作业,限期申报检验;逾期仍不申报检验的,处 1000 元以上 1 万元以下的罚款,并可以暂扣渔业船舶检验证书。

第 34 条:违反本条例规定,有下列行为之一的,责令立即改正,处 2000 元以上 2 万元以下的罚款;正在作业的,责令立即停止作业;拒不改正或者拒不停止作业的,强制拆除非法使用的重要设备、部件和材料或者暂扣渔业船舶检验证书;构成犯罪的,依法追究刑事责任:(一)使用未经检验合格的有关航行、作业和人身财产安全以及防止污染环境的重要设备、部件和材料,制造、改造、维修渔业船舶的;(二)擅自拆除渔业船舶上有关航行、作业和人身财产安全以及防止污染环境的重要设备、部件的;(三)擅自改变渔业船舶的吨位、载重线、主机功率、人员定额和适航区域的。

《草原法》第71条:在临时占用的草原上修建永久性建筑物、构筑物的,由县级以上地方人民政府草原行政主管部门依据职权责令限期拆除;逾期不拆除的,依法强制拆除,所需费用由违法者承担。

临时占用草原,占用期届满,用地单位不予恢复草原植被的,由县级以上地方人民政府草原行政主管部门依据职权责令限期恢复;逾期不恢复的,由县级以上地方人民政府草原行政主管部门代为恢复,所需费用由违法者承担。

《病原微生物实验室生物安全管理条例》第55条:上级人民政府卫生主管部门、兽医主管部门、环境保护主管部门发现属于下级人民政府卫生主管部门、兽医主管部门、环境保护主管部门职责范围内需要处理的事项的,应当及时告知该部门处理;下级人民政府卫生主管部门、兽医主管部门、环境保护主管部门不及时处理或者不积极履行本部门职责的,上级人民政府卫生主管部门、兽医主管部门、环境保护主管部门应当责令其限期改正;逾期不改正的,上级人民政府卫生主管部门、兽医主管部门、环境保护主管部门有权直接予以处理。

第60条:实验室有下列行为之一的,由县级以上地方人民政府卫生主管部门、兽医主管部门依照各自职责,责令限期改正,给予警告;逾期不改正的,由实验室的设立单位对主要负责人、直接负责的主管人员和其他直接责任人员,依法给予撤职、开除的处分;有许可证件的,并由原发证部门吊销有关许可证件……

第61条:经依法批准从事高致病性病原微生物相关实验活动的实验室的设立单位未建立健全安全保卫制度,或者未采取安全保卫措施的,由县级以上地方人民政府卫生主管部门、兽医主管部门依照各自职责,责令限期改正;逾期不改正,导致高致病性病原微生物菌(毒)种、样本被盗、被抢或者造成其他严重后果的,由原发证部门吊销该实验室从事高致病性病原微生物相关实验活动的资格证书；造成传染病传播、流行的，该实验室设立单位的主管部门还应当对该实验室的设立单位的直接负责的主管人员和其他直接责任人员，依法给予降级、撤职、开除的处分；构成犯罪的，依法追究刑事责任。

★《责令改正通知书》

1. 文书概述

《责令改正通知书》是指农业执法机关依据有关法律、法规的规定，责令违法行为人立即或在一定期限内纠正违法行为的文书。

当责令改正和行政处罚同时做出时，其是《行政处罚决定书》内容的一部分，不需要单独制发《责令改正通知书》，当责令改正单独做出或者作为行政处罚的前置程序做出时，需要制发《责令改正通知书》。

2. 内容要求

(1)首部

在文书名称的下一行顶格写明接受文书的当事人名称，如："×××有限责任公司"。

(2)正文

应当载明事由、违反的法律条款和责令改正的法律依据、改正的期限、改正的具体违法行为，以及逾期不改正的后果。

(3)尾部

在文末右下角加盖处罚机关的印章，并注明制作日期。

3. 注意事项

(1)责令改正的行为应当有明确的法律依据。没有法律依据的，不可使用此文书；

(2)《责令改正通知书》应送达当事人，并要求当事人在送达回证上签字或盖章；

(3)《责令改正通知书》一式两份，一份处罚机关留存，另一份交付当事人。

4. 文书范例

责令改正通知书

×××兽药公司:

经营×××标签标注功能超出了国家标准规定范围的兽药的行为,违反了《兽药管理条例》第47条第2款第5项的规定,应按照假兽药处理。依据《兽药管理条例》第56条第1款的规定,本机关责令你公司于×年×月×日前停止经营所标明的适应症或者功能主治超出规定范围的×××兽药。逾期不改正的,本机关将依据《兽药管理条例》第56条第1款的规定依法处理。

××县农业局(印章)

2009年9月21日

★《案件处理意见书》

1. 文书概述

《案件处理意见书》是指案件调查结束后,执法人员就案件调查经过、证据材料、调查结论及处理意见,经农业行政执法机构、法制工作机构审核后,报处罚机关负责人审批的文书。

2. 内容要求

(1)首部

案由:违法行为定性+案;

当事人:个人(姓名、性别、年龄、电话、住址)或单位(名称、法定代表人、地址、电话)。

(2)正文

①案件调查经过:主要填写执法人员在立案后,为查明案件事实所做的工作,应该按照工作顺序简略地填写;

②所附证据材料:"种类"按照物证、书证、证人证言、视听资料、当事人陈述、鉴定结论、勘验笔录、现场笔录等填写;"证据名称"根据所取得证据的实际情况进行填写;"规格"主要是指证据物品之规格;

③调查结论及处理意见:应当由执法人员根据案件调查情况和有关法律、法

规和规章的规定提出处理意见。据以立案的违法事实不存在的，应当写明建议终结调查并结案等内容；对依法应给予行政处罚的，应当写明给予行政处罚的种类、幅度及法律依据等。从重、从轻或者减轻处罚的，应当写明理由。调查结论中案件事实证据要做简单论述分析，并提出明确的结论。写作时要简明扼要，抓住重点；处理意见要清楚明白，不能模棱两可。调查人员对案件处理有意见分歧的，要有记载。

(3)尾部

"执法机构意见"、"法制机构意见"栏，应当分别写明具体审核意见并由负责人签名。"执法机关意见"栏，由农业执法机关负责人写明意见。对重大、复杂或者争议较大的案件，应当注明经执法机关负责人集体讨论。

①执法机构意见：执法机构在对执法人员的执法程序、认定的事实、证据及处理意见进行综合分析评价的基础上提出意见；

②法制机构意见：法制工作机构在对案件进行审查及对执法机构就案件处理意见进行综合评判的基础上提出意见；

③执法机关意见：农业行政处罚机关根据调查机构、法制工作机构的意见提出审核意见。

3. 注意事项

(1)写入的事实必须坚持实事求是的原则，要有根有据，确凿无误，并且叙述要清楚，层次要分明，详略要得当；

(2)对重大、复杂或者争议较大的案件，处罚机关负责人应当召集有关人员集体讨论，对案件进行分析和审议后，提出对案件的处理意见；

(3)《案件处理意见书》属于内部文书，主要用于记载案件调查人员对案件的调查结论及提出的处理意见、执法机构、法制工作机构对案件的审查意见和机关负责人的审核意见，要如实制作，附卷备查。

案件处理意见书

<table>
<tr><td>案由</td><td colspan="7">无证生产经营农药案</td></tr>
<tr><td rowspan="5">当事人</td><td rowspan="3">个人</td><td>姓名</td><td colspan="5"></td></tr>
<tr><td>性别</td><td></td><td>年龄</td><td></td><td>电话</td><td></td></tr>
<tr><td>住址</td><td colspan="5"></td></tr>
<tr><td rowspan="2">单位</td><td>名称</td><td colspan="2">××省×××蚊香厂</td><td colspan="2">法定代表人
(负责人)</td><td>陈××</td></tr>
<tr><td>地址</td><td colspan="3">××省××市××信箱</td><td>联系电话</td><td>××××××</td></tr>
<tr><td>案件调查经过</td><td colspan="7">2012年4月23日,接群众电话举报,称××省××市蚊香厂生产的神杀强效黑蚊香农药登记证号是假冒的。4月26日,经请示领导对该公司的行为进行立案查处。4月27日至28日,案件调查组到该公司进行了详细调查。目前,该案事实已基本查清。</td></tr>
<tr><td rowspan="14">所附证据材料</td><td>种类</td><td colspan="4">证据名称</td><td>规格</td><td>数量</td></tr>
<tr><td>物证</td><td colspan="4">大象牌精制盘式蚊香(卫生杀虫剂登记证号为WL94710)</td><td>10盘装/盒</td><td>2盒</td></tr>
<tr><td></td><td colspan="4">神杀强效黑蚊得(卫生杀虫剂登记证号为WL94710)</td><td>10盘装/盒</td><td>2盒</td></tr>
<tr><td></td><td colspan="4">绿蜻蜓强效黑蚊香(卫生杀虫剂登记证号为WL94710)</td><td>10盘装/包</td><td>2包</td></tr>
<tr><td></td><td colspan="4">大象牌盘式苍蝇香</td><td>10盘装/盒</td><td>2盒</td></tr>
<tr><td>书证</td><td colspan="4">企业法人营业执照(复印件)</td><td>份</td><td>1份</td></tr>
<tr><td></td><td colspan="4">企业法定代表人证明书(复印件)</td><td>份</td><td>1份</td></tr>
<tr><td></td><td colspan="4">××省卫生除害药物器械卫生许可证(复印件)</td><td>份</td><td>1份</td></tr>
<tr><td></td><td colspan="4">2011年(6)(7)(8)9月销货日报表、损益表及总分类账表(复印件)</td><td>页</td><td>12页</td></tr>
<tr><td>当事人陈述</td><td colspan="4">询问笔录</td><td>份</td><td>2份</td></tr>
<tr><td>证人证言</td><td colspan="4">询问笔录</td><td>份</td><td>4份</td></tr>
<tr><td>视听资料</td><td colspan="4">现场照片</td><td>张</td><td>22张</td></tr>
<tr><td>勘验笔录</td><td colspan="4">勘验检查笔录</td><td>份</td><td>4份</td></tr>
</table>

续表

调查结论及处理意见	××省××市蚊香厂未取得农药登记证或者农药临时登记证，擅自生产、经营大象牌精制盘式蚊香、神杀强效黑蚊香、绿蜻蜓强效黑蚊香、大象牌盘式苍蝇香，实现销售收入21 452.83元，现仍库存大象牌精制盘式蚊香190件、神杀强效黑蚊香1035件、绿蜻蜓强效黑蚊香420件、大象牌盘式苍蝇香73件。该公司在生产、经营的大象牌精制盘式蚊香、神杀强效黑蚊香、绿蜻蜓强效黑蚊香上标注的卫生杀虫剂登记证号WL94710，经核实系江苏杨农化工有限公司的富右旋反式烯丙菊酯的农药登记证号。依据《农药管理条例》第二条第二款第五项之用于“预防、消灭或者控制蚊、蝇、蜚蠊、鼠和其他有害生物的”属农药规定。该厂的上述行为已经违反了《农药管理条例》第三十条第二款的规定，应按《农药管理条例》第四十条第一项的规定进行处罚。考虑当事人在案件调查过程中积极配合、充分认识到自己的过错和不知道生产、经营蚊、蝇香要取得农药登记证或者农药临时登记证的因素，对其酌情从轻处理，没收其违法所得21 452.83元，并处罚款3万元。 调查人员签名：张××、李××、王×× 2012年5月10日
执法机构意见	该案执法人员按照执法程序依法开展调查，已经查清当事人违法事实，证据确凿，同意案件执法人员的调查结论及处理意见。 签名：邓×× 2012年5月10日
法制机构意见	该案执法人员按照执法程序依法开展调查，已经查清当事人违法事实，证据确凿，同意案件执法机构的调查结论及处理意见。 签名：杜×× 2012年5月10日
执法机关意见	同意案件调查人员和执法、法制机构处理意见。 签名：胡×× 2012年5月10日

第五章
事先告知

农业行政处罚的事先告知,是指农业行政处罚机关在作出处罚决定之前通过《行政处罚事先告知书》告知当事人拟给予的行政处罚内容及其事实、理由和依据,并告知当事人可以进行陈述、申辩或者依法要求听证的程序性活动。

行政处罚事先告知,是农业行政处罚程序的重要一环。农业行政处罚案件经过立案、调查取证、审查等环节后,处罚机关对行政相对人的违法事实和基本情况已经有了比较清楚的认识,对应当适用的法律和需要作出的处罚决定也有了比较明确的判断。但是,此时农业行政处罚机关仍然不能直接作出处罚决定。为了切实做到处罚决定合法、适当,使案件成为"铁案",同时更好地保障行政相对人的合法权益,处罚机关应当对行政相对人进行事先告知,并通过听取当事人的陈述和辩解或举行听证,及时纠正自身的违法行为,保障处罚决定的合法性和适当性。

一、事先告知的法律地位和意义

1. 事先告知是农业行政处罚程序的法定必经环节，不可缺少或省略；它承上启下，既是对立案、调查取证和审查等先前环节的总结和延续，又是导出听取当事人的陈述和辩解、举行听证等程序的前提和必要手段。

2. 事先告知是农业行政处罚机关的法定义务。按照法定条件和要求对当事人进行告知并听取当事人意见，是调查事实并正确作出决定的重要条件；若不按照法定条件和要求进行告知，一方面容易因忽视当事人的陈述和辩解而作出违法和不当的处罚决定，另一方面也可能因程序违法而导致农业行政处罚决定在行政复议和行政诉讼中被撤销。

3. 事先获得告知是当事人享有的法定权利。当事人享有按照法定条件和要求被告知处罚内容、理由、依据等的重要权利。获得准确、及时和全面的告知，是当事人恰当行使包括陈述事实、进行申辩、提出证据、申请听证等相关权利的前提，起着保证自身合法权益免受不公正处罚决定侵害的作用。

事先告知依照法律规定进行，才能发生相应的法律效力；农业行政处罚机关不告知、不依法告知或错误告知，在发生纠纷时就可能承担以下不利的法律后果：

1. 农业行政处罚机关不告知或者告知对象错误时，由于告知的相关内容没有到达当事人并为当事人所知悉，所以对当事人不发生法律约束力。在实践中，因未获告知而发生实际损害时，当事人可以以未获告知、行政处罚严重违反法定程序为由，提起行政复议或者行政诉讼。

2. 不依法告知属于严重违反法定程序，将导致处罚决定被撤销或者部分被撤销。根据《行政处罚法》第 3 条第 2 款："没有法定依据或者不遵守法定程序的，行政处罚无效。"根据我国《行政诉讼法》第 54 条第 2 项的规定，具体行政行为"违反法定程序的"，可以判决撤销或者部分撤销，并可以判决被告重新作出具体行政行为。据此，农业行政处罚机关若在告知方面存在严重违法的情形，如一般程序中未给当事人送达《行政处罚事先告知书》、法定情况下未告知当事人申请听证的权利等，都将导致本机关在行政诉讼中承担败诉的后果。

二、事先告知的基本内容和具体要求

(一)事先告知的基本内容

行政处罚事先告知主要包括如下两方面的内容:

1. 拟作出农业行政处罚决定的内容、事实、理由及依据

拟对当事人作出农业行政处罚决定的“内容”是指通过行政处罚拟对当事人科以的法律义务;“事实”是指当事人实施违法行为的事实、造成损害后果的事实、与处罚裁量有关的其他事实以及认定上述事实的证据等;“理由”是指对当事人违法行为进行定性的法律依据,违法行为与损害后果的因果关系的论述以及与处罚裁量轻重相关的其他论述等;“依据”是指对当事人违法行为进行处罚的法律依据。

2. 当事人依法享有的权利

(1)陈述、申辩权利的告知。作出农业行政处罚决定之前,应当告知当事人享有陈述、申辩权及其行使方式,以及不行使陈述、申辩权的法律后果。在适用简易程序当场作出处罚决定时,告知当事人陈述、申辩权和听取当事人的陈述、申辩同时进行;在适用一般程序进行处罚时,应当通过《行政处罚事先告知书》告知当事人享有陈述、申辩权,当事人可以在收到告知书之日起3日内进行陈述、申辩,无正当理由逾期不陈述申辩的,视为放弃该权利。

(2)听证权利的告知。根据《农业行政处罚程序规定》第42条第1款:“农业行政处罚机关作出责令停产停业、吊销许可证或者执照、较大数额罚款的行政处罚决定前,应当告知当事人有要求举行听证的权利。当事人要求听证的,农业行政处罚机关应当组织听证。”对于“较大数额的罚款”的界定,该条第2款规定:“前款所指的较大数额罚款,地方农业行政处罚机关按省级人大常委会或者人民政府规定的标准执行;农业部及其所属的经法律、法规授权的农业管理机构对公民罚款超过三千元、对法人或其他组织罚款超过三万元属较大数额罚款。”听证权利的告知方式是《行政处罚事先告知书》,应当告知当事人申请听证须在收到《行政处罚事先告知书》之日起3日

内向听证机关提出,无正当理由逾期未提出申请的,视为放弃该权利。

(二)事先告知的基本要求

事先告知除具备法定内容外,还应当符合下述基本要求,才能合法有效:

1. 事先告知由农业行政处罚主体做出。具体表现为《行政处罚事先告知书》应当写明具有处罚权的农业行政主管部门或法律、法规授权的农业管理机构的名称,并加盖公章。

2. 告知经过法定程序和方式作出,并为当事人所知悉。

(1)告知时间。告知时间的选择虽然法律没有明确规定,但是因为告知之后应当给当事人3天的陈述、申辩期,所以告知应当在保证3天陈述、申辩期的前提下尽量提前进行,以便给处罚机关做出决定赢得更加充分的时间。

(2)告知方式。适用一般程序作出处罚决定时,告知的方式是书面告知,法定形式是制作《行政处罚事先告知书》送达当事人,由当事人在送达回证上签字。

★《行政处罚事先告知书》

1. 文书概述

《行政处罚事先告知书》是指农业行政处罚机关按照行政处罚一般程序拟对当事人作出行政处罚决定前,制作的告知当事人拟对其作出的处罚决定、事实、理由、依据以及其所享有的权利的文书。

2. 内容要求

(1)首部

案号:行政区划简称+执法机关简称+执法类别+告+年份+序号,特殊情况下,执法类别也可省略。

(2)正文

①案由:表述为"违法行为定性+案";

②案件调查处理过程:简略地表述案件立案、调查取证、处理的基本过程;

③违法事实:详细叙述案件认定的事实及认定事实的证据,当事人有从轻、

减轻、从重处罚等法定、酌定情节的也应写明；

④处罚理由：当事人违法行为定性的法律依据；

⑤处罚依据：拟处罚当事人违法行为的法律规范，要具体到具体的法律条文，且要全文引用法律条款；

⑥处罚决定：拟作出的行政处罚决定要逐一列举，且处罚决定的内容要与所引用的法律条款的规定相一致，不能任意减少或增加法律条款规定的法律责任。

(3)尾部

①告知事项：告知当事人的陈述、申辩权及其履行方式，以及不履行陈述申辩权的法律后果。注意区分拟对当事人作出的行政处罚决定是否符合行政处罚听证的条件，不符合听证条件的表述为："根据《中华人民共和国行政处罚法》第31条、第32条的规定，你(单位)可在收到本告知书之日起3日内向本机关进行陈述申辩，逾期不陈述申辩的，视为你(单位)放弃上述权利。"符合听证条件的表述为："根据《中华人民共和国行政处罚法》第31条、第32条和第42条的规定，你(单位)可在收到本告知书之日起3日内向本机关进行陈述申辩、申请听证，逾期不陈述申辩、申请听证的，视为你(单位)放弃上述权利。"

②作出行政处罚事先告知决定的时间及机关：农业行政处罚机关负责人签发《行政处罚事先告知书》的时间是作出行政处罚事先告知决定的时间。农业行政处罚机关公章要端正盖在时间上方，"骑年压月"，并做到上不压正文；

③处罚机关地址：农业行政处罚机关的办公地点；

④联系人及联系电话：农业行政处罚机关内负责处理该案的执法人员及能够联络的电话。

3. 注意事项

(1)在同一案件中，送达《行政处罚事先告知书》后改变行政处罚决定的事实、理由或依据的，应当重新履行事先告知程序；因采纳当事人的陈述、申辩理由而做出的改变除外。

(2)代表当事人签收《行政处罚事先告知书》的接收人要具备相应的资格。当事人为单位的，应为当事人的法定代表人(负责人)，或者得到其授权的代理人；当事人为个人的，应为当事人本人或其授权的有关人员。

4. 文书范例

行政处罚事先告知书

×农(肥料)告〔2012〕1号

×县农资有限责任公司：

经调查，你公司违法销售未取得登记证的肥料产品案，违法事实清楚、证据确凿。

2012年1月4日，本机关执法人员李××、王××在市场执法检查中发现你公司正在经营未取得登记证的“绿神”牌复混肥料，经本机关负责人批准依法立案调查。通过对你公司经营门店、仓库检查勘验，询问有关人员，调取有关书证、物证，现查明，你公司于2012年1月3日，从A公司调进5吨未取得登记证的“绿神”牌复混肥料，截至2012年1月4日，你公司对外出售“绿神”牌复混肥料2包，售价38元/包，违法所得76元。在调查过程中你公司认识到自己行为的错误，已将剩余肥料退回A公司。

你公司违反了《肥料登记管理办法》第五条“实行肥料产品登记管理制度，未经登记的肥料产品不得进口、生产、销售和使用，不得进行广告宣传”之规定，销售未取得登记证的“绿神”牌复混肥料的行为，应当受到处罚。

依据《肥料登记管理办法》第二十七条第一项“有下列情形之一的，由县级以上农业行政主管部门给予警告，并处违法所得3倍以下罚款，但最高不得超过30 000元；没有违法所得的，处10 000元以下罚款：(一)生产、销售未取得登记证的肥料产品”之规定，本机关拟作出如下处罚决定：

1. 给予警告；

2. 并处罚款152元。

根据《中华人民共和国行政处罚法》第三十一条、第三十二条的规定，你公司可以在收到本告知书之日起三日内向本机关进行陈述申辩，逾期不陈述申辩的，视为你公司放弃上述权利。

×县农业局(印章)

2012年1月10日

处罚执法机关地址：×县民主路9号

联系人：王××、李××

联系电话：××××××

行政处罚事先告知书

×农(种子)告〔2012〕8号

Z种子有限责任公司：

经调查,你公司违法销售未通过品种审定的主要农作物种子案,违法事实清楚、证据确凿。

2012年3月21日×市农业局(以下简称本机关)接到举报,称你公司涉嫌违法销售未通过品种审定的“大丰玉1号”玉米种子,经本机关负责人批准依法立案调查。2012年3月23日至5月6日,本机关执法人员先后在W区及A、B、C、D等县,对你公司及B县、D县、C县、A县、W区种子公司,以及A县农业局、B县火车南站进行了调查取证工作,对有关当事人、证人作了询问调查,共调取书证147份、询问笔录16份、现场检查(勘验)笔录2份。

现查明:2011年3月4日,Z种子有限责任公司与大丰玉公司签订了《农作物种子购销合同》,向其订购“大丰玉系列玉米种子6万公斤”。2012年1月5日,大丰玉公司向你公司出具了《委托书》,“委托”你公司在“B县”作“大丰玉1号”的“试验示范工作”,明确“种子数量为13 000公斤,种子价格14.00元/公斤”。1月20日,大丰玉公司向你公司发了13 000公斤“大丰玉1号”玉米种子的《种子质量合格证》传真件。2月7日,你公司在B县火车南站提取一批大丰玉公司发运来的玉米种子,其中包括“大丰玉1号”玉米种子13 000公斤。随后,你公司将这批“大丰玉1号”玉米种子进行销售。其中,2012年2月7日,向A县程××销售了500公斤,11元/公斤,违法所得5500元;向E县种子公司销售了2000公斤。2月8日,向B县种子公司销售了3500公斤。2月17日,向D县种子公司销售了1000公斤。2月19日,向C县种子公司销售了1100公斤。2月7日至2月21日,你公司门市部销售了3500公斤。以上共计销售了11 600公斤。销售后期,你公司收回了一批“大丰玉1号”玉米种子。其中,2012年3月3日、3月11日从A县程××处分别收回350公斤、62.5公斤,3月10日、4月21日从D县种子公司分别收回580公斤、70公斤,共计收回1062.5公斤。销售剩余的种子,你公司陈述有412.5公斤用于试验示范,2450公斤退回大丰玉公司。你公司门市部分别以10元/公斤、10.5元/公斤、11元/公斤、12元/公斤等价格销售了“大丰玉1号”玉米种子3500公斤，违法所得37 100元，扣除已收回412.5公斤的价款，实际实现违法所得32 768.75元。销售给A县程××500公斤，11元/公斤，实现违法所得5500元。发售至B县种子公司、D县种子公司、C县种子公司、E县种子公司共计7600公斤种子，没有签订书面合同，尚未结算。根据你公司提供的《关于杂交玉米品种“大丰玉1号”的调运情况说明》及门市部销售中单笔100公斤以上的五笔价格均为10.5元的事实（见附件1中第19、27、28、29、30号证据），认定以上发售给县种子公司的种子价格为10.5元/公斤。扣除D县种子公司退回的650公斤，实际销售6950公斤，违法所得应为72 975元。综上事实，你公司从大丰玉公司购进“大丰玉1号”玉米种子13 000公斤，发售11 600公斤，扣除收回的1062.5公斤，实际销售10 537.5公斤，违法所得应为111 243.75元。剩余种子用于品种试验示范或退回大丰玉公司。

根据《中华人民共和国种子法》（以下简称《种子法》）第十五条第一款“主要农作物品种和主要林木品种在推广应用前应通过国家级或者省级审定，申请者可以直接申请省级审定或者国家级审定”，第七十四条第三项“主要农作物是指稻、小麦、玉米、棉花、大豆以及国务院农业行政主管部门和省、自治区、直辖市人民政府农业行政主管部门各自分别确定的其他一至二种农作物”，第十七条第一款“应当审定的农作物品种未经审定通过的，不得发布广告，不得经营、推广”之规定，玉米属于主要农作物，其品种应当经过审定，未经审定通过的品种就不得以任何名义经营、推广。“大丰玉1号”玉米种子既未通过全国审定，也未通过M省审定，属未经审定通过的品种。你公司违反了《种子法》第十七条第一款的规定，经营“大丰玉1号”玉米种子的行为，应当予以处罚。

依据《种子法》第六十四条“违反本法规定，经营、推广应当审定而未经审定通过的种子的，由县级以上人民政府农业、林业行政主管部门责令停止种子的经营、推广，没收种子和违法所得，并处一万元以上五万元以下罚款”之规定，本机关拟作出如下处罚决定：

1. 没收违法所得111 243.75元；

2. 罚款1万元。

根据《中华人民共和国行政处罚法》第三十一条、第三十二条和第四十二条之规定,你公司可以在收到本告知书之日起三日内向本机关进行陈述申辩、申请听证,逾期不陈述申辩、申请听证的,视为你公司放弃上述权利。

×市农业局(印章)

2012年5月21日

处罚执法机关地址:×市××路1号

联系人:赵××、钱××

联系电话:××××××××

第六章
听 证

听证程序是指农业行政处罚机关在作出处罚决定之前,为了查明案件事实,公正合理地实施处罚,通过公开举行由有关各方利害关系人参加的听证会,听取案件调查人员和当事人关于案件事实、处罚理由以及适用依据的陈述和辩解,由当事人和案件承办人对违法事实和适用处罚的法定依据进行辩论的活动。作为一般程序中的一种特殊程序,听证程序并非是所有农业行政处罚案件的必经程序,其适用的范围是有限的,只有特定种类的行政处罚才可能启动听证程序。

一、概述

(一)听证程序的适用范围

根据《行政处罚法》第 42 条及《农业行政处罚程序规定》第 42 条的规定,在农业行政处罚中,听证程序的适用范围主要包括如下三类:

1. 责令停产停业;

2. 吊销许可证或执照。如吊销《农作物种子经营许可证》、《农药登记证》等。这里需要注意的是,只有“吊销”才属于适用听证程序适用范围,不

包括“暂扣”许可证或执照;

3. 较大数额的罚款。关于何为“较大数额”的罚款,不同地区、不同的处罚主体,其认定标准可能有所不同。根据《农业行政处罚程序规定》,农业部及其所属的经法律、法规授权的农业管理机构进行行政处罚时,对公民罚款超过3000元、对法人或其他组织罚款超过30 000元属较大数额罚款。地方农业行政处罚机关实施行政处罚时,按省级人大常委会或者人民政府规定的标准执行。如根据《湖北省行政处罚听证规则》(1997年11月25日发布),较大数额的罚款是指“对非经营活动中的违法行为处以1000元以上的罚款;对经营活动中的违法行为,有违法所得的处以30 000元以上、没有违法所得的处以10 000元以上的罚款”;而根据《广东省行政处罚听证程序实施办法》(1999年11月15日发布),较大数额的罚款是指“对公民处以1000元以上罚款,对法人或者其他组织处以50 000元以上罚款。”所以不同地方的农业行政处罚机关应当根据各自地方的规定执行。

除了上述列举的三类行政处罚决定措施需要适用听证程序外,实践中还存在一种“没收较大数额涉案财产”的情况,《行政处罚法》第42条规定:“行政机关作出责令停产停业、吊销许可证或者执照、较大数额罚款等行政处罚决定之前,应当告知当事人有要求举行听证的权利。”虽然该条规定没有明确列举“没收财产”,但是该条中的“等”系不完全列举,应当包括与明文列举的“责令停产停业、吊销许可证或者执照、较大数额罚款”类似的其他对相对人权益产生较大影响的行政处罚。

对于“没收较大数额涉案财产”的情况是否需要适用听证程序,最高人民法院在《关于没收财产是否应当进行听证及没收经营药品行为等有关法律问题的答复》([2004]行他字第1号)中作出了肯定的回答。该答复认为,行政机关作出没收较大数额财产的行政处罚决定前,未告知当事人有权要求举行听证或者未按规定举行听证的,应当根据《行政处罚法》的有关规定,确认该行政处罚决定违反法定程序。同时,“最高人民法院第二批指导性案例”指导案例6号裁判认定:行政机关作出没收较大数额涉案财产的行政处罚决定时,未告知当事人有要求举行听证的权利或者未依法举行听证的,人民法院应当依法认定该行政处罚违反法定程序。裁判理由认为:以“等”、

“其他”等概括性用语表示的事项，均为明文列举的事项以外的事项，且其所概括的情形应为与列举事项类似的事项。

实践中，由于“没收较大数额的涉案财产”对相对人利益影响重大，为了保证相对人充分行使陈述权和申辩权，保障行政处罚决定的合法性和合理性，建议对没收较大数额财产的行政处罚，也应根据《行政处罚法》第 42 条的规定适用听证程序。而“较大数额的涉案财物”的标准可以按货值计算比照“较大数额罚款”的标准执行。

听证程序之所以只针对特定类型的农业行政处罚案件，其原因在于农业行政管理所追求的“效率”与“公正”的价值权衡。听证程序的加入使处罚程序更加严谨、公正，但同时也加大了处罚程序的烦琐程度，使其耗时增长，成本加大。因此，法律仅规定对于当事人权益影响较大的处罚，当事人享有要求听证的权利，以便充分保障处罚的合法和公正。对那些于当事人权益影响较小的处罚和数额较低的罚款，法律则没有作出适用听证程序的规定，以便保证行政管理的快捷和高效。

（二）听证程序的特征

听证程序不是与简易程序和一般程序并列的一种独立、完整的程序，它是一般程序中的一种特殊的调查处理程序，是农业行政处罚程序中的一环。与一般程序的调查取证程序相比，它只是适用于比较重大的处罚案件的特殊的调查取证程序。听证程序完毕以后，仅仅是完成了调查取证，案件仍应按照一般程序的有关规定作出处理。适用听证程序的案件，最后决定权仍属于行政机关，而不属于主持听证的工作人员。

听证程序有以下几个方面的特征：

1. 阶段性。听证只是行政处罚过程中的一个阶段，而不是行政处罚的全部过程；

2. 局部性。听证并不适用于所有的行政处罚程序，而仅限于责令停产停业、吊销许可证或执照、数额较大的罚款及没收较大数额涉案财产的案件；

3. 选择性。当事人要求举行听证的，听证程序才启动，主动权掌握在当事人手中；

4. 准司法性。听证主持人地位中立,站在第三方的立场听取双方的陈述和争辩,对案件事实和处理提出自己的意见,不受任何人的干预;

5. 义务性。组织听证是行政机关的法定义务。属于听证程序适用范围的案件,当事人明确提出听证要求的,行政机关不具有是否举行听证的审批权,必须依法组织听证。

听证程序是现代民主政治的产物,近几十年来,受到世界许多国家的重视。我国1996年施行的《行政处罚法》是国内最早规定听证程序的法律。根据《行政处罚法》等相关法律法规,农业部2006年修订的《农业行政处罚程序规定》第38条、第39条及第42~51条对农业行政处罚的听证程序作了详细的规定。

农业行政处罚中设置听证程序,其目的在于保证行政处罚的合法性与公正性,确保当事人的合法权益不受侵犯,督促行政机关依法实施行政处罚。听证程序有监督和保证行政机关依法行政的功能,但是其与复议、诉讼不同,复议与诉讼是一种事后监督程序;而听证程序是一种事前、事中监督程序,是农业行政处罚机关自我监督、自我改正的程序。

(三)听证程序的基本原则

听证程序的基本原则是指行政机关举行听证所必须遵循的、具有普遍指导意义的根本准则。听证程序的基本原则是对行政处罚听证程序的抽象概括,是寓于法律之中的规则。具体而言,听证程序的基本原则包括以下几个方面:

1. 公开原则

公开原则是指听证程序应当公开进行。我国《行政处罚法》第42条第3项规定:“除涉及国家机密、商业秘密或者个人隐私外,听证公开举行。”公开原则要求听证程序公开进行,举行听证会之前应发出公告,告知利害关系人听证程序举行的时间、地点、案由等情况;允许群众、记者旁听,允许记者采访报道;在听证过程中,当事人有权在公开举行听证的地点进行陈述和申辩,提出自己的主张和证据,反驳对方主张和证据;行政机关作出决定的事实根据必须公开并经当事人质证,不能以一方当事人未知悉的证据作为决定作出的事实根据;根据听证记录作出的行政决定的内容也必须公开。当然,公开原则也不是听证程序的绝对要求。凡涉及国家机密、商业秘密或个人隐私的事项,可以不公开听证。

2. 职能分离原则

职能分离原则是指在听证过程中从事裁决和审判型听证的机构或者人员,不能从事与听证和裁决行为不相容的活动,以保证裁决公平。我国《行政处罚法》第 42 条第 1 款第 4 项规定了这一原则,即"听证由行政机关指定的非本案调查人员主持,当事人认为主持人与本案有直接利害关系的,有权申请回避"。目前处罚听证中的职能分离指的是内部职能分离,即在同一行政机关内部,执行调查追诉职能的人,不得主持听证和参加裁决。

3. 事先告知原则

行政机关举行听证,作出行政决定前,应当告知相对人听证所涉及的主要事项和听证时间、地点、以确保相对人有效行使抗辩权,从而保证行政决定的适当性与合法性。这是当事人做必要的听证准备、行使自卫抗辩权的必要保障。《行政处罚法》第 42 条规定,行政机关作出"责令停产停业,吊销许可证或者执照、较大数额罚款等行政处罚决定前,应当告知当事人有要求举行听证的权利";"行政机关应当在听证的七日前,通知当事人举行听证的时间、地点"。农业行政处罚事先告知的内容详见上一章"事先告知"。

4. 案卷排他性原则

案卷排他性原则是指行政机关按照正式听证程序作出的决定只能以案卷为根据,不能在案卷以外,以当事人未知悉和未论证的事实为根据。目的是保障当事人有效行使陈述意见的权利和反驳不利于已证据的权利。我国《行政处罚法》第 42 条第 1 款第 7 项规定:"听证应当制作笔录,笔录应当交当事人审核无误后签字或者盖章"。听证笔录一旦做出,将成为行政机关做出行政决定的重要依据,听证笔录中没有记载的证据原则上不能作为证据使用,除非当事人双方对有关证据事先明确认可并记录在案。

二、听证程序的启动

(一)申请听证权利的告知和当事人的申请

对于可以适用听证程序的案件,农业行政处罚机关负有提前告知当事人享有申请听证权利的义务。告知听证的法定方式是《行政处罚事先告知书》(具体内容见上一章“事先告知”)。

当事人收到《行政处罚事先告知书》后,可以根据具体情况考虑是否要求听证。如果要求听证,则应当在行政机关告知后的3日内提出,否则视为放弃听证的权利;口头形式提出的,案件调查人员应当记录在案,并由当事人签字。

行政机关接受当事人的听证申请后,经审查符合听证条件的即应组织听证。至此,听证程序正式启动。

(二)听证准备阶段的工作和要求

农业行政处罚机关确定举行听证后,应当指定听证主持人、听证员和书记员,确定听证的时间和地点,并向当事人和利害关系人送达《行政处罚听证会通知书》。

1.确定听证的组织机构和参加人员

听证由拟作出行政处罚的农业行政处罚机关组织。具体实施工作由其法制工作机构或者相应机构负责。根据《行政处罚法》第42条及《农业行政处罚程序规定》第46条的规定,听证应当由行政机关指定非本案调查人员主持。农业行政主管部门一般应当指定法制工作机构的工作人员或者承担法制工作的机构相关人员主持听证,听证主持人必须是行政机关中非直接参与本案调查的人员,案件承办部门不得主持听证。其他听证员和记录员亦应当执行前述规定。

2.送达《行政处罚听证会通知书》

组织听证的行政机关应当在举行听证会7日前向当事人发出《行政处罚听证会通知书》,告知当事人举行听证的时间、地点、听证会主持人名单及可以申请回避和可以委托代理人等事项,并通知案件调查人员。当事人认为主持人与案件有直接利害关系的,有权申请回避。

当事人应当按期参加听证。当事人有正当理由要求延期的,经听证机关批准可以延期一次;当事人未按期参加听证并且未事先说明理由的,视为放弃听证权利。

★《行政处罚听证会通知书》

1. 文书概述

《行政处罚听证会通知书》是指农业行政处罚机关决定举行听证会并向当事人告知听证会事项的文书。

2. 内容要求

(1)首部

包括文书名称和致送当事人的名称;

(2)正文

应当包括当事人举行听证的时间、地点、方式(公开或不公开)、听证主持人名单、姓名、工作单位及可以申请回避和可以委托代理人等事项;

(3)尾部

写明处罚机关的地址和联系方式。

3. 注意事项

(1)通知书应当明确所针对的当事人是自然人还是法人或者其他组织;

(2)由于进行听证时,案件尚处于调查取证阶段,因此案由应当写为"涉嫌+违法行为定性+案";

(3)通知书中要明确听证是否公开进行。原则上除涉及国家秘密、商业秘密或个人隐私外,听证应当公开举行;

(4)通知书必须加盖印章,印章应当清晰、端正,要"骑年盖月";

(5)行政处罚听证会通知书一式两份,一份处罚机关留存,一份交付当事人。

4. 文书范例

行政处罚听证会通知书

××(A市)作物保护有限公司:

本机关定于2012年10月25日14时0分在××市农业局会议室对你单位涉嫌非法分装农药 一案公开举行听证会。本次听证会由我局副局长张××担任主持人。

你单位法定代表人或委托代理人应准时出席,逾期不出席的,视同放弃听证权利。委托代理人出席的,应提交身份证明及当事人签署的授权委托书。授权委托书应当写明委托代理人的姓名、性别、年龄以及委托的具体权限,并经你单位签名或盖章。

根据《中华人民共和国行政处罚法》第四十二条之规定,你单位有权申请听证主持人回避。如申请回避的,请于10月19日前向本机关提出书面申请。

特此通知。

××市农业局(印章)

2012年10月15日

处罚执法机关地址:××市西关大街54号

联系人:李××　电话××××××

3.发布听证公告

根据《行政处罚法》第42条第3项及《农业行政处罚程序规定》第47条规定,"除涉及国家秘密、商业秘密或个人隐私外,听证应当公开举行。"因此,组织听证的农业行政处罚机关应当发布"听证公告",载明举行听证的案由、时间、地点,以便当事人以外的其他相关人员申请参加听证和进行旁听。

三、听证会的举行

(一)听证会参加人员

行政处罚听证会由下列人员组成:

1.听证主持人、听证员和书记员;

2.案件调查人员。案件调查人员一方,由案件承办部门自行指定相关调查人员参与听证;

3.当事人及其委托代理人。当事人可以自己参加听证,也可以委托代理人参加听证。当事人委托代理人参加听证的,应当提交授权委托书。

（二）听证会程序

根据《农业行政处罚程序规定》，听证按下列程序进行：

1. 书记员宣布听证会场纪律、当事人的权利和义务。听证主持人宣布案由，核实听证参加人名单，宣布听证开始；

2. 案件调查人员提出当事人的违法事实、出示证据，说明拟作出的农业行政处罚的内容及法律依据，在此过程中，当事人或者委托代理人可以对相关证据进行质证；

3. 当事人或其委托代理人对案件的事实、证据、适用的法律等进行陈述、申辩和质证，可以向听证会提交新的证据，在此过程中，案件调查人员可以对相关证据进行质证；

4. 听证主持人就案件的有关问题向当事人、案件调查人员、证人询问；

5. 案件调查人员、当事人或其委托代理人相互辩论；

6. 当事人或其委托代理人作最后陈述；

7. 听证主持人宣布听证结束。听证笔录交当事人和案件调查人员审核无误后签字或者盖章。

（三）当事人在听证中的权利和义务

根据《农业行政处罚程序规定》第48条的规定，当事人在听证中有以下权利和义务：

1. 有权对案件涉及的事实、适用法律及有关情况进行陈述和申辩；

2. 有权对案件调查人员提出的证据质证并提出新的证据；

3. 如实回答主持人的提问；

4. 遵守听证会场纪律，服从听证主持人指挥。

（四）听证笔录的法律效力

听证笔录是真实记载听证过程的法律文书，具有重要的法律效力和证据效力。听证笔录只有交当事人和案件调查人员审核无误并签字或者盖章后才具有完整的法律效力。虽然《行政处罚法》及《农业行政处罚程序规定》

没有明确规定,但是原则上农业行政处罚机关作出处罚决定应当依据听证笔录,听证笔录中没有记载的证据不能作为证据使用;除非当事人双方对有关证据事先明确认可并记录在案。因为,如果据以作出处罚决定的证据可以不经听证程序的质证,就将难以达到听证的目的。

★《听证笔录》

1. 文书概述

《听证笔录》是指记录听证过程和内容的文书,是对听证过程的客观记录。

2. 内容要求

(1)首部

包括文书名称、听证会起止时间、听证主持人、听证员、书记员、当事人、委托代理人、证人的姓名,时间处填写要具体到分钟;当事人有委托代理人的,应当在"委托代理人"栏填写委托代理人的姓名、工作单位;"证人栏"填写证人的姓名、工作单位等;

(2)正文

这是《听证笔录》最重要的部分,应当写明案件调查人员提出的违法事实、证据和处罚意见,当事人陈述、申辩的理由以及是否提供新的证据、证人证言、质证过程等内容;

(3)尾部

由调查人员和当事人或其代理人签名。

3. 注意事项

(1)记录应当准确、全面,如果有遗漏或者有差错,可以当场补充和修改,并由当事人在改动处签章或摁指印确认。

(2)为了确保听证笔录的效力,听证笔录应在听证结束后当场交当事人阅读或者向当事人宣读,当事人核对无误后逐页签字或盖章确认,并在尾页注明日期;证人应当在记录其证言之页签名。当事人拒绝签字盖章的,执法人员应当在笔录中注明,并可以邀请在场的其他人员签字。案件调查人员也应当在笔录上逐页签名确认。

4. 文书范例

听证笔录

时　间:2012年10月25日14时0分至16时0分
地　点:××市农业局会议室
听证主持人:××市农业局副局长　张××
听 证 员:××市农业局法制科科员　李××　王××
书 记 员:××市农业局法制科科员　赵××
当 事 人:××(A市)作物保护有限公司
委托代理人:陈××　工作单位:×(A市)作物保护有限公司
委托代理人:蔡××　工作单位:××律师事务所
案件调查人员:××市农业综合执法支队　刘××　郑××　李××
听证记录:书记员宣布会场纪律、当事人的权利和义务。

张××:宣布案由、参加人名单,宣布听证会开始,首先由案件调查人员针对案情进行陈述。

刘××:2012年8月22日,××市农业行政执法支队会同YY县农业行政执法大队依法对××(A市)作物保护有限公司进行例行检查,检查中我们发现在其生产车间的流水线上正在非法分装生产由××(B市)作物保护有限公司登记的证号为××××××"250克/升百草枯水剂(克瑞踪)"农药。这一行为违反了《农药管理条例》的有关规定,于是我们进行了现场勘验并作了检查笔录,对生产的产品进行了抽样取证,现场拍摄了照片,对生产方的主要负责人制作了询问笔录。8月23日进行了立案,8月31日、9月8日和28日分别进行了调查取证。10月8日,送达了行政处罚事先告知书。在这里,我代表执法机构陈述三个问题:

一、违法事实。根据《农药管理条例》第六条的规定,我们现场检查到的农药登记证号为××××××的克瑞踪农药只能由××(B市)作物保护有限公司进行分装。作为××(A市)公司是无权分装的,是非法行为。经过调查审理,现在已查明××(A市)公司从2011年3月以来,共分装了该农药73 320.5升,其中2005年分别在3月、4月和6月共生产二批计42 920.5升,2012年分别在5月、6月和8月生产三批计30 400升。

二、主要证据:

当事人或委托代理人签名:　陈××　蔡××
案件调查人员签名:刘××　郑××　李××

(第1页共4页)

1.实物;

2.现场拍摄照片;

3.2011年、2012年××(B市)作物保护有限公司的分装委托书;

4.生产指令单;

5.2011年的销售发票2份;

6.询问笔录4份;

7.抽样取证凭证;

8.勘验检查笔录;

9.农药临时登记证;

10.2005年、2006年分装费用明细。

三、法律依据

1.《农药管理条例》第四十二条;

2.《农药管理条例》第六条;第四十条第一项;

3.《农药管理条例实施办法》第十条第一款;《农药管理条例实施办法》第三十七条。

四、做出了如下处罚建议:

1.责令立即停止分装产品;

2.没收违法所得1 356 334.38元,并处罚1 356 334.38元,合计共2 712 668.76元。

张××:下面由当事人对上述事实、证据、适用法律问题等进行陈述、申辩和质证,可以向听证会提交新的证据。

陈××:我向听证会说明以下几点:

1.基于市场对"克瑞踪"小包装产品的认可,以及我市缺乏分装小包装产品设备的客观条件,我公司受××(B市)公司委托分装该农药,我们曾事先得到有关主管部门对其可行性的口头肯定答复。

2.我公司与××(B市)公司同属××公司,采用相同的质量控制体系,生产技术水平一致;

3.我公司的分装行为,并未对其他农药厂家、品牌造成侵犯,对该农药的使用者也未造成损失;

4.分装合同中,包装费用由××(B市)公司承担,我公司发票金额中除分装服务费用外,还包括了我公司代××(B市)公司代购代销的包装材料费用等。因此,我们认为销售收入应仅限于我公司为××(B市)公司提供的分装服务费。

5.我们提供的证据是和××(B市)公司签订的"分装合同"和"关于分装产品包装材料采购事宜的备忘录"。

当事人或委托代理人签名:陈××　蔡××

案件调查人员签名:刘××　郑××　李××

(第2页共4页)

蔡××：我补充一下。

1. ××(A市)公司与××(B市)公司并不是销售、买卖关系，发票组成包括材料费、服务费，××(B市)公司出于发票便于处理的考虑，才由××(B市)公司代购，我们之间只是加工分装的关系，系内部流转，并非买卖。

2. ××(A市)公司有强烈的社会责任感，积极投身社会公益事业，为A市的经济发展做出了贡献。

3. 事情发生后，我公司积极配合调查，恳请依据我公司的特殊背景，减少处罚金额。

张××：好的。对于当事人的陈述，调查人有什么意见？调查人可以着重说明一下对销售收入计算的意见以及处罚裁量额度方面的考虑。

刘××：好的。

1. 农药是特殊产品，依据《农药管理条例》规定，“生产”行为中包括分装，生产、分装必须经过登记，农业部对百草枯水剂的分装生产有严格要求，而当事人显然没有遵守法律规定；

2. 我们已经考虑到××(A市)公司调查态度较好，因此我们只作出一倍的处罚；

3. 我们认为相对人关于销售收入的异议不成立，分装委托书上没有任何费用的说明，而发票反映很明确是由××(A市)公司开给××(B市)公司的。

陈××：《农药管理条例》的初衷是为了保证质量，由生产厂家直接分装，我们行为是不对的，但我们分装中能保证质量。我们对处罚依据没有任何异议，但是对违法所得的认定有异议。

蔡××：分装合同第7条，包装材料××(B市)公司负责；我们销售的不是实物而是服务；分装的收入不包括材料费用，包装材料是代购，我们的收入只是非法分装农药的收入。

陈××：调查中我们公司很配合，我们确实违法，但是我们非常重信誉。我们不是有意违法，得到了口头许可。

张××：《农药管理条例》明确规定违法所得为销售单据。

郑××：我们认可××公司(A市)的特殊背景；条例规定处罚为1－5倍，所以我们只给了一倍的罚款。但是相对人现在提供的材料，我们在调查中没有发现，请主持人考虑其可信性，不予采信。我们认为，包装材料费也是销售中的一部分。另外，××公司(A市)确实对社会有所贡献，但是这不能成为违法不予处罚的理由；而且产品标签与生产厂家不符本身就是欺骗消费者的行为。

当事人或委托代理人签名：陈××　蔡××

案件调查人员签名：刘××　郑××　李××

（第3页共4页）

陈××:我说明一下,产品标签反映的是××公司承担产品质量责任。我们坚持认为把代购费用和服务费用一并核算不合理。我们公司没有违反农业部规定的初衷,过失与故意的处罚应该是不一样的,处罚金额对企业来说太大了!

郑××:关于相对人认为是无意的过错,我们认为××(A市)是有意犯错,2004年农业部就明确规定,不再发证,而××(A市)公司视而不见,2011年与××(B市)公司签订分装合同,领导口头答应一说毫无根据!分装有很多种可能性,分装费用就是违法所得。

陈××:我们只采购包材,没有农药买卖,只是服务。

蔡××:我们只是代购,没有违法所得,非法所得只是分装费。发票是统一开的,希望能考虑操作方式,希望考虑企业实际情况,减轻处罚金额。

张××:请问当时调查人调查的情况是2011年开始分装,你说一下你们2012年的情况?

陈××:2012年是56万,因为调查终止生产了。

张××:如果没被发现,还要生产多少?

陈××:计划5吨。

张××:2012年处罚金额根据是已经生产还是计划生产的?

刘××:已经生产的。

张××:现在进入最后陈述阶段,请调查人先说。

调查人:农药是一种特殊产品,国家制定了《农药管理条例》,农业部制定了《农药管理条例实施办法》对农药的登记、生产、经营使用等都有明确的规定,对违反条例也做出了具体处罚规定。我们认为当事人的违法事实清楚,证据确凿充分,对当事人的处罚金额裁定上恰当。我们坚持原来的处罚意见。

主持人:下面当事人陈述。

陈××:首先,我们分装行为是并非故意的非法行为,我们与××(B市)公司同属于一个集团,情况特殊;其次,我们认为违法所得的认定不合理,希望能够将包装材料费用在处罚金额中除去;最后,我们表态,今后我们一定严格守法,不再犯类似错误。

当事人或委托代理人签名:陈×× 蔡××

案件调查人员签名:刘×× 郑×× 李××

(第4页共4页)

(五)《行政处罚听证会报告书》

听证结束后,听证主持人应当依据听证情况,制作《行政处罚听证会报告书》,连同听证笔录,报农业行政处罚机关负责人审查。《行政处罚听证会报告书》是重要的内部法律文书,它是农业行政处罚机关负责人对行政处罚案件进行审查的重要依据。

★《行政处罚听证会报告书》

1. 文书概述

《行政处罚听证会报告书》是指听证会结束后,听证主持人向处罚机关负责人报告听证会情况并提出案件处理意见的文书。

2. 内容要求

(1)首部

包括文书标题和案由及听证主持人、听证员、书记员的姓名;"案由"应当填写为:"涉嫌+违法行为定性+案"。

(2)正文

包括听证基本情况摘要和听证结论及处理意见。报告书中"听证基本情况摘要"栏应当填写听证会的时间、地点、案由、听证参加人的基本情况、听证认定的事实和证据。"听证结论及处理意见"应当由听证人员根据听证情况,对拟作出的行政处罚决定的事实、理由、依据做出评判并提出倾向性处理意见。

(3)尾部

行政处罚机关负责人应在"负责人审批意见"栏明确表述,没有歧义。

《行政处罚听证会报告书》应当能够准确反映出听证情况以及通过听证所形成的对案件处理的倾向性意见。

3. 注意事项

《行政处罚听证会报告书》是案件处理过程中使用的内部文书,在听证主持人向处罚机关负责人提交报告书时,还应当附听证笔录。

4. 文书范例

行政处罚听证会报告书

案　　由	××(A 市)作物保护有限公司涉嫌非法分装农药案
听证主持人	张××
听　证　员	李××　王××
书　记　员	赵××

听证基本情况摘要:(详见听证笔录)

2012 年 10 月 25 日上午,在我局会议室对××(A 市)作物保护有限公司涉嫌非法分装农药案进行了听证,该公司法定代表人钱××和代理人陈××、蔡××参加听证。负责调查本案的农业综合执法支队人员刘××、郑××、李××也到会进行听证。听证会主持人由我局副局长张××担任,法制科李××、王××、赵××分别担任听证员和书记员。

听证会上调查人员和当事人就案件事实和法律适用问题进行了辩论。

当事人提交了其和××(B 市)公司签订的"分装合同"和"关于分装产品包装材料采购事宜的备忘录"等证据,证明××(A 市)作物保护有限公司销售收入应仅限于该公司为××(B 市)公司提供的分装服务费,不包括该公司代××(B 市)公司代购代销的包装材料费用等;分装行为并未对其他农药厂家、品牌造成侵犯,对该农药的使用者也未造成损失,情节较轻,希望适当从轻处理;其与××(B 市)公司同属同一集团公司,采用同一质量控制体系,错误地认为可以分装××(B 市)公司的百草枯水剂(克瑞踪)农药,公司一向遵纪守法,分装行为是理解错误并非主观故意;事情发生后,公司积极配合调查。此外,当事人认为××(A 市)公司有强烈的社会责任感,积极投身社会公益事业,为 A 市的经济发展做出了贡献。因此应当减少处罚该公司的金额。

调查人员提交了现场拍摄照片、2011 年与 2012 年××(B 市)作物保护有限公司的分装委托书、分装费用明细表、生产指令单、销售发票、现场检查笔录、讯问笔录、抽样取证凭证、农药临时登记证等证据,证明在××(A 市)作物保护有限公司存在"非法分装××(B 市)作物保护有限公司登记的百草枯水剂(克瑞踪)"农药的事实;该无证分装行为违反了《农药管理条例》的相关规定,理应受到处罚;根据《农药管理条例实施办法》的有关规定,应将销售收入作为无证分装农药的违法所得。

续表

听证结论及处理意见： 经过案件当事人和调查人陈述，以及听证会调查，认定： 1. ××（A市）作物保护有限公司在未取得农药分装证的情况下，擅自分装××（B市）作物保护有限公司的百草枯水剂（克瑞踪）农药的行为，违反了《农药管理条例》的有关规定，应当受到相应的行政处罚。 2. ××市农业行政执法支队对该违法行为查处过程的程序合法，所提供的证据充分、确凿，所引用的法律条文准确，处罚得当。 3. 鉴于当事人在听证时提供的分装合同表明，无证分装农药的销售收入中包含了代购代销的包装材料费，而代购代销的材料在销售时没有作为货物实施销售，所以这笔共计931 916.50元材料费可以不计入销售收入。 建议根据《农药管理条例》第四十二条的规定，作出如下行政处罚： 1. 责令立即停止无证分装农药的行为； 2. 没收违法所得424 417.88元，并处罚款424 417.88元。 听证人员签名：张××　李××　王×× 2012年11月6日
负责人审批意见： 同意。 签名：高×× 2012年11月15日
备注：

第七章
决 定

农业行政处罚决定是农业行政处罚机关在听取当事人的陈述、申辩或依法举行听证之后,对作出行政处罚决定的事实、理由与依据进行最后审查,并根据审查结果依法对当事人作出处罚或不处罚的决定。

农业行政处罚机关在作出行政处罚决定之前,必须履行事先告知程序并听取当事人陈述、申辩,否则行政处罚决定不能成立。在适用一般程序进行处罚时,农业行政处罚机关进行告知的法定方式是制作《行政处罚事先告知书》,在其中明确告知当事人行使陈述权、申辩权的时间或期限、地点和方式,并依法送达当事人,由当事人在《送达回证》上签字。《送达回证》无当事人签字视为没有送达。如果当事人在规定的时间或期限之内没有按照要求行使陈述权、申辩权,即视为放弃权利。听取当事人陈述、申辩的方式以当事人提交书面材料为主要方式,也可以由当事人向执法机关陈述,执法人员将其陈述、申辩内容制作成笔录。只有在履行告知程序并听取当事人陈述和申辩程序之后,农业行政处罚机关才能依法作出行政处罚决定。

一、农业行政处罚决定前的最终审查

（一）农业行政处罚决定的审查方式

1. 农业行政处罚机关负责人单独作出决定。我国行政机关实行行政首长个人负责制，在通常情况下，农业行政处罚机关负责人可以单独作出决定。

2. 农业行政处罚机关负责人集体讨论决定。农业行政处罚机关负责人集体讨论决定的是案情复杂或者有重大违法行为需要给予较重行政处罚的违法案件。案情复杂是指案件涉及面广、涉案标的较大、证据认定复杂、适用法律存在争议等情形；有重大违法行为需要给予较重行政处罚是指违法情节严重或者后果严重，以至于应给予较大数额的罚款、责令停产停业、没收价值较大的违法所得或者非法财物、吊销许可证或执照等处罚。

（二）农业行政处罚决定的基本要求

1. 事实清楚。案件事实是实施行政处罚行为的前提和基础，一切作为都必须建立在事实清楚准确的基础上。行政处罚机关必须依法收集证据，尽可能地查明案件的事实真相，使案件实体问题或程序问题的解决都奠定在证据能够证明的客观事实基础之上，而不允许把主观想象、推测、怀疑作为处理案件的根据。

2. 法律适用准确。准确适用法律是实施行政处罚的关键，法律是行政处罚机关作出行政处罚决定的准绳、标尺。行政处罚机关的执法人员必须熟练掌握有关行政处罚方面的法律、法规及其他相关法律、法规，深刻领会立法本意和正确理解各个条文的含义，实现案件事实与法律规范的有机结合。

3. 程序合法。农业行政处罚程序是农业行政处罚机关实施农业行政处罚行为所必须遵守的操作规范。现行《行政处罚法》、《农业行政处罚程序规定》以及其他一些法律法规规章对行政处罚机关行使行政处罚职能，实施行政处罚行为，作出行政处罚决定的过程作出了明确规定，行政处罚机关的行为必须遵循法定程序实施,否则其作出的行政处罚决定将被依法撤销或确认无效,由此给当事人造成的损失还应当予以赔偿。

4.处罚适当。农业行政处罚机关在作出行政处罚决定时,要根据当事人违法行为的情节与危害程度,综合考虑当事人是否有不予处罚、从轻、减轻处罚、从重处罚等情形,选择作出相当的行政处罚决定。

二、农业行政处罚决定的作出

根据《行政处罚法》第38条之规定,行政机关的负责人在对调查结果、当事人陈述申辩意见或听证情况审查后,应当根据不同的情况,分别作出决定。

1.确有应受行政处罚的违法行为,根据情节轻重及具体情况,作出行政处罚决定。《行政处罚法》规定,实施行政处罚"必须以事实为依据,与违法行为的事实、性质、情节以及社会危害程度相当"。这是行政机关在作出行政处罚决定时,必须遵循的过罚相当原则。行政机关负责人对调查结果进行审查后,认定当事人确有依照法律、法规或者规章规定应当受到行政处罚的违法行为,就应当根据违法事实的具体情况和违法行为情节轻重,遵循过罚相当的原则,依照法律、法规或者规章有关行政处罚的规定,作出行政处罚决定。依照《行政处罚法》规定,当事人有从轻或者减轻处罚情节的,行政机关应当作出相应的行政处罚决定。

2.违法行为轻微,依法可以不予行政处罚的,不予行政处罚。不予行政处罚的情况,一是不满14周岁的人有违法行为的,精神病人在不能辨认或者不能控制自己行为时有违法行为的,不予行政处罚;二是依照《行政处罚法》规定,违法行为轻微并及时纠正,没有造成危害后果的,可以不予行政处罚。不予行政处罚也是行政机关对于行政处罚案件作出的决定,需要当场向当事人宣告;当事人不在场的,应当将不予行政处罚的决定送达当事人。

3.违法事实不成立的,不得给予行政处罚。注意这种情况与不予行政处罚的情况相区别。经行政机关执法人员调查当事人的违法事实不能成立,也就是说,没有证据证明当事人有违法行为。在这种情况下,行政机关不得作出行政处罚决定。同时,行政机关应当将违法事实不能成立的结论及时通知当事人。

4. 违法行为已构成犯罪的,移送司法机关。这类案件一般都属于重大、复杂的行政处罚案件,经过执法人员调查,行政机关负责人审查,或者行政机关领导人的集体讨论,认为违法行为已经构成犯罪的,应当将案件移送司法机关,依法追究刑事责任。行政机关不得将应当移送的行政处罚案件不移送,不得以行政处罚代替刑事处罚。

★《行政处罚决定审批表》

1. 文书概述

《行政处罚决定审批表》是指事先告知后,执法人员就当事人陈述申辩或听证情况及处理意见报请执法机关负责人审批的文书。

2. 内容要求

"陈述申辩或听证情况"栏应当如实写明当事人陈述申辩意见或听证情况。

"处理意见"栏,由执法人员提出维持或变更行政处罚事先告知书所拟作处罚决定的处理意见,并阐述理由。

"执法机构意见"、"法制机构意见"栏,应当分别写明具体审核意见并由负责人签名。"执法机关意见"栏,由农业执法机关负责人写明意见。

3. 注意事项

如实写明当事人陈述申辩意见或听证情况,特别是当事人陈述的事实、申辩的理由和其提供的证据

4. 文书范例

行政处罚决定审批表

<table>
<tr><td>案由</td><td colspan="8">经营假种子案</td></tr>
<tr><td rowspan="5">当事人</td><td rowspan="3">个人</td><td>姓名</td><td colspan="6">李××</td></tr>
<tr><td>性别</td><td>男</td><td>年龄</td><td>25</td><td>电话</td><td colspan="2">×××××××</td></tr>
<tr><td>住址</td><td colspan="6">×××××××××</td></tr>
<tr><td rowspan="2">单位</td><td>名称</td><td colspan="3"></td><td colspan="2">法定代表人
（负责人）</td><td></td></tr>
<tr><td>地址</td><td colspan="4"></td><td>电话</td><td></td></tr>
<tr><td>陈述申辩或听证情况</td><td colspan="8">当事人李××于××××年×月×日向本机关提交了申辩书，陈述其在本处罚机关立案调查时，方知经营的种子为假种子，并及时纠正错误，对已销售的种子进行收回，现已收回该种子×××公斤，占已销售种子的80%。同时出示了购种者签名的退款凭证，向本机关上交了清退的假种子。当事人陈述其有主动减轻危害后果的情形，请求本机关对其减轻处罚。</td></tr>
<tr><td>处理意见</td><td colspan="8">本案事实清楚、证据确凿。对当事人陈述申辩的事实有退款凭证、清退的假种子佐证，应予采信，申辩理由合法，对其陈述请求应予支持。应变更原拟处罚决定，对其减轻处罚，处以罚款××××元，没收违法所得××××元，没收假种子。
执法人员签名：×××
×××年×月×日</td></tr>
<tr><td>执法机构意见</td><td colspan="8">本案事实清楚、证据确凿。变更原拟处罚决定，减轻处罚理由、证据充分，同意执法人员处理意见。
签名：×××
×××年×月×日</td></tr>
<tr><td>法制机构意见</td><td colspan="8">本案事实清楚、证据确凿。变更原拟处罚决定，减轻处罚理由、证据充分，同意执法人员处理意见。
签名：×××
×××年×月×日</td></tr>
<tr><td>执法机关意见</td><td colspan="8">同意案件调查人员和执法、法制机构处理意见。
签名：×××
×××年 × 月× 日</td></tr>
</table>

★《行政处罚决定书》

1. 文书概述

《行政处罚决定书》是农业行政处罚机关作出的具备法律效力和书面表现形式的行政处罚行为。农业行政处罚机关对公民、法人或者其他组织依法实施行政处罚，作出行政处罚决定，为保证行政处罚行为产生相应的法律效力，必须采取《行政处罚决定书》这种法定形式。因此，农业行政处罚机关及其执法人员在作出行政处罚决定的时候，都必须出具《行政处罚决定书》。无论是当场处罚还是依照一般程序作出的处罚，都应当制作《行政处罚决定书》，并依法交付当事人。

2. 内容要求

(1)首部

①案号：行政区划简称+处罚机关简称+执法类别+罚+年份+序号；

②案由及案件调查处理过程：案由表述为"违法行为定性+一案"；案件调查处理过程简略地表述案件立案、调查取证、处理的基本过程。如案件经过听证的，要将听证的过程简略写明。

(2)正文

①认定的违法事实及证据：将案件调查认定的违法事实及证据详细叙述，认定的违法事实与采信的证据之间应构成对应关系。

②当事人的陈述、申辩：归纳写明当事人陈述申辩的主要观点，特别是与案件定性、量罚有关的意见要重点写明。

③案件定性、处罚的依据：一是对当事人的行为在法律上进行定性的法律依据，即违法行为所直接违反的法律、法规和规章及其具体规定；二是当事人违法情节是否存在从轻、减轻、从重处罚的情况；三是对当事人陈述、申辩是否采信的说明。

④处罚依据及处罚决定：处罚依据须全文引用规范性文件的全称和明确的条款项目；作出的行政处罚决定内容要逐一列举，且处罚决定的内容要与所引用的法律条款的规定相一致，不能任意减少或增加法律条款规定的法律责任。处罚依据和处罚决定之间应具有内在的一致性，不能出现两者互不相关的情况。

(3)尾部

①行政处罚决定的履行方式和期限。没收违法所得或者罚款的，应载明罚

(没)款代收机构的名称、地址以及对当事人逾期缴纳罚款是否加处罚款等内容;没收非法财物的,要注明缴纳非法财物的期限、地点。一般表述为:"当事人自收到本处罚决定书之日起15日内到×××银行(×××账户:×××,账号:×××)缴纳罚(没)款。逾期不缴纳,每日按罚款数额的3%加处罚款;××日内,将依法没收的××××××××交至××××"。

②不服处罚决定申请行政复议或提起行政诉讼的途径和期限。对此,一般表述为"当事人对本处罚决定不服的,可以在收到处罚决定书之日起60日内,向×××或×××申请行政复议,或者3个月内直接向×××人民法院提起行政诉讼"。这里需要特别注意的是,处罚所依据的实体法是否对申请复议的期限、申请机关和复议与诉讼的选择权做了特殊规定,如有,则应从其规定。

③农业行政处罚机关申请人民法院强制执行的情况。

④作出行政处罚决定的时间及机关:农业行政处罚机关负责人签发《行政处罚决定书》的时间是作出行政处罚决定的时间。农业行政处罚机关公章要端正盖在时间上方,"骑年盖月",并做到上不压正文。

3. 注意事项

行政处罚决定书属于外部文书,必须依法送达当事人才能产生法律效力。

4. 文书范例

行政处罚决定书(简单式)

W农(农药)罚〔2012〕25号

当事人:农兴发农资经营部　地址:W县城关东大街36号　负责人:孙××
电话:××××××

当事人经营劣质农药一案,经本机关依法调查,现已查明:

2012年10月11日,本机关接到群众举报,称当事人销售的"大杀器"牌30%氯·辛乳油防治效果不佳,可能是假农药,本机关依法进行立案调查。2012年10月12日,本机关执法人员到当事人门店依法进行了现场检查并对被举报产品进行了抽样。经V市农药检定所检验,该产品中辛磷酸含量仅为18%(标准值应大于等于28.5%),不符合产品质量标准,属于劣质农药。检验结果送达当事人后,当事人无异议。经询问其负责人孙××并调取有关销售单据,确认该产品共进货1件(24瓶×250ml),已售出14瓶,销售收入共计140元。2012年10月20日,本机关向当事人送达了《行政处罚事先告知书》,在规定时间内当事人未提出陈述申辩。以上事实有抽样单、现场检查笔录、询问笔录、销售单据、检测报告、送达回证等证据为证,应予认定。

本机关认为:

当事人经营劣质农药的行为违反了《农药管理条例》第三十二条第一款之规定,事实清楚,证据确凿,应当予以处罚。

依照《农药管理条例》第四十三条之规定,本机关作出如下处罚决定:

1. 没收剩余"大杀器"牌30%氯·辛乳油10瓶;

2. 没收违法所得140元;

3. 罚款280元。

罚没款合计420元。

当事人必须在收到本处罚决定书之日起15日内持本决定书到中国农业银行V市支行W县城关分理处缴纳罚没款。逾期不按规定缴纳罚款的,每日按罚款数额的3%加处罚款。

当事人对本处罚决定不服的,可以在收到本处罚决定书之日起60日内向W县人民政府或V市农业局申请复议;或者3个月内向W县人民法院提起行政诉讼。行政复议和行政诉讼期间,本处罚决定不停止执行。

当事人逾期不申请行政复议或提起行政诉讼,也不履行本行政处罚决定的,本机关将依法申请人民法院强制执行。

W县农业局(印章)

2012年10月24日

行政处罚决定书(详尽式)

Q农(种)罚〔2012〕6号

当事人:W有限责任公司

地址:Q市Q县人民路2号

法定代表人:王××,该公司董事长

当事人W有限责任公司经营未经审定主要农作物种子一案,Q县农业局(以下简称本机关)于2012年1月27日接到群众举报,1月28日经本机关负责人批准依法立案。本机关执法人员从1月28日起多次到当事人办公地、仓库进行了调查取证,对有关人员进行了调查询问,依法调取了相关物证、书证,制作了现场检查(勘验)笔录(现场照片)、询问笔录,查清了当事人的主要违法事实。4月17日向当事人送达了Q农罚〔2012〕6号《行政处罚事先告知书》。4月18日,当事人要求对本案组织听证。5月8日,本机关依法举行听证会,对本案进行了听证。5月13日,经本机关局长办公会议评议决定,本案审查终结。

现查明:

当事人违法销售"玉农1号"玉米种子3000公斤,违法所得60 000元(详见表一)。

表一:当事人违法销售"玉农1号"玉米种子证据、事实情况表(略)

违法销售"玉稻9号"水稻种子15公斤,违法所得225元(出库单NO:0014525);违法销售"玉稻8号"水稻种子200公斤,违法所得3000元(详见表二)。

表二:当事人违法销售"玉稻8号"水稻种子证据、事实情况表(略)

4月7日,本机关现场勘验查明,当事人仓库库存"玉农1号"玉米种子500公斤,"玉稻8号"水稻种子130公斤。

当事人称:

第一,以出库单为依据认定其销售"玉农1号"、"玉稻8号"、"玉稻9号"的数量和违法所得证据不充分。因为其"调往分公司的种子并没实际发生经营,调往代理人的种子有些没有发生经营,调往S的'玉稻8号'水稻种子是用于优质米基地建设,免费赠送农民的"。第二,以《中华人民共和国种子法》(以下简称《种子法》)第六十四条之规定为依据对其进行处罚属于适用法律不当。其经营的"玉农1号"、"玉稻8号"是经有关省、市审定通过的品种,公司的经营行为最多算是超越区域经营，不能认定为经营未经审定品种。此外，经营应当审定而未经国家和任何省、市审定的种子与经营经国家审定或有关省、市审定的种子有着本质区别，不能一概而论，且其行为具有示范性质。第三，其经营的“玉农1号”玉米种子在J、D、Y、S等地已被处罚，若Q县农业局再对其进行处罚存在一案两罚的问题。第四，依法应当从轻处理。其公司刚成立两年，内部管理以及经营中确实存在着不规范，甚至存在轻微的违法违规现象，但不存在故意违法的主观心理状态。公司积极配合Q县农业局查处工作，“无论‘玉农1号’还是‘玉稻8号’，公司接到Q县农业局通知后立即停止了销售，将发出的种子全部退回”，存放于公司仓库中，并停止销售，根据《中华人民共和国行政处罚法》第四条、第五条之规定，不存在从重处罚的法定情节和酌定情节，请从宽处罚。

本机关认为：

根据《种子法》第十五条第一款规定“主要农作物品种和主要林木品种在推广应用前应当通过国家级或者省级审定……”第十六条规定“通过国家级审定的主要农作物品种和主要林木良种由国务院农业、林业行政主管部门公告，可以在全国适宜的生态区域推广。通过省级审定的主要农作物品种和主要林木良种由省、自治区、直辖市人民政府农业、林业行政主管部门公告，可以在本行政区域内适宜的生态区域推广；相邻省、自治区、直辖市属于同一适宜生态区的地域，经所在省、自治区、直辖市人民政府农业、林业行政主管部门同意后可以引种”。第十七条第一款规定“应当审定的农作物品种未经审定通过的，不得发布广告，不得经营、推广”。第七十四条第三项规定“（三）主要农作物是指稻、小麦、玉米、棉花、大豆以及国务院农业行政主管部门和省、自治区、直辖市人民政府农业行政主管部门各自分别确定的其他1至2种农作物”。玉米、水稻是主要农作物，其种子必须经过国家级或省级审定，且只能在审定公告明确的适应生态区域经营推广。“玉农1号”玉米种子、“玉稻8号”、“玉稻9号”水稻种子只经过了其他省、市的品种审定，未经过国家级或Q省省级审定，也未经Q省省级农业行政主管部门同意引种，其在Q县的经营行为，应当认定为经营未经审定主要农作物种子。农业部《关于种子审定及试验、示范、推广与经营行为界定问题的复函》（农政函〔2001〕3号）中明确规定“以‘示范用种’的名义销售种子的，应当认定为经营、推广行为”。当事人在明知主要农作物种子未经全国审定或Q省省级审定、引种不能在Q省销售的情形下，以“试验示范”为由，引进“玉农1号”

玉米种子、“玉稻8号”、“玉稻9号”水稻种子进行大量推广,其行为不能认定为试验示范,应认定为违法经营。

在本机关立案调查后,当事人积极召回了部分已调到分公司及委托经营户的种子,经过证据核对和核实库存种子数量,本机关采纳当事人意见,认定其召回部分为非经营行为。综上,当事人销售未经审定“玉农1号”玉米种子和“玉稻9号”、“玉稻8号”水稻种子的数量、违法所得,以当事人直接销售和批发后未召回的部分予以认定。

对当事人提出其经营的“玉农1号”玉米种子在J、D、Y、S等地已被处罚,若Q县农业局再对其进行处罚存在一案两处的问题。本机关认为,J、Y、S等县对其在当地经营户的查处与本案不存在一案二罚的问题,但其违法行为已被当地农业行政主管部门处罚,本机关不再处理。D县种子公司是一独立的企业法人,其经营“玉农1号”玉米种子的违法行为应由其独立承担法律责任。D县农业局依法追究的是D县种子公司的法律责任。当事人销售“玉农1号”玉米种子给D县种子公司的行为与D县农业局所查处D县种子公司的行为不是同一违法行为,是不同主体的不同行为,应分别承担相应法律责任。

依照《种子法》第六十四条“违反本法规定,经营、推广应当审定而未经审定通过的种子的,由县级以上人民政府农业、林业行政主管部门责令停止种子的经营、推广,没收种子和违法所得,并处以一万元以上五万元以下罚款”之规定,责令当事人停止经营未经审定的“玉农1号”玉米种子、“玉稻8号”、“玉稻9号”水稻种子,并作出如下处罚决定:

1.没收经营未经审定的“玉农1号”玉米种子及违法经营“玉稻9号”、“玉稻8号”水稻种子的违法所得63 225元;

2.没收库存的500公斤“玉农1号”玉米种子、130公斤“玉稻8号”水稻种子;

3.处罚款2万元。

当事人必须在收到本处罚决定书之日起15日内持本决定书到××银行Q县支行缴纳罚没款51 400元(其中:违法所得31 400元,罚款2万元),逾期不按规定缴纳罚款的,每日按罚款数额的3%加处罚款;并将没收的30 500公斤“玉农1号”玉米种子、130公斤“玉稻8号”水稻种子于20日内交至本机关。

当事人对本处罚决定不服的,可以在收到本处罚决定书之日起60日内向Q

县人民政府或Q市农业局申请行政复议;或者在3个月内依法向Q县人民法院起诉。行政复议和行政诉讼期间,本处罚决定不停止执行。

当事人逾期不申请行政复议或提起行政诉讼,也不履行本行政处罚决定的,本机关将依法申请人民法院强制执行。

Q县农业局(印章)

2012年5月15日

三、农业行政处罚决定的法律效力

农业行政处罚决定文书应当在宣告后当场交给当事人;当事人不在场的,农业行政处罚机关应当在七日内,将处罚决定文书送达行政相对人。行政处罚决定书一经送达即产生相应的法律效力。

(一)确定力

确定力是指行政处罚依法作出后,非依法律规定的程序不得随意变更与撤销。确定力可以分为形式上的确定力和实质上的确定力。形式上的确定力是指行政处罚决定作出后一定期间内,被处罚的当事人没有表示异议,也没有向复议机关申请行政复议或者向人民法院提起行政诉讼请求变更或撤销行政处罚决定,在法定期间过后即认为行政处罚决定合法适当,确定生效,而不能变动。实质上的确定力是指行政处罚决定正式生效后,其内容非依法定程序不能再变动,就作出处罚决定的行政机关而言,不能对同一违法行为,依同一事实和同一法律依据再作出另一次处罚决定;就被处罚的当事人来说,也不能就同一事项请求变更。

(二)拘束力

拘束力是指行政处罚决定的约束效力。包括两个方面:一是对行政机关自身的拘束力。行政处罚决定作出后,无论是实施行政处罚的行政机关,还是其上级机关或其他行政机关,在该处罚决定未被合法变更或撤销之前,都要受其拘束;二是对被处罚的当事人的拘束力。行政处罚决定是行政机关代表国家作出的行为,所以这一行为所指向的当事人必须服从,必须完全实际地履行行政处罚决定所设定的义务。

(三)执行力

执行力是指行政处罚行为生效后,行政主体依法有权采取一定手段,使行政处罚行为的内容得以强制实现的一种法律效力。执行力的理解应包括以下几个方面:具体行政行为为当事人设定了义务;当事人在法定期限内对具体行政行为不申请复议、不提起诉讼又不执行,行政处罚已经生效;行政机关可以依照法定程序申请人民法院强制执行或自己依法强制执行行政处罚决定的有关内容。

四、农业行政处罚办案时限

《农业行政处罚程序规定》第41条明确规定了办案时限,即农业行政处罚案件应自立案之日起3个月内作出处罚决定并送达当事人;特殊情况下,经上一级农业行政处罚机关批准农业行政处罚案件作出处罚决定的时限可延长至1年。

在计算农业行政处罚办案时限时,应注意在出现特殊情形的时候农业行政处罚办案时限计算中断,待特殊情形消除后再继续计算。主要有以下几种情形:

(1)对案件的有关事项、物品应当由鉴定机构进行专业鉴定。《农业行政处罚程序规定》第41条第2款规定:对专门性问题需要鉴定的,所需时间不计算在办案期限内;

(2)行政违法人逃避调查,致使农业行政处罚机关的调查不能完成,裁决无法做出;

(3)行政违法案件的调查需要由其他机关配合进行;

(4)对案件要适用的法律法规规章的理解不明或发生争议,呈报有权机关进行解释;

(5)农业行政处罚机关的裁决必须以其他裁决为基础。

第八章
送 达

农业行政处罚中的送达，是指农业行政处罚机关依照相关规定，将农业行政处罚文书或其他对相对人产生法律效力或具有法律意义的法律文书送交行政相对人的一种程序性法律行为。送达是公民、法人或其他组织知悉具体行政行为的基本渠道，它不仅关系到当事人知情权、陈述申辩权、提起行政复议或行政诉讼等权利的实现，同时直接影响到行政处罚程序的顺利进行。法律文书未经送达相对人不对相对人发生法律效力。根据《中华人民共和国行政处罚法》第 40 条规定："行政处罚决定书应当在宣告后当场交付当事人；当事人不在场的，行政机关应当在七日内依照民事诉讼法的有关规定，将行政处罚决定书送达当事人。"《行政复议法实施条例》规定，行政机关作出具体行政行为，依法应当向有关公民、法人、其他组织送达法律文书但是没有送达的，视为该公民、法人、其他组织不知道该具体行政行为。从形式上看，送达是农业执法人员向收件人交付某种文件，实质上则是农业行政处罚机关的告知行为，是农业行政处罚活动的一个重要环节。

一、送达的特征

送达具有以下四个方面的特征:

1. 送达是处罚机关的职权行为,相对人或其他参与人向农业主管机关送交文件的行为不属于送达。

2. 送达应当按照法定的方式和程序进行。《农业行政处罚程序规定》对此作了明确具体的规定,未按照法定程序和方式进行送达的不产生送达的法律效力。

3. 送达的内容是需要交给当事人和其他参与人的法律文书,包括《当场行政处罚决定书》、《查封(扣押)通知书》、《责令改正通知书》、《行政处罚事先告知书》、《行政处罚听证会通知书》、《行政处罚决定书》等。

4. 送达的对象是公民个人,也可是机关单位。其意义不仅在于将有关文书交给受送达的当事人和其他参与人,让其了解文书的内容,以使其据此行使自己的合法权利,履行应尽义务,更重要的是送达行为本身包含了一定的法律后果。这种法律后果因送达法律文书的种类不同而不同。如行政处罚决定送达给相对人后,将对相对人产生法律效力,相对人应当履行该决定所确定的义务;相对人如果不服,则可以提起行政复议或行政诉讼,寻求救济。相对人如果在法定期限内没有启动救济程序,也不履行该行政决定所确定的义务,作出行政处罚决定的行政机关可以依职权或申请人民法院强制执行。此外,受送达人接到行政机关送达的法律文书后,若无正当理由未按行政机关的要求实施一定行为,即须自行承担相应的法律后果。譬如,当事人要求听证的,应当在收到《行政处罚事先告知书》之日起 3 日内向听证机关提出,当事人若未按期提出申请并且未事先说明理由的,视为放弃听证权利。

二、送达方式

根据《农业行政处罚程序规定》,送达农业行政处罚文书的方式,主要有以下五种：

（一）直接送达

直接送达，又称交付送达，是将需送达的法律文书直接交付给受送达人或其指定的代收人签收的一种送达方式。直接送达是送达方式中最基本的方式，凡是能够直接送达的，就应当直接送达，以防止拖延行政处罚的执行。只有在直接送达确有困难时，方可酌情使用其他适宜的送达方式。直接送达的形式，既包括行政机关工作人员"亲自"向被送达人送达，也包括行政机关通知被送达人到行政机关"领受"送达，还包括行政机关委托其他机关或者个人将行政文书"亲自"交给被送达人。无论哪种方式，只要被送达人在行政机关出具的与执法文书随行的送达凭证上签字，就视为其接受了直接送达。《农业行政执法文书制作规范》规定，行政处罚机关交付当事人的执法文书中设有签收栏的，由当事人直接签收；文书中没有设签收栏的，应当使用送达回证，由当事人在送达回证上记明收到日期，签名或盖章。当事人在送达回证上的签收日期，即为送达日期。

直接送达应将送达文书交给受送达人本人签收。受送达人是公民的，在其本人不在时，可以交给其成年家属或者所在单位代收；受送达人已经指定代收人的，可以交代收人签收；受送达人是法人或其他组织的，可交法人的法定代表人、该组织的主要负责人或者办公室、收发室、值班室等负责收件的人员签收。直接送达应注意代收、代签的问题，如果代收人、代签人没有取得被送达人的委托，也没有授权委托书，则其送达凭证将因为没有被送达人亲自签名而在发生行政争议时起不到证明的作用。实践中，应尽可能直接送达本人，避免图一时之快，而在以后的复议或诉讼中面临更多麻烦。

（二）留置送达

留置送达是指受送达人本人或者代收人无正当理由而拒绝接收农业主管部门对其送达的行政处罚文书或者拒绝签名、盖章时，送达人员依法将处罚文书放置在受送达人的住所或其收发部门并产生送达法律效力的送达方式。留置送达必须具备一定条件，即受送达人或代收人拒绝接收处罚文件或者拒绝签名、盖章时才可以采用。找不到受送达人,同时也找不到代收人时,不能采用留置送达方式。

根据《农业行政处罚程序规定》,当事人或代收人拒绝接收、签名或盖章的,送达人可以邀请有关基层组织或者其所在单位的有关人员到场,说明情况,把《行政处罚决定书》留在其住处或者单位,并在《送达回证》上记明拒绝的事由、送达的日期,由送达人、见证人签名或者盖章,即视为送达。处罚文书的留置送达与直接交给收件人或代收人具有同样的法律效力。2012 年 8 月 31 日第十一届全国人民代表大会常务委员会第二十八次会议《全国人民代表大会常务委员会关于修改〈中华人民共和国民事诉讼法〉的决定》(第二次修正)对送达作出了新的规定,修改后的《中华人民共和国民事诉讼法》第 86 条规定:"受送达人或者他的同住成年家属拒绝接收诉讼文书的,送达人可以邀请有关基层组织或者所在单位的代表到场,说明情况,在送达回证上记明拒收事由和日期,由送达人、见证人签名或者盖章,把诉讼文书留在受送达人的住所;也可以把诉讼文书留在受送达人的住所,并采用拍照、录像等方式记录送达过程,即视为送达。"

(三)委托送达

委托送达是指有管辖权的农业行政处罚机关直接送达行政处罚文书有困难时(譬如当事人不在本行政区域并且距离较远),依法委托受送达人所在地的农业行政处罚机关代为送达的一种方式。负责审查该行政违法行为并作出处罚决定的农业行政机关称为委托机关,接受送达任务的机关称为受托机关。

依据《农业行政处罚程序规定》,送达的行政机关可以委托其他机关代为送达处罚文书。委托送达的程序一般是,委托机关应当将委托函、送达的处罚文件及送达回证送收件人所在地的行政机关,受托机关收到委托送达的文件时,应当登记,并由专人及时送交收件人,然后将当事人签收后的送达回证及时退回委托送达的行政机关,当事人签收日期为送达日期。实践中,委托机关应及时督促受托机关送达并寄回由当事人签收的送达回证;受托机关无法送达时,应当将不能送达的原因及时告知委托机关,并将送达文件及送达回证退回。

（四）邮寄送达

邮寄送达是指农业行政机关将需要送达的处罚文书，通过邮局以挂号、特快专递等形式邮寄给受送达人的送达方式。邮寄送达与委托送达之间是平行选择关系，它们的适用前提都是行政处罚机关“直接送达农业行政处罚文书有困难”，因此，相关机关既可以选择委托送达，也可以选择邮寄送达，而且在实践中大多选择邮寄送达。以下情况不适用于邮寄送达：直接送达当事人拒收的，适用留置送达；当事人下落不明的，适用公告送达。依照《农业行政处罚程序规定》邮寄送达的，挂号回执上注明的收件日期为送达日期。这里需要注意的是，送达机关应妥善保存邮寄的证明，以确定送达文书的时间并作为证据保存。目前，邮政特快专递邮件的网上查询时间为 6 个月，其他形式的特快专递也都有查询时间的限制，逾期未能在网上下载证明信息的，将无法有效证明邮寄送达的时间。这里需要注意两点：一是邮政凭证的形式可能多样，如特快专递的签收凭证等，而不限于名为“邮政签收单”的邮政凭证；二是邮政的范围不限于传统的邮局，也包括目前在城市里比较通行的同城快递、“小红马”等。至于没有邮政经营资格的单位或个人能否邮寄行政机关的法律文书，不应从邮政管理法的角度寻求答案，而应从委托送达角度考虑。

邮寄送达是一种方便，高效的送达方式，但也存在一定的弊端，例如，受送达人提供的住址不准确或受送达人及其家庭成员下落不明等情况，处罚文书未能送达，寄出与收到回执、退回邮件之间有时间差。在此期间，如果受送达人及利害关系人转移、隐匿、变卖、毁损财产或者有损害日后执行程序的行为，就会给受送达人、被执行人以可乘之机。再如，未能送达或当事人拒收的，邮送人员不能采取留置、公告等送达方式，还需要送达机关再次送达，造成了不必要的耽搁。2005 年 1 月 1 日，最高人民法院下发的《关于以法院专递方式邮寄送达民事诉讼文书的若干规定》正式实施。“法院专递”以现有的特快专递网为基础，进一步提高了送达的效率，降低了直接送达的成本，与一般的邮寄送达相比，更为快捷、便民，是对邮寄送达方式的规范和完善，可为行政机关借鉴。

(五)公告送达

公告送达是指在受送达人下落不明或者用上述方式无法送达的情况下,农业行政机关以张贴公告、登报等办法将处罚文书公诸于众,经过一段时间,法律上即视为送达的一种特殊方式。根据《农业行政处罚程序规定》公告送达的,自发出公告之日起经过六十天,即视为送达。公告可以在农业行政主管机关的公告栏、受送达人原住所地张贴,也可以在报纸上刊登。对公告送达方式有特殊要求的,应按要求的方式进行公告。适用公告送达应注意两个问题:一是依法送达,不得滥用,具备直接送达条件的,尤其是行政决定的直接相对人,原则上应直接送达;如果行政机关没有执法依据而采用公告送达的,相对人依法可被视为不知道具体行政行为,而使其拥有无限期的行政复议申请期限;二是行政决定可能影响直接相对人以外的其他利害关系人而不能直接送达的,可以采取公告的方式送达,但公告的方式必须适当,公告期限应当充分,同时应当在案卷中记明公告送达的原因和经过。

此外,2012年8月31日第十一届全国人民代表大会常务委员会第二十八次会议《关于修改〈中华人民共和国民事诉讼法〉的决定》(第二次修正)规定:"经受送达人同意,人民法院可以采用传真、电子邮件等能够确认其收悉的方式送达诉讼文书,但判决书、裁定书、调解书除外。采用前款方式送达的,以传真、电子邮件等到达受送达人特定系统的日期为送达日期。"根据上述新规定,农业行政执法人员在直接送达相关文书时,可根据实际情况把文书留在受送达人住所,并采用拍照、录像等方式记录送达过程,发生送达的效力。

★《送达回证》

1. 文书概述

《送达回证》是指农业行政处罚机关将执法文书送达当事人的回执证明文书。它是农业行政主管机关依法制作的,用于证明受送达人已经收到所送达的法律文书的书面凭证。

《送达回证》是在农业行政机关将法律文书送达给当事人或有关人员时使

用。农业行政处罚法律文书送达回证的制作和使用应当以《行政处罚法》、《农业行政处罚程序规定》为依据，参照《农业行政执法文书制作规范》进行。农业行政机关在制作了法律文书后，将该文书送达给当事人时，需要使用《送达回证》。送达有直接送达、留置送达、委托送达、邮寄送达和公告送达等方式，除公告送达以外，其他几种送达方式都可以使用《送达回证》。

2. 内容要求

(1) 首部

①案由。要求写明违法行为类型。如涉嫌生产假农药案或经营假种子案等。需要注意的是，在案件的不同阶段，案由的填写应有所区别。在立案和调查取证阶段，此时案件尚未定性，应写明是“涉嫌”某案；而在处罚决定阶段，此时案件已经查清，不应再以“涉嫌”来写。

②受送达人名称或姓名。

③送达单位。即具体的农业行政处罚机关。

④送达地点。写明送达行为发生地。地点应尽可能具体、明确，如“某某县农业局三楼第一会议室”。

(2) 正文

①送达文书。要求写明送达文书名称。送达的文书包括《行政处罚事先告知书》、《行政处罚听证会通知书》、《行政处罚决定书》等。注意文书的文号不能遗漏，否则将难以确定所送达文书的内容。

②送达人。“送达人”是指处罚机关的执法人员或处罚机关委托的有关人员。

③收到日期。写明当事人收到送达文书日期，年、月、日均不可欠缺。

④收件人签名。要求由被送达单位(人)签字或盖章；“收件人”不是当事人时，应当在备注栏中注明其身份及其与当事人的关系。

(3) 尾部

采取留置送达的，在被送达人拒收文书的情况下，应当邀请在场的其他人在备注一栏中签字，并注明情况。当然，也可以备注其他需要注明的事项。在当事人当场放弃听证请求的情况下，如果当事人在此栏里注明，则可以尽快制作并下发行政处罚决定书，提高工作效率。

3. 注意事项

(1)《送达回证》制作要规范。包括有送达文书名称、送达地点、送达方式、被送达人签名、送达人签名等。文书设定的栏目,应当逐项填写,不得遗漏和随意修改。无须填写的,应当用斜线划去。如果一个《送达回证》送达两个以上文书,则每一个文书后都应有收件人的签名,不能仅在最后一个文书后面签名。

(2)代收的应当注明代收理由及代收人签名。受送达人拒收的,应当注明拒收理由和日期,有见证人的,应由见证人签名或盖章。

(3)公告送达。行政处罚决定或者其他法律文书无法直接送达当事人的,可以适用公告送达,适用公告方式送达行政处罚法律文书的,应当将已经发布公告的事实证据收入行政处罚案卷。

(4)一份《送达回证》可以用来送达多份执法文书,即可以"一证多用"。值得注意的是,每份执法文书的名称和文号都要齐全,不要遗漏,以免发生混淆;同一时间送达多份执法文书的,收件人应在每份文书后面签收,而不可只在第一份执法文书后签收。

实践中,对于如何区分送达人、送达单位、受送达人和收件人四者的关系,还存在一定的模糊认识。区别他们的相互关系,有以下四点:第一,送达单位和送达人是"单位"和"个人"的关系,送达单位是所送达文书印章单位,一般是农业行政机关,如某某县(市)农业局;送达人一般是送达单位的执法人员,应是具体的某个个人。第二,受送达人和收件人应具有"委托"和"代表"的关系,受送达人是个人的,收件人应是本人;第三人作为收件人的,应具有受送达人的委托。受送达人是法人或其他组织的,收件人应是法定代表人或主要负责人(实践中多以印章的形式出现),该单位内部其他人作为收件人的,应明确其职位和身份;单位以外的他人作为收件人的,应具有受送达人的委托。第三,送达单位和受送达人是"行政主体"和"行政相对人"的关系,送达单位是处罚机关,受送达人是被处罚对象。第四,送达人和收件人是送达行为的两个具体承办人。

4. 文书范例

送达回证

案由	无证生产玉米杂交种子案				
受送达人	××××科技有限责任公司				
送达单位	××市农业局				
送达文书及文号	送达地点	送达人	送达方式	收到日期	收件人签名
行政处罚决定书：×农（种）罚〔2006〕第15号	××××科技有限责任公司总经理办公室	吴××	直接送达	二〇〇六年五月十六日	魏××
（以下空白）					
备注	魏××系××××科技有限责任公司总经理				

第九章
执 行

一、概述

执行是行政处罚的最后一道程序,也是使行政处罚权得以实现的关键程序。行政处罚只有得到确实的执行才能达到惩罚违法、教育群众、维护社会公共秩序和公共利益的目的。

(一)执行的特征

农业行政处罚执行程序具有以下三个方面的特征:

一是执行的合法性。即执行机关必须具有合法的执行权,执行对象必须是已经发生法律效力的行政处罚决定,执行活动必须依照法律规定的执行程序进行等。

二是执行的时限性。即指农业行政处罚机关的行政处罚决定一经发生法律效力,就应当迅速执行,任何组织、团体和个人都无权阻止和拖延。执行时限对当事人和农业行政处罚机关都有拘束力,对当事人来说,在法定期限内不执行将会导致被强制执行;农业行政机关没有行政强制执行权,行政机关只能申请人民法院强制执行。超过一定时限不申请人民法院强制执行的,除非有正当理由,将导致法院不予受理的后果。执行时限是及时执行的保证,只有及时、有效地执行处罚决定,才能使违法者得到应有的惩罚和教育,使国家利益和公民权利得到保护。反之,无故干扰和拖延执行,就会造成难以挽回的后果,或者使行政机关的处罚决定丧失严肃性和权威性,使法律文书成为一纸空文。

三是执行的强制性。执行的强制性是指已经发生法律效力的决定具有法律上的约束力,相关的组织、团体或个人都应当无条件地执行。尤其是被处罚人,无论其是否同意处罚决定所确定的内容,都应当无条件地执行,如果抗拒执行,情节严重的,应追究其法律责任。农业行政处罚机关是代表国家依据法律对公民、法人或其他组织的违法行为作出处理决定,因此,行政处罚决定书经送达后即具有法律效力,并由国家强制力保证其执行。

处罚决定具体有两种实现方式,即自觉履行和强制执行。其中,强制执行包括行政强制执行和申请人民法院强制执行,但是对于农业行政处罚决定的强制执行来说,只有申请人民法院强制执行一种方式,本章主要阐述申请人民法院强制执行的相关制度内容。

(二)执行的原则

执行原则是指导和规范农业行政处罚执行程序的基础性规范。农业行政处罚执行程序应当遵循下述原则:

1. 申诉不停止执行原则

行政处罚决定依法做出后,当事人应当在行政处罚决定的期限内予以履行。当事人对行政处罚决定不服申请行政复议或者提起行政诉讼的,除法律另有规定外,行政处罚不停止执行。

当事人申请复议或者起诉后,使行政处罚决定面临被撤销或者被变更的可能,暂时不能取得最终的法律效力,但这并不影响行政处罚决定的先行执行力。这是由国家行政管理所具有的公共性、连续性和紧迫性特点以及具体行政行为的效力先定特点决定的。从实践上来看,如果行政处罚决定在行政复议或行政诉讼过程中停止执行,那么受处罚的行政相对人就会随心所欲地申请复议或无休止地提起行政诉讼,使行政处罚决定永久不能生效,这样行政法律秩序就会处于不稳定状态,国家利益和社会公共利益就会不可避免地遭受损害。因此,在复议机关做出复议决定或人民法院没有做出判决之前,该行政处罚决定仍然有效,对农业行政相对人仍然具有约束力,当事人必须认真执行。这一原则有利于提高行政效率,也有利于预防受处罚的当事人借复议或者诉讼而逃避履行法定义务。

当然,这一原则也有例外情形,《行政处罚法》第 45 条规定:“当事人对行政处罚决定不服申请行政复议或者提起行政诉讼的,行政处罚决定不停止执行,法律另有规定的除外。”这里的法律,仅指全国人民代表大会及其常务委员会通过的法律,不包括法规、规章。也就是说,法规、规章及其他规范性文件都不得做出停止执行行政处罚决定的规定。根据《行政复议法》第 21 条规定,具有下列情形之一的,具体行政行为在行政复议期间可以停止执行:①被申请人认为需要停止执行的;②行政复议机关认为需要停止执行的;③申请人申请停止执行,行政复议机关认为其要求合理,决定停止执行的;④法律规定停止执行的。根据《行政诉讼法》第 44 条的规定,具有下列情形之一的,具体行政行为在诉讼期间停止执行:①被告认为需要停止执行的;②原告申请停止执行,人民法院认为该行政处罚决定的执行会造成难以弥补的损失,并且停止执行不损害社会公共利益,裁定停止执行;③法律、法规规定停止执行的。

2. 罚缴分离原则

为了限制滥设处罚、乱施处罚等行政专横和滥用职权的现象,以保护行政相对人的合法权益,防止执行处罚的人员乱施处罚,将罚没款据为己有,损害国家利益,败坏政府及其部门的声誉,《行政处罚法》在规定行政处罚设定权法定的原则的同时,确立了作出罚款决定的机关和收缴罚款的机构相分离的原则,除依法当场收缴的罚款外,作出行政处罚决定的行政机关及其执法人员不得自行收缴罚款。为实施罚款决定与罚款收缴分离,加强对罚款收缴活动的监督,国务院出台的《罚款决定与罚款收缴分离实施办法》专门对此作出了规定。罚款的行政处罚决定由法定的享有行政处罚权的行政机关做出,当事人自己持行政处罚决定书及缴纳罚款通知书在规定的时间内到指定的金融机构缴纳罚款。行政机关可以指定银行作为收受罚款的专门机构，当事人到指定的银行缴纳罚款，银行应当收受罚款，并将罚款直接上缴国库。

处罚决定与罚款收缴相分离，在实践中对规范执法行为具有重要意义。自罚自收有很大的弊病，容易造成滥罚款的问题。采取罚缴两条线，有利于避免农业行政处罚机关罚款的随意性，促进依法行政。同时，这一制度还有利于消除被处罚人的误解和抵触情绪，被处罚人直接到银行缴纳罚款，对处罚比较容易接受，能更好地达到教育被处罚人的目的。

（三）执行的内容

缴纳罚款

（1）当场收缴罚款

农业执法面广量大，实践中存在很多特殊情况。为了减少执法成本、方便被处罚人、保证罚款决定的执行，《农业行政处罚程序规定》规定了当场收缴罚款的三种情况：

①依法给予20元以下罚款的。这种情况下，当事人的违法行为比较轻微，事实比较简单，罚款额度不大，如果采用当事人到银行交纳罚款的办法，执法成本较高，浪费社会资源。

②不当场收缴事后难以执行的。要注意的是，这种情况下的收缴数额限制在“对公民处以50元以下、对法人或者其他组织处以1000元以下的罚款”。《行政处罚法》对什么情况属于“不收缴事后难以执行的”没有作出规定，一般来讲，主要是针对流动性人口实施违法行为而作出的罚款处罚，如果其不自觉交纳罚款，执法机关客观上无法对其进行强制执行，或者进行强制执行可能增加许多不必要的困难。

③在边远、水上、交通不便地区，农业行政处罚机关及其执法人员依照本规定第22条、第39条的规定作出罚款决定后，当事人向指定的银行缴纳罚款确有困难，经当事人提出，农业行政处罚机关及其执法人员可以当场收缴罚款。在边远、水上、交通不便地区，一般银行网点少、地理位置偏僻、交通十分不便，如果要求被处罚人到指定银行缴纳罚款，对被处罚人确有困难，给实际执行造成不必要的麻烦，也背离了罚缴分离制度的初衷。为了保

证严肃执法和方便被处罚人执行罚款决定,被处罚人可以向农业执法人员提出当场缴纳罚款,农业执法人员可以当场收缴罚款。

当场收缴罚款的具体程序如下:

①出具罚款收据。农业行政处罚机关及其执法人员当场收缴罚款的,应当向当事人出具省级财政部门统一制发的罚款收据,不出具财政部门统一制发的罚款收据的,当事人有权拒绝缴纳罚款。这样规定,主要是为了防止不开或乱开罚款票据从而导致罚款不入账或者不上缴国库,防止滥罚款以及截留、挪用、贪污罚款。《行政处罚法》规定,对当事人进行处罚不使用罚款单据或者使用非法定部门执法的罚款单据的,对直接负责的主管人员和其他直接责任人员依法给予行政处分。

②罚款的缴付。农业执法人员当场收缴罚款,在性质上属于代收。为了既监督农业执法人员的执法行为,又方便农业执法人员的工作,《农业行政处罚程序规定》第 57 条规定:“执法人员当场收缴的罚款,应当自返回行政处罚机关所在地之日起 2 日内,交至农业行政处罚机关;在水上当场收缴的罚款,应当自抵岸之日起 2 日内交至农业行政处罚机关;农业行政处罚机关应当在 2 日内将罚款交至指定的银行。”这里所规定的 2 日,是指 2 个工作日。如果期满日期是节假日时,节假日后的第 1 个工作日为期满日期。

(2)银行代收罚款

银行代收罚款是由罚缴分离原则所确定的。《农业行政处罚程序规定》第 53 条规定,农业行政处罚机关不得自行收缴罚款,应在处罚决定书中告知当事人向指定的银行缴纳罚款,并注明指定银行的名称、地址和当事人应当缴纳的罚款数额、期限等。当事人应当自收到行政处罚决定书之日起 15 日内,按照缴纳罚款通知书的要求到指定的银行缴纳罚款。

在正常的行政处罚的罚款收缴程序之外,《行政处罚法》允许有特殊经济困难的当事人暂缓或分期履行罚款义务。《农业行政处罚程序规定》第 61 条规定:“当事人确有经济困难,需要延期或者分期缴纳罚款的,当事人应当书面申请,经作出行政处罚决定的机关批准,可以暂缓或者分期缴纳。”首先,当事人应当向作出罚款决定的处罚机关提出书面申请,说明不能按期缴纳罚款的原因和理由,并提出申请延期的期限或者缴纳罚款的次数。其次,处罚机关收到申请后，应当进行严格审查，确定其是否具有履行罚款的能力。最后，处罚机关经过审查，认为理由不成立的，应当驳回申请；认为申请理由成立的，应当作出批准延期或者分期缴纳的决定并制作决定书。在决定书中，注明延期缴纳罚款的时间以及分期缴纳罚款的不同期次和时间。这里需要特别指出的是，当事人到期不缴纳罚款的，农业行政处罚机关可以每日按罚款数额的3%加处罚款。

（3）加处罚款最高限额

处罚决定书有罚款内容的，如果当事人未及时缴纳罚款处罚机关决定加处罚款时，加处罚款最高不得超过罚款金额。《行政强制法》第45条规定："行政机关依法作出金钱给付义务的行政决定，当事人逾期不履行的，行政机关可以依法加处罚款或者滞纳金。加处罚款或者滞纳金的标准应当告知当事人。加处罚款或者滞纳金的数额不得超出金钱给付义务的数额。"

二、催告程序

催告程序是强制执行前不可缺少的程序。依照《行政强制法》规定，行政机关申请人民法院强制执行前，应当催告当事人履行义务。依法制作催告书并送达当事人。催告书要载明履行义务的期限、履行义务的方式，涉及金钱给付的，应当有明确的金额和给付方式、当事人依法享有的陈述权和申辩权等内容。催告书送达10日后当事人仍未履行义务的，行政机关可以向所在地有管辖权的人民法院申请强制执行；执行对象是不动产的，向不动产所在地有管辖权的人民法院申请强制执行。申请人民法院强制执行之前，行政机关都应当事先履行催告程序，缺乏催告程序，行政强制就违反了《行政强制法》的要求。催告程序是保障当事人权利的重要手段，同时也可以起到催告当事人及时履行行政处罚内容的作用，催告程序兼顾了效率和权利保障的双重功效。

当事人收到催告书后有权进行陈述和申辩。行政机关应当充分听取当事人的意见，对当事人提出的事实、理由和证据，应当进行记录、复核。当事人提出的事实、理由或者证据成立的，行政机关应当采纳。

★《履行行政处罚决定催告书》

1.文书概述

《履行行政处罚决定催告书》是指农业执法机关在作出行政处罚决定后申请强制执行前,催告当事人履行义务的法律文书。

2.内容要求

《履行行政处罚决定催告书》应当写明受移送单位(个人)名称、处罚决定的内容、履行义务的期限、履行义务的方式,以及告知当事人依法享有的陈述权和申辩权等。

3.注意事项

(1)采用书面形式;

(2)制作送达回证,当事人拒绝接收或者无法直接送达当事人的,应当依照《民事诉讼法》的有关规定送达。

履行行政处罚决定催告书

×农　催〔　　〕　号

________________:

本机关于　　年　　月　　日送达你(单位)行政处罚决定书(　　罚〔　　〕　　号),你(单位)在法定期限内未履行行政处罚决定,现依法催告你(单位)履行义务。请你(单位)自收到本催告书之日起十日内到　　　　　　缴纳罚(没)款　　　　元。如有陈述申辩意见,请在催告期内向本机关书面提出。无正当理由逾期仍不履行义务,本机关将依法申请人民法院强制执行。

××县农业局(印章)

年　月　日

执法机关地址:

联系人:　　　　　电话:

三、申请法院强制执行

当事人在法定期限内对行政处罚决定不提起行政复议、行政诉讼又不履行的，农业行政处罚机关可以申请人民法院予以强制执行。根据《行政诉讼法》相关规定，农业行政处罚的强制执行，必须具备下列条件：

(1)申请人是作出行政处罚决定的农业行政处罚机关；

(2)被申请人是行政处罚决定所指的义务人；

(3)农业行政处罚决定已经生效并具有可执行的内容；

(4)被申请人在法定期限内未履行行政处罚决定书确定的义务；

(5)申请人在法定期限内提出申请；

(6)申请执行的行政案件属于受理申请执行的人民法院管辖。

农业行政处罚机关申请人民法院强制执行行政处罚决定的，应当在当事人的法定起诉期限届满之日起 180 日内提出。逾期申请的，除有正当理由外，人民法院将不予受理。农业行政处罚机关申请人民法院强制执行的，应当向本机关所在地的基层人民法院申请；执行对象如果为不动产，应向不动产所在地的基层人民法院提出申请。提出申请时，农业行政处罚机关应当提交申请执行书、行政处罚决定书、被执行人的财产状况及其他有关材料。农业行政处罚机关在申请人民法院强制执行前，如果有充分理由认为被执行人可能逃避执行的，可以申请人民法院采取财产保全措施。人民法院受理强制执行的申请后，应当在 30 日内就是否准予强制执行作出裁定；需要采取强制执行措施的，由法院的专门机构执行。

★《行政处罚强制执行申请书》

1. 文书概述

《行政处罚强制执行申请书》是农业行政机关申请强制执行时必须向人民法院提交的一种法律文书。

2. 内容要求

由于《农业行政处罚程序规定》没有将其作为农业行政处罚基本文书之一，

该文书目前并没有统一的格式。实践中,《行政处罚强制执行申请书》一般应具备以下四个方面的内容:一是申请人与被申请人的基本信息;二是作出《行政处罚决定书》并送达的情况;三是当事人未履行行政处罚决定的事实情况;四是申请强制执行的理由和需要人民法院强制执行的内容。

3. 文书范例(参考)

行政处罚强制执行申请书

畜(饲)罚〔×××〕××号

××县人民法院:

××畜牧发展有限公司未取得生产许可证生产饲料添加剂一案,我局已于××年××月××日将畜(饲)罚〔×××〕××号行政处罚决定书送达被申请人。被申请人在法定期间内既未申请行政复议,也未向人民法院起诉,被申请人至今仍未按照行政处罚决定履行相应的义务。根据《中华人民共和国行政处罚法》第五十一条规定,特向贵院申请强制执行。具体请求如下:

请求强制履行2万元罚款。

附:(相关法律文书及法院有关规定明确需同时附送的材料)

××县农业局(印章)

××年××月××日

四、处理涉案财物

在农业行政处罚中,对违法物品和非法财物应当依法予以没收。对这些没收的违法物品和非法财物,除依法应当予以销毁的物品外(比如高毒农药必须依法销毁和作无害化处理),必须公开拍卖或者按照国家有关规定处理。处理所有涉案财物都应当制作《罚没物品处理记录》,没收非法财物拍卖的款项,必须全部上缴国库,任何行政机关或者个人不得以任何形式截留、私分或者变相私分。行政机关将截留、私分或者变相私分罚款、没收的违法所得或者财物的,财政部门或者有关部门应予以追缴,并对直接负责的主管人员和其他直接责任人员依法给予行政处分。

★《罚没物品处理记录》

1. 文书概述

《罚没物品处理记录》是指农业行政处罚机关对罚没物品依法进行处理的记载，是农业行政机关在依法罚没物品时做出处理的法律文书。

2. 内容要求

(1) 首部

应当载明对罚没物品处理的时间、地点。

(2) 正文

应当详细记录处理的罚没物品的名称、批号、规格、数量及具体的处理方式。

(3) 尾部

参与处理的执法人员应当在记录上签字。

3. 注意事项

(1) 注明准确、详细的时间和地点；

(2) 要记载被处理物品的名称、数量、来源、规格等信息，处理方式要明确，如上缴、移交、销毁、无害化处理等，处理的程序和结果也不可少；

(3) 应当有两名或两名以上农业行政执法人员签名。

4. 文书范例

罚没物品处理记录

时间：2007 年 9 月 20 日上午 10:00 至 10:30

地点：×××水泥厂

处理物品及处理方式：

950 支批号为 070301，规格为 0.1g/支的注射用头孢噻呋钠全部倒入×××水泥厂高炉中销毁。

（以下无内容）

执法人员签名：张×× 李××

执法机构负责人签名：

第十章
结案及归档

一般而言,在行政处罚案件办理过程中,当行政处罚机关完成案件立案、调查、处罚等所有的处理环节后,案件就进入完结阶段,应当及时结案。结案的主要标志是案件承办人制作《行政处罚结案报告》,并得到处罚机关负责人的批准。

一、结案

(一)结案的条件

行政处罚案件结案需要具备两个基本条件:

1. 行政处罚机关履行了相关的职责

在案件处理过程中,行政处罚机关根据法律赋予的权力,完成对案件事实的调查,准确适用法律,对需要给予行政处罚的当事人作出了处罚决定,对不需要给予行政处罚当事人作出不予行政处罚的决定,履行了相应的职责。

2. 案件中所有需要执行的内容都已经执行完毕

根据案件最终作出的处理决定,如果有需要执行的内容,应当执行完毕后才能结案。实践中，农业行政处罚决定的内容主要是通过被处罚人自动履行和农业行政处罚机关直接执行的形式来实现。在一些案件的执行过程中，由于被处罚人的不配合或者其他情况，农业行政处罚机关可能需要向人民法院申请强制执行。当人民法院受理强制执行申请后，应待人民法院执行完毕后再结案。

简单地说，结案的条件就是“案件该办的都办完了”。一般情况下，当案件办理完毕后，就应当及时结案，并立卷归档。如果结案后又出现当事人申请行政复议或者提起行政诉讼的情况，可以在案卷的备考表中注明相关情况及处理结果。

（二）结案的方式

执法实践中，执行结案是最常见也是最主要的结案方式。执行结案是指已经确定的行政处罚内容全部得到实现，从而完成案件处理的结案方式。在执行结案中，被处罚人、农业行政处罚机关和人民法院这三方面主体都可能参与其中：

1. 被处罚人自觉履行有关处罚内容。如处罚决定内容为罚款，被处罚人按期将罚款缴纳至指定机构；处罚决定内容为责令停止经营，被处罚人主动停止相应经营活动等。

2. 农业行政处罚机关直接执行有关处罚内容。如对被处罚人进行警告，没收涉案物品等。如果被处罚人不接受处罚，行政处罚机关还可以依照法律规定采取强制措施保证行政处罚决定的执行，如延迟加罚或者将查封、扣押财物拍卖抵缴罚款等。

3. 人民法院受理强制执行申请并执行。如果被处罚人不履行处罚决定，没有查封、扣押财物可供拍卖抵缴，或者拍卖款不足以抵缴罚款数额的，农业行政处罚机关可以向人民法院申请强制执行。

无论农业行政处罚案件以上述哪种方式实现行政处罚内容，只要处罚内容全部得到履行或者执行，就应当及时结案。

除了执行完毕结案外，执法实践中还有可能出现其他应当结案的情况。如由于客观原因，案件的处罚内容已经确定不可能执行，此时也应当写明原因,及时结案。例如,被处罚人死亡,且未留有任何遗产,造成处罚决定中的罚款等处罚内容无法继续执行的。

(三)制作《结案报告》

《农业行政处罚程序规定》第63条规定:“农业行政处罚案件终结后,案件调查人员应填写《行政处罚结案报告》,经农业行政处罚机关负责人批准后结案。”按照此条规定,办案人员应当在行政处罚案件结案时制作《行政处罚结案报告》,报农业行政处罚机关负责人批准。

★《结案报告》

1. 文书概述

《结案报告》是案件终结后,执法人员报请处罚机关负责人批准结案的文书。

2. 内容要求

(1)首部

载明案由、当事人姓名、立案和结案的时间。

(2)正文

应当对案件的办理情况进行总结,对给予行政处罚的,写明处罚决定的内容及执行情况;不予行政处罚的,应当写明理由。

(3)尾部

①执法机构意见:由执法机构负责人提出结案建议;

②处罚机关意见:由农业处罚机关的负责人作出是否结案的批示。

3. 注意事项

处罚决定情况应和行政处罚决定书的内容一致,执行情况记录应全面,列明每一项行政处罚种类的执行结果。

4. 文书范例

行政处罚结案报告

<table>
<tr><td>案　由</td><td colspan="3">未取得种子经营许可证经营种子案</td></tr>
<tr><td>当事人</td><td colspan="3">张××</td></tr>
<tr><td>立案时间</td><td>2012年8月16日</td><td>处罚决定
送达时间</td><td>2012年9月10日</td></tr>
<tr><td colspan="4">处罚决定：
张××未取得种子经营许可证经营种子一案已于2012年9月10日调查完毕，并下达农(种子)罚〔2012〕××号处罚决定书，责令其改正违法行为，并对其作出以下处罚：
1. 没收种子300公斤；
2. 没收违法所得1200元；
3. 处以违法所得一倍罚款，即1200元。
该决定书已于2012年9月10日送达张××本人。
执行情况：
1. 张××已经暂停经营种子，并开始申办种子经营许可证；
2. 涉案种子已依法没收，并转商处理，所得款项已上缴国库；
3. 张××已于2012年9月10日将违法所得和罚款共计2400元缴纳至指定银行。
该案相关处罚已经全部执行完毕，现申请结案。
执法人员签名：李××　王××
2012年9月24日</td></tr>
<tr><td>执法
机构
意见</td><td colspan="3">同意结案。
签名：赵××
2012年9月25日</td></tr>
<tr><td>执法
机关
意见</td><td colspan="3">同意结案。
签名：刘××
2012年9月25日</td></tr>
</table>

二、立卷归档

当处罚机关负责人批准结案后,办案人员应当及时收集与案件有关证据、文书、文件等材料,并按档案管理规定进行整理,制作案卷,移交归档,从而完成案件办理的全部环节。

(一)立卷归档的概念

1. 案卷的概念和条件

案卷是指行政执法主体实施行政执法行为所依据的证据、记录和法律文书等书面材料,根据一定的顺序组成的卷宗。案卷是行政执法行为作出过程和支持行政执法行为合法性的重要证据。法律之所以要求行政主体将行政行为的实施过程和依据形成为书面材料,一个重要的原因就是为了防止行政主体恣意行使行政职权。因此,正式的行政执法程序必须有案卷,这是依法行政的基本要求之一。

案卷应当具备如下条件:其一,收入案卷的材料必须与案件有关,且凡是与案件有关的材料必须是通过合法手段获得的,其中对行政相对人不利的证据必须已在行政程序中质证;其二,凡是行政主体在行政程序结束之后调取的证据或者其他书面材料,不得收入案卷,但不作为行政行为依据的,可以例外;其三,案卷形成于行政程序结束之后,且案卷一旦形成便具有封闭性,不得随意增减。

2. 立卷归档的概念

立卷是将办案过程中有相互联系的若干文件材料经过分类、组合、编目、装订而组成案卷的过程。立卷时要按照工作完成年度和工作内容的不同分别组卷。一般程序案件应当按照一案一卷进行立卷;材料过多的,可一案多卷。简易程序案件可以多案合并立卷。

归档是业务部门将工作活动中处理完毕仍有保存价值的文件材料,按规定整理组卷后,定期向档案室移交集中的过程,是文书处理工作的最后环节,也是档案管理工作的起点,是正常情况下执法文书转化为档案的交汇点和条件。

(二)立卷归档的基本步骤和要求

一般来讲,行政处罚案卷的立卷归档步骤大致分为九个,分别是:文件收集—文件排序—页号编写—卷内文件目录著录—填写备考表—拟写案卷标题—案卷装订—编写案卷号和编制案卷目录—案卷移交。经过这样的完整程序,基本可以保证制作出的案卷文书完备,手续齐全。当地档案部门对于立卷归档有专门规定的,还应当遵守相关规定。具体到每个步骤,一般应当符合以下要求。

1. 文件收集

制作归档案卷要求收集案件处理过程中涉及的各种文书、证据等文件材料。所收集文件材料应当齐全完整,无重份或多余材料。原则上要求收集各种文件的原件,在原件不能取得情况下,也可以使用复制件,但应当作出说明。不能随文书装订立卷的录音、录像等证据材料应当放入证据袋中,并注明录制内容、数量、时间、地点、制作人等,随卷归档。

当事人申请行政复议和提起行政诉讼或者行政机关申请人民法院强制执行的案卷,可以在案件办结后附入原卷归档。

2. 文件排序

排序是指将卷内文件材料按文件的重要程度,结合文件形成的时间等特征进行排列。一般按时间顺序或纪年排序,也可以根据文件材料的具体情况和实际检索需要,按文件材料形成的时间顺序、作者的重要程度和文件所涉及的问题进行排列。对于同一事项的批复与请示,批复、批示在前,请示、报告在后。在对某种文书的不同阶段稿件进行排列时,将印制稿排在前面,签发稿、底稿排在后面。

处罚案件的文书材料一般按照下列顺序排列:

(1)案卷封面;

(2)卷内目录;

(3)行政处罚决定书;

(4)立案审批表;

（5）当事人身份证明；

（6）询问笔录、现场检查（勘验）笔录、抽样取证凭证、证据登记保存清单、登记物品处理通知书、查封（扣押）决定书、解除查封（扣押）决定书、鉴定意见等文书；

（7）检验报告、销售单据、许可证等有关证据材料；

（8）案件处理意见书、行政处罚事先告知书等；

（9）行政处罚听证会通知书、听证笔录、行政处罚听证会报告书等听证文书；

（10）行政处罚决定审批表；

（11）送达回证等回执证明文件；

（12）执行的票据等材料；

（13）罚没物品处理记录等；

（14）履行行政处罚决定催告书、强制执行申请书、案件移送函等；

（15）行政处罚结案报告；

（16）备考表。

3. 页号编写

（1）案卷内文件的页号使用铅笔或者打号机，在有字迹页面正面的右上角、背面左上角的显著位置编写；

（2）案卷内的文件材料应用阿拉伯数字从“1”开始，依次顺序标注，空白页不编号；

（3）案卷中的成册印刷品应按顺序编写页号；

（4）使用较大纸张制作的材料，应在折叠后有字迹页面的右上角编写页号；

（5）使用 A4 纸张横印的表格，应当将字头朝装订线方向摆放好，再编写页号；

（6）案卷过厚（超过 100 张），分为多卷装订时，每卷页号编写仍用阿拉伯数字从“1”开始顺序标注。

4.《卷内文件目录》著录

《卷内文件目录》作为整个案卷所包含内容的索引，既应当准确反映案卷中文件材料的全貌，又应当做到简练、清晰。《卷内文件目录》应当包括序号、题名、页号和备注等内容，按卷内文书材料排列顺序逐件填写。

（1）顺序号。是以卷内文件的先后顺序填写的序号，即件号，要求给每份独立的文件编一个顺序号。正件和附件编一个顺序号。请示与批复，来文与复函、转发件与被转发件应各编一个顺序号。

（2）题名。即文件的标题。一般应按照文件的原标题照实抄录，没有标题，或标题过于笼统的文件，可自拟标题。外加“[ ]”号。

（3）页号。填写文件材料在卷内位置的起止页号，填写时注意不要将双位以上的阿拉伯数字分为上、下两行。

（4）日期。文件的形成时间，填写时间可省略“年”、“月”、“日”字，在表示年、月的数字右下角加“.”号。填写时注意年代为单独一行，月、日为一行。

（5）备注。主要用于填写针对该项材料还需要说明的情况，填写力求精练。

5. 填写《备考表》

案卷的《备考表》放在全卷的最后，应填写该卷中需要说明的情况，如对卷内文件的说明、缺少文件或漏编页号等。立卷人在制作案卷时要如实填写有关情况，制作完成后由立卷人、检查人签名。归档后卷内文件发生补充、移出、销毁等情况，由该卷的立卷人和检查人填写、签名，并标注时间。

6. 拟写案卷标题

案卷标题应当由当事人和违法行为定性两部分组成，如“关于×××无农药登记证生产农药案”。案卷标题应力求概括准确，文字简练。

7. 案卷装订

案卷装订前应检查卷内文件的完整和排列顺序，防止出现文件缺失、放错、放反、放斜等现象，同时注意文件上的金属物应全部去掉。

（1）装订案卷时，应做到四边整齐，或将文件材料的右侧和下侧对齐，并与案卷封面下侧对齐后，再进行装订。需扫描案卷可不装订。

（2）装订案卷必须使用棉质或化纤线绳，采用三孔一线的装订方法。

（3）凡装订线内有字迹的文件，一律用纸条粘贴，让出字迹部分，装订案卷时不得遮盖卷内文件的字迹,不得掉页。

(4)对破损的文书材料应当进行修补或复制。字迹已扩散的要复制并与原件一并立卷。对字迹难以辨认的材料,应当附上抄件。

(5)光敏纸复印后,将复印件装订入卷,光敏纸有红印章时,复印件与原件一同归档。

(6)文件材料大于案卷封面可进行折叠,小张字条或纸张不规范的应用A4纸张进行托底补贴。纸张大于卷面的材料,应当按卷宗大小先对折再向外折叠。

(7)为保证档案的严肃性,归档文件所用的纸张,反面不得出现与归档内容无关的字迹、图表等。

案卷装订完成后,应当整齐美观固定,不松散、不压字迹、不掉页、便于翻阅。

8. 编写案卷号和编制案卷目录

案卷制作完成后,立卷单位应当确定保管期限,编写案卷号。案卷号应当每年度按照永久、长期、短期不同保管期限,分别编写3个流水号。立卷单位按照不同保管期限,每年编制《年案卷目录》。

9. 案卷移交

办案人员完成立卷后,应及时移交单位档案管理部门进行归档。案卷归档后,不得私自增加或者抽取案卷材料,不得修改案卷内容。

结案后,不能忽视案卷归档这一工作环节,这不仅是因为案卷是行政复议机关进行行政复议案件审理和法院对行政行为进行司法审查时的事实根据和材料,而且是因为其记载和储蓄着执法中的信息,对于回顾历史、总结经验教训、改进工作都有着重要意义。

第十一章

农业行政处罚文书实例

一、简易程序

（一）李某经营未注明“过期农药”字样的超过产品质量保证期的农药产品案

1. 简要案情

2013 年 5 月 4 日，某县农业综合执法大队执法人员在市场检查时发现，个体工商户李某在自己开办的农资经营门店内销售某品牌的农药 2 瓶已经超过产品质量保证期 10 天，但没有标注“过期农药”的字样。执法人员现场检查进出货台账，通过现场执法设备对农药产品的登记证进行了核查，并对当事人李某进行了询问。现场查明，李某共购进该品牌农药 10 瓶，其中 8 瓶在产品质量保证期到期前已全部售出，该农药的登记证号合法有效。由于李某违法行为较为轻微，超过产品质量保证期的过期农药尚未售出，没有违法所得。据此，执法人员依据《农药管理条例实施办法》第 39 条的规定，按照简易程序给予了警告和罚款 20 元的处罚决定。

注意：由于本案罚款数额为 20 元，根据《中华人民共和国行政处罚法》第 47 条，可以当场收缴。由于当场执行了处罚决定，“告知事项”中的第 2

项应当划去。

2. 执法文书

××县农业局当场处罚决定书

×农(农药) 简罚〔2013〕4 号

<table>
<tr><td rowspan="5">当事人</td><td rowspan="3">个人</td><td>姓名</td><td colspan="4">李××</td><td>电话</td><td>××××××</td></tr>
<tr><td>性别</td><td>男</td><td>年龄</td><td>36</td><td>身份证号</td><td colspan="2">××××××××</td></tr>
<tr><td>住址</td><td colspan="6">××省××市××县××乡××村×号</td></tr>
<tr><td rowspan="2">单位</td><td>名称</td><td colspan="3"></td><td colspan="2">法定代表人
(负责人)</td><td></td></tr>
<tr><td>地址</td><td colspan="4"></td><td>电话</td><td></td></tr>
<tr><td>违法事实</td><td colspan="8">当事人李某在自家的农资经营门店内销售某品牌的农药 2 瓶已经超过产品质量保证期 10 天,但没有标注“过期农药”的字样。现场查明,李某共购进该品牌农药 10 瓶,其中 8 瓶在产品质量保证期到期前已全部售出,该农药的登记证号合法有效。李某违法行为较为轻微,超过产品质量保证期的过期农药尚未售出,没有违法所得。</td></tr>
<tr><td>处罚依据及内容</td><td colspan="8">根据《农药管理条例实施办法》第 39 条的规定,对李××当场作出如下处罚决定:
1. 警告;
2. 罚款 20 元。</td></tr>
<tr><td>告知事项</td><td colspan="8">1. 当事人应当对违法行为立即或在____日内予以纠正;
2. 当事人必须在收到处罚决定书之日起 15 日内持本决定书到____缴纳罚款。逾期不缴纳的,每日按罚款数额的 3% 加处罚款;
3. 对本处罚决定不服的,可以在收到本处罚决定书之日起 60 日内向××县人民政府或××市农业局申请行政复议;或者三个月内向××县人民法院提起行政诉讼。</td></tr>
<tr><td rowspan="2">执法人员基本情况</td><td colspan="2">姓 名</td><td colspan="2">杨××</td><td colspan="2">孙××</td><td colspan="2" rowspan="2">××县农业局
(印章)
2013 年 5 月 4 日</td></tr>
<tr><td colspan="2">执法证件号</td><td colspan="2">××××××</td><td colspan="2">××××××</td></tr>
<tr><td colspan="2">当事人签收</td><td colspan="2">李××</td><td colspan="3">是否当场执行</td><td colspan="2">是</td></tr>
</table>

(二)某种子公司经营散装玉米种子案

1.简要案情

某种子公司于2013年3月1日经营散装玉米种子,该行为违反了《中华人民共和国种子法》第33条第1款的规定,被县农业局执法人员当场查获。执法人员认为本案事实确凿且有法定依据,经营散装种子的数量较少,可以按法律规定处罚额度的下限处罚,于是适用简易程序当场作出了处罚决定。

2. 执法文书

××县农业局当场处罚决定书

×农（种）简罚〔2013〕3号

<table>
<tr><td rowspan="5">当事人</td><td rowspan="3">个人</td><td>姓名</td><td colspan="3"></td><td>电话</td><td></td></tr>
<tr><td>性别</td><td></td><td>年龄</td><td></td><td>身份证号</td><td></td></tr>
<tr><td>住址</td><td colspan="5"></td></tr>
<tr><td rowspan="2">单位</td><td>名称</td><td colspan="3">××种子公司</td><td>法定代表人（负责人）</td><td>王××</td></tr>
<tr><td>地址</td><td colspan="3">××省×××市××县××街××号</td><td>电话</td><td>×××××××</td></tr>
<tr><td>违法事实</td><td colspan="7">××种子公司于2013年3月1日在经营部经营散装“农大108”玉米种子4.5公斤，标价8元/公斤。已售出1公斤，余3.5公斤未售出。</td></tr>
<tr><td>处罚依据及内容</td><td colspan="7">该行为违反了《中华人民共和国种子法》第三十四条第一款的规定。
依据《中华人民共和国种子法》第六十二条第一项的规定，对××种子公司作出罚款1000元的决定。</td></tr>
<tr><td>告知事项</td><td colspan="7">1. 当事人应当对违法行为立即或在______日内予以纠正；
2. 当事人必须在收到处罚决定书之日起15日内持本决定书到××银行缴纳罚款。逾期不缴纳的，每日按罚款数额的3%加处罚款；
3. 对本处罚决定不服的，可以在收到本处罚决定书之日起60日内向
××县人民政府或××市农业局申请行政复议；或者三个月内向××县人民法院提起行政诉讼。</td></tr>
<tr><td rowspan="2">执法人员基本情况</td><td colspan="2">姓　名</td><td colspan="2">李××</td><td colspan="2">王×</td><td rowspan="2">××县农业局
（印章）
2013年3月1日</td></tr>
<tr><td colspan="2">执法证件号</td><td colspan="2">××××××</td><td colspan="2">××××××</td></tr>
<tr><td colspan="2">当事人签收</td><td colspan="3">王××</td><td colspan="2">是否当场执行</td><td>否</td></tr>
</table>

二、一般程序

(一)案例一:某制药公司非法生产劣兽药案

1. 简要案情

2012 年 6 月 11 日,某市畜牧局对辖区内兽药生产企业例行抽检,发现某制药有限公司生产的注射用头孢噻呋钠装量不符合规定,初步判断该公司涉嫌生产劣兽药。畜牧局于 8 月 9 日立案后,对该公司的生产销售情况进行了调查,通过现场检查(勘验)、询问当事人、查封扣押涉嫌违法的兽药等方式进行取证,查清了该公司于 2012 年 3 月 1 日生产的注射用头孢噻呋钠 6000 支装量差异不符合规定,为劣兽药。该批劣兽药货值 4200 元,售出部分违法所得 3500 元,余 950 支未售出。该公司违反了《兽药管理条例》第 18 条第 3 款,畜牧局于 8 月 29 日依据《兽药管理条例》第 56 条第 1 款,作出了没收未售出的劣兽药、没收违法所得和罚款的处罚决定。

2. 所用主要执法文书

《行政处罚立案审批表》;

《询问笔录》;

《现场检查(勘验)笔录》;

《查封决定书》;

《查封清单》;

《查封现场笔录》;

《案件处理意见书》;

《责令改正通知书》;

《行政处罚事先告知书》;

《行政处罚决定审批表》;

《行政处罚决定书》;

《送达回证》;

《罚没物品处理记录》;

《行政处罚结案报告》。

3. 执法文书

行政处罚立案审批表

×畜(兽药)立〔2012〕2 号

<table>
<tr><td colspan="3">案件来源</td><td colspan="3">检查发现</td><td>受案时间</td><td colspan="2">2012 年 7 月 30 日</td></tr>
<tr><td colspan="3">案　　由</td><td colspan="6">涉嫌生产劣兽药案</td></tr>
<tr><td rowspan="5">当事人</td><td rowspan="3">个人</td><td>姓名</td><td colspan="4"></td><td>电话</td><td></td></tr>
<tr><td>性别</td><td></td><td>年龄</td><td></td><td>身份证号</td><td colspan="2"></td></tr>
<tr><td>住址</td><td colspan="6"></td></tr>
<tr><td rowspan="2">单位</td><td>名称</td><td colspan="4">××制药有限公司</td><td>法定代表人
(负责人)</td><td>杜××</td></tr>
<tr><td>地址</td><td colspan="4">××市××区××镇××街××号</td><td>联系电话</td><td>×××××××</td></tr>
<tr><td colspan="3">简要案情</td><td colspan="6">2012 年 6 月 11 日,我局组织对辖区内兽药生产企业例行抽检,对××制药有限公司抽检了注射用头孢噻呋钠,送往市兽药检验所进行检验。市兽药检验所于 2012 年 7 月 30 日作出检验结果,检验报告显示该单位生产的批号为 070301、规格为 0.1g/支的注射用头孢噻呋钠装量不符合规定。
依据《兽药管理条例》第四十八条第四项的规定:其他不符合兽药国家标准,但不属于假兽药的为劣兽药。装量不符合规定的药品为劣兽药,××制药有限公司涉嫌生产劣兽药,违反了《兽药管理条例》第十八条第三款的规定,建议立案调查。
受案人签名:方×　王××
2012 年 8 月 9 日</td></tr>
<tr><td colspan="3">执法
机构
意见</td><td colspan="6">同意立案调查。
签名:李××
2012 年 8 月 9 日</td></tr>
<tr><td colspan="3">法制
机构
意见</td><td colspan="6">同意。
签名:许××
2012 年 8 月 9 日</td></tr>
<tr><td colspan="3">执法
机关
意见</td><td colspan="6">同意。
签名:张××
2012 年 8 月 9 日</td></tr>
<tr><td colspan="3">备　注</td><td colspan="6"></td></tr>
</table>

现场检查（勘验）笔录

时间：2012 年8 月10 日13 时30 分至14 时20 分

检查地点：××市××区××镇××街××号××制药有限公司成品库房

当事人：××制药有限公司

检查机关：××市畜牧局

执法人员：方××　执法证件号：××××××

王××　××××××

记 录 人：王××

现场检查~~（勘验）~~情况：执法人员首先向当事人出示了执法证件。经过检查发现：

库房东侧码放着批号为070805、规格为5g/袋的盐酸环丙沙星可溶性粉剂十箱（20 袋/箱）共200 袋。西侧码放着批号为070610、规格为1g/支的注射用阿莫西林五箱（20 支/箱）共100 支。南侧码放着批号为070301、规格为0.1g/支的注射用头孢噻呋钠4 箱（20 盒×10 支/箱）零15 盒（10 支/盒），共950 支。

（以下无内容）

当事人签名或盖章：以上情况属实。杜××

（注：杜××为××制药有限公司总经理）

执法人员签名或盖章：方×　王××

询问笔录

询问时间:2012 年8 月10 日14 时30 分至15 时30 分

询问地点:××市××区××镇××街××号××制药有限公司二层会议室

询问机关:××市畜牧局

询问人:方×　　执法证件号:××××××

　　　王××　　　　　　　　××××××

记录人:王××

被询问人:姓名　杜××　性别　男　年龄　40

身份证号:××××××××　联系电话　××××××××

工作单位:××制药有限公司　职务　总经理

住址:××市××区×××街××号

问:我们是××市畜牧局的执法人员(出示执法证件),现依法向你进行询问调查。你应当如实回答我们的询问并协助调查,作伪证要承担法律责任,你听清楚了吗?

答:知道了。

问:请如实说明你的身份,并提供你的居民身份证明。

答:我叫杜××,男,今年40 岁,是××制药有限公司法定代表人、总经理,这是我的身份证及复印件。

问:请出示你单位的企业法人营业执照、兽药生产许可证。

答:这是我单位的企业法人营业执照和兽药生产许可证。

被询问人签名或盖章:以上记录属实。杜××

(第1 页共3 页)

笔　录　纸

问:请提供你单位生产的批号为070301、规格为0.1g/支的注射用头孢噻呋钠的兽药产品批准文号批件。

答:这就是,你们看。

问:请提供你单位生产这批注射用头孢噻呋钠的生产记录。

答:这是这批产品的生产记录,共生产了6000支。

问:这批产品的定价是多少?

答:单价是0.7元/支。

问:那么这批产品总货值是多少?

答:一共值4200元。

问:销售情况如何?

答:卖出去了5000支,共获得销售收入3500元。

问:请出示一下你们的销售凭证。

答:销售台账在这里,请过目。

问:那么这个批次的产品还剩多少?

答:刨去你们抽检的时候拿走的50支,还剩下950支,都在库房里。

问:2012年6月11日,市畜牧局对你单位进行例行抽检,抽检了注射用头孢噻呋钠,送往市兽药检验所进行检验,并于2012年7月30日作出检验结果,检验报告显示你单位生产的批号为070301、规格为0.1g/支的注射用头孢噻呋钠装量不符合规定。请看检验报告。

被询问人签名或盖章:以上记录属实。杜××

（第2页共3页）

笔 录 纸

答:看完了。我们一直规范生产,按说不该出现这种问题。

问:根据《兽药管理条例》第四十四条第三款,你单位如果对本次检验结果有异议,可以自收到检验结果之日起7个工作日内向市兽药检验所或者省兽药检验所申请复检。听清楚了吗?

答:知道了,我们商量商量。

(以下无内容)

被询问人签名或盖章:以上记录属实。杜××

执法人员签名或盖章: 方× 王××

(第3页共3页)

××市畜牧局
查封(扣押)决定书

×畜(兽药)封(扣)〔2012〕2 号

××制药有限公司:

因你(单位)涉嫌生产劣兽药,依据《兽药管理条例》第四十六条第一款之规定,本机关决定对你(单位)注射用头孢噻呋钠 950 支(批号 070301)予以查封(扣押)三十 日。在查封(扣押)期间,你(单位)不得使用、销售、转移、损毁、隐匿。

当事人对本决定不服的,可以在收到本决定书之日起60 日内向××市人民政府或××省畜牧局申请行政复议;或者三个月内向××市××区人民法院提起行政诉讼。行政复议和行政诉讼期间,本决定不停止执行。

附:查封(扣押)财物清单

××市畜牧局(印章)

2012 年 8 月 10 日

查封(扣押)财物清单

序号	财物名称	规格	生产日期(批号)	生产单位	数量
1	注射用头孢噻呋钠	0.1g/支	070301	××制药有限公司	950支
	以下空白				

当事人签名或盖章:杜×× 2012年8月10日

执法人员签名或盖章:方× 王××

查封(扣押)现场笔录

时间:2012 年8 月10 日15 时40 分至16 时10 分

地点:××市××区××镇××街××号××制药有限公司成品库房

执法机关:××市畜牧局

当事人:××制药有限公司

执法人员:方××　执法证件号:××××××

王××　××××××

记 录 人:王××

现场情况:执法人员首先向当事人出示了执法证件,表明身份。2012 年 8 月 10 日 14 时,当事人到达查封现场××市××区××镇××街××号××制药有限公司成品库房。执法人员于 2012 年 8 月 10 日 14 时 30 分向当事人送达了××市畜牧局查封决定书[×畜(兽药)封〔2012〕2 号]和查封财物清单。执法人员现场对库房南侧码放着的批号为 070301、规格为 0.1g/支的注射用头孢噻呋钠 4 箱(20 盒×10 支/箱)零 15 盒(10 支/盒),共 950 支进行了查封。当事人较为配合,现场没有提出陈述申辩意见。

(以下无内容)

当事人签名或盖章:以上情况属实。杜××

(注:杜××为××制药有限公司总经理)

执法人员签名或盖章:方×　　王××

询问笔录

询问时间:2012 年8 月22 日9 时30 分至10 时00 分

询问地点:××市××区××镇××街××号××制药有限公司二层会议室

询问机关:××市畜牧局

询问人:方×× 执法证件号:××××××

王×× ××××××

记录人:王××

被询问人:姓名 杜×× 性别男 年龄 40

身份证号:×××××× ×× 联系电话:×××××××××

工作单位:××制药有限公司 职务:总经理

住址:××市××区×××街××号

问:我们是××市畜牧局的执法人员(出示执法证件),现依法向你进行询问调查。你应当如实回答我们的询问并协助调查,作伪证要承担法律责任,你听清楚了吗?

答:知道了。

问:今年8 月10 日,我们曾来过这里,向你送达了市兽药检验所对你单位生产批号为070301、规格为0.1g/支的注射用头孢噻呋钠作出的检验报告。你记得吗?

答:我记得。

问:从你单位收到检验报告至今,已满7 个工作日,你单位向市兽药检验所或者省兽药检验所提出复检申请了吗?

被询问人签名或盖章: 以上记录属实。杜××

(第 1 页共 2 页)

笔　录　纸

答:没有。后来我们调查发现,2012 年 3 月 1 日,就是生产那个批次的注射用头孢噻呋钠的时候,车间的生产设备发生了故障,导致生产出来的那批产品装量差异过大。我们对检验报告没有疑议,所以我们不打算申请复检了。

问:那么你对于生产批号为 070301、规格为 0.1g/支的注射用头孢噻呋钠的事实,还有什么要说明的吗?

答:没什么要说的了。

(以下无内容)

被询问人签名或盖章:以上记录属实。杜××

执法人员签名:方×　王××

(第 2 页共 2 页)

案件处理意见书

<table>
<tr><td>案由</td><td colspan="8">××制药有限公司生产劣兽药案</td></tr>
<tr><td rowspan="5">当事人</td><td rowspan="3">个人</td><td>姓名</td><td colspan="6"></td></tr>
<tr><td>性别</td><td></td><td>年龄</td><td></td><td>电话</td><td colspan="2"></td></tr>
<tr><td>住址</td><td colspan="6"></td></tr>
<tr><td rowspan="2">单位</td><td>名称</td><td colspan="3">××制药有限公司</td><td>法定代表人
(负责人)</td><td colspan="2">杜××</td></tr>
<tr><td>地址</td><td colspan="3">××市××区××镇××街×号</td><td>电话</td><td colspan="2">×××××××</td></tr>
<tr><td>案件调查经过</td><td colspan="8">8月9日××制药有限公司涉嫌生产劣兽药案立案后,我局执法人员于8月10日送达了市兽药检验所作出的《检验报告》,告知当事人如对检验结果有异议,可以在7个工作日内申请复检,并对该公司生产涉嫌违法的产品的生产销售情况进行了调查,摸清了该公司生产涉嫌违法产品的数量、货值、违法所得、库存数量,现场查封扣押了未售出的涉嫌违法的兽药。8月22日执法人员再次去××制药公司进行调查,该公司负责人表示不提出复检申请,对生产的批号为070301,规格为0.1g/支的注射用头孢噻呋钠装量差异不符合规定的结果没有异议。至此,案件事实调查清楚。</td></tr>
<tr><td>所附证据材料</td><td colspan="8">检验报告1份;
现场检查(勘验)笔录1份;
询问笔录2份;
××制药有限公司批号为070301,规格为0.1g/支注射用头孢噻呋钠生产记录复印件1份;
××制药有限公司批号为070301,规格为0.1g/支注射用头孢噻呋钠销售凭证复印件1份;
兽药生产许可证复印件1份;
××制药有限公司营业执照复印件1份;
兽药产品批准文号批件复印件1份;
杜××身份证复印件1份。</td></tr>
</table>

续表

调查结论及处理意见	装量差异不符合规定的兽药不属于假兽药，也不属于《兽药管理条例》第四十八条前三项所列情形，但不符合《兽药质量标准》2003 版增补版的标准。根据《兽药管理条例》第四十八条第四项规定：其他不符合兽药国家标准，但不属于假兽药的为劣兽药。××制药有限公司生产的，批号为 070301，规格为 0.1g/支的注射用头孢噻呋钠应定性为劣兽药。当事人的违法事实是：共生产劣兽药 6000 支，货值 4200 元；其中售出 5000 支，获违法所得 3500 元；抽检用 50 支，库存 950 支。 ××制药有限公司生产劣兽药的行为，违反了《兽药管理条例》第十八条第三款的规定，依据《兽药管理条例》第五十六条第一款，建议做出如下处罚决定： 1. 没收未售出的批号为 070301，规格为 0.1g/支的注射用头孢噻呋钠 950 支； 2. 没收违法所得 3500 元整； 3. 处以违法生产的劣兽药货值金额 2 倍罚款，即罚款人民币 8400 元整； 以上罚没款总计 11 900 元整。 执法人员签名：方× 王×× 2012 年 8 月 23 日
执法机构意见	同意调查结论及处理意见。 签名：李×× 2012 年 8 月 23 日
法制机构意见	同意调查结论及处理意见。 签名：何×× 2012 年 8 月 23 日
执法机关意见	同意调查结论及处理意见。 签名：刘×× 2012 年 8 月 24 日

××市畜牧局

责令改正通知书

××制药有限公司:

你(单位)于2007年3月1日,生产劣兽药(批号为070301、规格为0.1g/支的注射用头孢噻呋钠6000支,该批兽药装量差异不符合规定)的行为,违反了《兽药管理条例》第十八条第三款的规定,依据《中华人民共和国行政处罚法》第二十三条,及《兽药管理条例》第五十六条第一款规定,本机关责令你(单位)(□立即/□于__年__月__日之前)按下列要求改正违法行为:

停止生产装量差异不符合规定的劣兽药。

(以下无内容)

(逾期不改正的,本机关依照________之规定依法处理)

××市畜牧局(印章)

2012年8月24日

× ×市畜牧局

行政处罚事先告知书

×畜(兽药)告〔2012〕2 号

× ×制药有限公司:

经调查,你(单位)于 2012 年 3 月 1 日,生产劣兽药(批号为 070301、规格为 0.1g/支的注射用头孢噻呋钠 6000 支,该批兽药装量差异不符合规定)。该批兽药货值 4200 元,其中售出 5000 支,获违法所得 3500 元,余 950 支未售出。

你(单位)违反了《兽药管理条例》第十八条第三款的规定。依据《兽药管理条例》第五十六条第一款,本机关拟作出如下处罚决定:

1. 没收未售出的批号为 070301,规格为 0.1g/支的注射用头孢噻呋钠 950 支;

2. 没收违法所得 3500 元;

3. 处以违法生产的劣兽药货值金额 2 倍罚款,即罚款人民币 8400 元。

以上罚没款总计 11 900 元。

根据《中华人民共和国行政处罚法》第三十一条、第三十二条的规定,你(单位)可在收到本告知书之日起 3 日内向本机关进行陈述申辩,逾期不陈述申辩的,视为你(单位)放弃上述权利。

× ×市畜牧局(印章)

2012 年 8 月 24 日

处罚机关地址:× ×市× ×街× ×号

联系人:方×　王× ×　联系电话:× × × × × ×

行政处罚决定审批表

<table>
<tr><td>案由</td><td colspan="7">××制药有限公司生产劣兽药案</td></tr>
<tr><td rowspan="5">当事人</td><td rowspan="3">个人</td><td>姓名</td><td colspan="5"></td></tr>
<tr><td>性别</td><td></td><td>年龄</td><td></td><td>电话</td><td></td></tr>
<tr><td>住址</td><td colspan="5"></td></tr>
<tr><td rowspan="2">单位</td><td>名称</td><td colspan="3">××制药有限公司</td><td>法定代表人
(负责人)</td><td>杜××</td></tr>
<tr><td>地址</td><td colspan="3">××市××区××镇××街×号</td><td>电话</td><td>×××××××</td></tr>
<tr><td>陈述申辩或听证情况</td><td colspan="7">2012年8月25日,执法人员向当事人××制药有限公司送达了行政处罚事先告知书[×畜(兽药)告〔2012〕2号]。当事人在规定时间内未提出陈述、申辩要求。</td></tr>
<tr><td>处理意见</td><td colspan="7">××制药有限公司生产劣兽药的行为,违反了《兽药管理条例》第十八条第三款的规定,依据《兽药管理条例》第五十六条第一款,建议做出如下处罚决定:
1. 没收未售出的批号为070301,规格为0.1g/支的注射用头孢噻呋钠950支;
2. 没收违法所得3500元整;
3. 处以违法生产的劣兽药货值金额2倍罚款,即罚款人民币8400元整;
以上罚没款总计11 900元整。
执法人员签名:方× 王××
2012年8月29日</td></tr>
<tr><td>执法机构意见</td><td colspan="7">同意处理意见。
签名:李××
2012年8月29日</td></tr>
<tr><td>法制机构意见</td><td colspan="7">同意处理意见。
签名:何××
2012年8月29日</td></tr>
<tr><td>执法机关意见</td><td colspan="7">同意处理意见。
签名:刘××
2012年8月29日</td></tr>
</table>

××市畜牧局
行政处罚决定书

×畜(兽药)罚〔2012〕2号

当事人:××制药有限公司　单位地址:××市××区××镇××街××号

法定代表人:杜××

当事人生产劣兽药一案,本机关依法进行了调查,具体情况如下:

2012年6月11日,本机关组织对辖区内兽药生产企业例行抽检,对××制药有限公司抽检了注射用头孢噻呋钠,送往市兽药检验所进行检验。市兽药检验所于2007年7月30日作出检验结果。2012年8月9日,本机关根据检验结果依法对××制药有限公司立案调查。8月10日,本机关到××市××区××镇××街××号××制药有限公司成品库房进行了现场检查。同日,本机关在××制药有限公司二层会议室对当事人××制药有限公司的法定代表人杜××进行了询问。经询问后,本机关依法对当事人生产的注射用头孢噻呋钠950支(批号070301)予以查封三十日。8月22日,本机关在××制药有限公司二层会议室再次对杜××进行了询问。

经查明,当事人于2007年3月1日生产一批劣兽药(批号为070301、规格为0.1g/支的注射用头孢噻呋钠6000支,该批兽药装量差异不符合规定)。该批劣兽药货值4200元,售出部分违法所得3500元,余950支未售出。违法事实认定理由如下:

1. 当事人2012年3月1日生产的批号为070301、规格为0.1g/支的注射用头孢噻呋钠产品装量差异不符合规定。本机关抽检当事人生产的批号为070301、规格为0.1g/支的注射用头孢噻呋钠,由市兽药检验所作出检验结果显示,该批兽药装量差异不符合规定。本机关向当事人送达了检验报告,并告知当事人如对检验结果有异议,可以在7个工作日之内向市兽药检验所或省兽药检验所申请复检。当事人满7个工作日后认可市兽药检验所作出的检验结果。应当认定当事人2012年3月1日生产的批号为070301、规格为0.1g/支的注射用头孢噻呋钠产品装量差异不符合规定。

2. 该批兽药产品为劣兽药。《兽药管理条例》第四十七条规定了假兽药及可以按假兽药处理的情形:以非兽药冒充兽药或者以他种兽药冒充此种兽药的;兽药所含成分的种类、名称与兽药国家标准不符合的;国务院兽医行政管理部门规定禁止使用的;应当经审查批准而未经审查批准即生产、进口的,或者应当抽查检验、审查核对而未经抽查检验、审查核对即销售、进口的;变质的;被污染的;所表明的适应症或者功能主治超出规定范围的。《兽药管理条例》第四十八条规定了属于劣兽药的情形:成分含量不符合兽药国家标准或者不表明有效成分的;不标明或者更改有效期或者超过有效期的;不标明或者更改产品批号的;其他不符合兽药国家标准,但不属于假兽药的。装量差异不符合规定的兽药不属于假兽药,也不属于《兽药管理条例》第四十八条前三项所列情形,但不符合《兽药质量标准》2003 版增补版的标准。应认定当事人生产的(批号为 070301)规格为 0.1g/支的注射用头孢噻呋钠应定性为劣兽药。

3. 当事人生产劣兽药共 6000 支,单价 0.7 元/支,总货值 4200 元。其中售出 5000 支,违法所得 3500 元。我局抽检 50 支,余 950 支未售出。

以上违法事实有以下证据为证:

证据一:检验报告 1 份,证明当事人 2007 年 3 月 1 日生产的兽药,批号为 070301、规格为 0.1g/支的注射用头孢噻呋钠 6000 支,装量差异不符合规定;

证据二:现场检查(勘验)笔录 1 份,证明当事人库房内尚存有批号为 070301、规格为 0.1g/支的注射用头孢噻呋钠 950 支;

证据三:询问笔录 2 份,证明当事人生产注射用头孢噻呋钠的具体过程、生产销售的数量、货值,以及当事人认可检测报告结果的事实;

证据四:××制药有限公司批号为 070301,规格为 0.1g/支注射用头孢噻呋钠生产记录复印件 1 份、销售凭证 1 份,证明当事人生产销售的数量、货值;

证据五:兽药生产许可证复印件 1 份、兽药产品批准文号批件复印件 1 份,证明当事人的生产资格;

证据六:××制药有限公司营业执照复印件 1 份、杜××身份证复印件 1 份,证明当事人的身份。

2012 年 8 月 25 日,执法人员向当事人××制药有限公司送达了行政处罚事先告知书[×畜(兽药)告〔2012〕2 号]。当事人在规定时间内未提出陈述、申辩要求。

本机关认为:

《兽药管理条例》第十八条第三款规定:"禁止生产假、劣兽药。"当事人的行为违反了《兽药管理条例》第十八条第三款的规定，违法事实清楚，证据确凿，应当认定为违法生产劣兽药的行为。

在调查过程中，当事人能深刻认识到这一行为的违法性，认真反省，积极检讨，及时改正，并积极配合执法人员对本案的调查，主动提供有关证据材料。

综上所述，依照《兽药管理条例》第五十六条第一款"违反本条例规定，无兽药生产许可证、兽药经营许可证生产、经营兽药的，或者虽有兽药生产许可证、兽药经营许可证，生产、经营假、劣兽药的，或者兽药经营企业经营人用药品的，责令其停止生产、经营，没收用于违法生产的原料、辅料、包装材料及生产、经营的兽药和违法所得，并处违法生产、经营的兽药（包括已出售的和未出售的兽药，下同）货值金额2倍以上5倍以下罚款，货值金额无法查证核实的，处10万元以上20万元以下罚款；无兽药生产许可证生产兽药，情节严重的，没收其生产设备；生产、经营假、劣兽药，情节严重的，吊销兽药生产许可证、兽药经营许可证；构成犯罪的，依法追究刑事责任；给他人造成损失的，依法承担赔偿责任。生产、经营企业的主要负责人和直接负责的主管人员终身不得从事兽药的生产、经营活动"，本机关作出如下处罚决定：

1. 没收未售出的批号为070301，规格为0.1g/支的注射用头孢噻呋钠950支；

2. 没收违法所得3500元；

3. 处违法生产的劣兽药货值金额2倍罚款，即罚款8400元。

以上罚没款总计11 900元。

当事人必须在收到本处罚决定书之日起15日内持本决定书到××银行缴纳罚没款。逾期不按规定缴纳罚款的，每日按罚款数额的3%加处罚款。

当事人对本处罚决定不服的，可以在收到本处罚决定书之日起60日内向××市人民政府或××省畜牧局申请行政复议；或者三个月内向××市××区人民法院提起行政诉讼。行政复议和行政诉讼期间，本处罚决定不停止执行。

当事人逾期不申请行政复议或提起行政诉讼，也不履行本行政处罚决定的，本机关将依法申请人民法院强制执行。

××市畜牧局（印章）

2012年8月29日

送达回证

案由	××制药有限公司生产劣兽药案				
受送达人	××制药有限公司				
送达单位	××市畜牧局				
送达文书及文号	送达地点	送达人	送达方式	收到日期	收件人签名
责令改正通知书	××市畜牧局一层接待室	王××	直接送达	2012年8月25日	杜××
行政处罚事先告知书[×畜(兽药)告〔2012〕2号]	××市畜牧局一层接待室	王××	直接送达	2012年8月25日	杜××
行政处罚决定书[×畜(兽药)罚〔2012〕2号]	××市××区××镇××街××号××制药有限公司	方×	直接送达	2012年8月30日	张××
行政处罚缴款书[×畜(兽药)罚〔2012〕2号]	××市××区××镇××街××号××制药有限公司	方×	直接送达	2012年8月30日	张××
罚没物品收据[×畜(兽药)罚〔2012〕2号]	××市××区××镇××街××号××制药有限公司	方×	直接送达	2012年8月30日	张××
备注	张××为××制药有限公司传达室负责收发信件的工作人员				

罚没物品处理记录

时间:2012 年 9 月 20 日上午 10:00 至 10:30

地点:×××水泥厂

处理物品及处理方式:

950 支批号为 070301,规格为 0.1g/支的注射用头孢噻呋钠全部倒入×××水泥厂高炉中销毁。

(以下无内容)

执法人员签名:方×　王××

执法机构负责人签名:刘××

行政处罚结案报告

<table>
<tr><td>案　由</td><td colspan="3">××制药有限公司生产劣兽药案</td></tr>
<tr><td>当事人</td><td colspan="3">××制药有限公司</td></tr>
<tr><td>立案时间</td><td>2012 年 8 月 9 日</td><td>处罚决定
送达时间</td><td>2012 年 8 月 30 日</td></tr>
<tr><td colspan="4">对当事人作出处罚决定如下:
1. 没收未售出的批号为 070301,规格为 0.1g/支的注射用头孢噻呋钠 950 支;
2. 没收违法所得 3500 元整;
3. 处违法生产劣兽药货值金额 2 倍罚款,即罚款人民币 8400 元。
以上罚没款总计 11 900 元整。
执行情况如下:
1. 未售出的违法兽药于 2012 年 8 月 30 日予以没收,并于 2012 年 9 月 20 日送××水泥厂,在执法人员监督下销毁;
2. 当事人已于 2012 年 9 月 10 日将罚没款 11 900 元缴至工商银行××营业部。
至此,行政处罚决定全部执行完毕,现申请结案。
执法人员签名:方×　王××
2012 年 9 月 26 日</td></tr>
<tr><td>执法
机构
意见</td><td colspan="3">同意结案。
签名:李××
2012 年 9 月 27 日</td></tr>
<tr><td>执法
机关
意见</td><td colspan="3">同意结案。
签名:刘××
2012 年 9 月 28 日</td></tr>
</table>

(二)案例二:吴某无证捕捞案

1. 简要案情

2012 年 11 月 5 日,某县渔业局执法人员接到群众举报,反映吴某无证捕鱼。立案后执法人员经过现场检查(勘验)、询问当事人、证据先行登记保存等手段,最终查明,当事人自 2012 年 10 月 10 日至 11 月 5 日,未取得捕捞许可证进行捕捞活动 7 次,非法捕获渔获物 150 公斤,全部销往饭店,共获得违法所得 820 元。吴某的行为违反了《中华人民共和国渔业法》第二十五条的规定,属于无捕捞许可证捕捞的行为。根据《中华人民共和国渔业法》第四十一条的规定,渔业局于 11 月 22 日对其作出没收违法所得 820 元和罚款 2000 元的处罚决定。当事人在法定期限内未到银行缴纳罚款,县渔业局经催告后仍未履行,最终县渔业局申请法院强制执行。

注意:本案对个人作出了罚款 2000 元的处罚决定,在当地属于市政府确定的较大数额罚款,因此当事人享有申请听证的权利,渔业局根据申请依法组织了听证,并对案情进行了集体讨论。

2. 所用执法文书

《行政处罚立案审批表》;

《现场检查(勘验)笔录》;

《询问笔录》;

《证据登记保存清单》;

《案件处理意见书》;

《责令改正通知书》;

《登记保存物品处理通知书》;

《行政处罚事先告知书》;

《送达回证》;

《行政处罚听证会通知书》;

《听证笔录》;

《行政处罚听证会报告书》;

《重大案件集体讨论记录》;

《行政处罚决定书》;

《履行行政处罚决定催告书》;

《强制执行申请书》;

《行政处罚结案报告书》。

3. 执法文书

行政处罚立案审批表

×渔（渔业）立〔2012〕10号

<table>
<tr><td colspan="2">案件来源</td><td colspan="4">群众举报</td><td>受案时间</td><td colspan="3">2012年11月5日</td></tr>
<tr><td colspan="2">案　　由</td><td colspan="8">吴××无捕捞许可证捕捞案</td></tr>
<tr><td rowspan="5">当事人</td><td rowspan="3">个人</td><td>姓名</td><td colspan="4">吴××</td><td>电话</td><td colspan="2"></td></tr>
<tr><td>性别</td><td>男</td><td>年龄</td><td></td><td>身份证号</td><td colspan="3"></td></tr>
<tr><td>住址</td><td colspan="7"></td></tr>
<tr><td rowspan="2">单位</td><td>名称</td><td colspan="4"></td><td colspan="2">法定代表人
（负责人）</td><td></td></tr>
<tr><td>地址</td><td colspan="4"></td><td>电话</td><td colspan="2"></td></tr>
<tr><td colspan="2">简要案情</td><td colspan="8">2012年11月5日上午8时10分，接到群众举报电话称，我县××乡××村村民吴××近期多次在×××湖捕鱼，今天一早吴××又收拾船和渔具要去捕鱼，而吴××并未办过捕捞许可证。
吴××的行为涉嫌违反了《中华人民共和国渔业法》第二十五条的规定，建议立案调查。
受案人签名：张××　黄××
2012年11月5日</td></tr>
<tr><td colspan="2">执法机构意见</td><td colspan="8">同意立案。
签名：赵××
2012年11月5日</td></tr>
<tr><td colspan="2">法制机构意见</td><td colspan="8">同意立案。
签名：李××
2012年11月8日</td></tr>
<tr><td colspan="2">执法机关意见</td><td colspan="8">同意立案。
签名：王××
2012年11月8日</td></tr>
<tr><td colspan="2">备　注</td><td colspan="8">2012年11月8日，王××出差未归，为及时查处案件，经电话请示，王××同意立案，回单位后补签意见。</td></tr>
</table>

现场检查(勘验)笔录

时间:2012 年11 月5 日10 时00 分至10 时20 分

检查地点:×××湖××县境内水域距西岸600 米处吴××船上 当事人:吴××

检查机关:××县渔业局

检查人员:张×× 执法证件号:××××××

黄×× ××××××

记 录 人:黄××

现场检查(勘验)情况:执法人员向当事人出示了执法证件,对现场进行检查发现:

吴××的渔船为木质小型旅游用船,船帮印有编号“212”。吴××正在向湖中撒网。船上有一个1.2 米高,直径约0.6 米的圆形塑料空桶。船上没有捕获的水生动物。

(以下无内容)

见证人签名或盖章:以上情况属实。刘××

(由于当事人吴××拒绝在现场笔录上签字,由在现场的××村村委会成员刘××签字)

执法人员签名或盖章:张×× 黄××

询问笔录

询问时间:2012 年11 月5 日10 时30 分至11 时30 分

询问地点:×××湖××县境内水域距西岸600 米处吴××船上

询问机关:××县渔业局

询问人:张××　执法证件号:××××××

　　　　黄××　　　　　　　××××××

记录人:黄××

被询问人:姓名:吴××　性别:男　年龄:42

身份证号:×××××××××　联系电话:×××××××××

工作单位:××游艺公司　职务:船工

住址:××县××乡××村××号

问:我们是××县渔业局执法人员(出示执法证件),现依法向你进行询问调查。你应当如实回答我们的询问并协助调查,作伪证要承担法律责任,你听清楚了吗?

答:知道了。

问:请告诉我们你的年龄和职业?

答:我今年42 岁,在××游艺公司上班,承包了这条小船,给游湖的客人划船。

问:那么你在这里做什么呢?

答:这些天是旅游淡季,没什么游客,看到湖里的鱼挺肥的,就想来捕点鱼,增加点收入,这刚要下网。

被询问人签名或盖章:以上记录属实。吴××

(第 1 页共 3 页)

笔 录 纸

问:你有捕捞许可证吗?

答:没有。

问:你是从什么时候开始捕鱼的?

答:从今年10月10日开始的。

问:每天都来吗?

答:不是。

问:来过多少次呢?

答:差不多一星期来两次,算这次一共才来过7次。

问:一共打了多少鱼?

答:我每次来了就撒两网,一天差不多打50来斤,今天来了还没打,一共打了150公斤的鱼吧。

问:打的鱼都是什么品种?

答:也就是常见的草鱼、鲢鱼、鲫鱼、鲶鱼。

问:打的鱼都怎么处理了?

答:卖到景区周围的饭店了。

问:一共卖了多少钱?

答:总共才拿到了520元钱,有的还没给我钱呢,我这还有饭店给开的欠条,本来想今天去要钱的。你们看。

被询问人签名或盖章:以上记录属实。吴××

(第2页共3页)

笔　录　纸

问:从这些欠条上看,美味饭庄收到你卖的两次鱼,欠你100元;祥云饭店收到你卖的三次鱼,欠你200元。对吗?

答:是的。

问:就是说,如果你的欠款收回来的话,卖鱼一共能拿到820元?

答:是这样。

问:你的这种行为已经涉嫌违反了《中华人民共和国渔业法》第二十三条第一款"国家对捕捞业实行捕捞许可证制度"。第二十五条"从事捕捞作业的单位和个人,必须按照捕捞许可证关于作业类型、场所、时限、渔具数量和捕捞限额的规定进行作业,并遵守国家有关保护渔业资源的规定"的规定。你应当立即停止这种违法行为。你还有什么要说明的吗?

答:我不知道这是违法,以后肯定不了。

(以下无内容)

被询问人签名或盖章:以上记录属实。吴××

执法人员签名:张××　黄××

(第3页共3页)

证据登记保存清单

当事人:吴××

时　间:2012年11月5日

地　点:×××湖××县境内水域距西岸600米处吴××渔船上

因你(单位)涉嫌无捕捞许可证捕捞,本机关依照《中华人民共和国行政处罚法》第三十七条第二款之规定对你(单位)在吴××的编号为"212"的船上发现的下列物品:

□就地保存,登记保存期间,你(单位)不得使用、销售、转移、损毁、隐匿;

√异地保存于××县渔业局仓库内。

序号	物品名称	规格	生产日期(批号)	生产单位	数量
1	渔网	/	/	/	1副
2	祥云饭店欠条	/	/	/	3张
3	美味饭庄欠条	/	/	/	2张
	(以下空白)				

执法人员:张××　　执法证件号:××××××

　　　　　黄××　　　　　　　　××××××

××县渔业局(印章)

2012年11月5日

当事人签名或盖章:吴××

2012年11月5日

案件处理意见书

<table>
<tr><td>案由</td><td colspan="8">吴××无捕捞许可证捕捞案</td></tr>
<tr><td rowspan="5">当事人</td><td rowspan="3">个人</td><td>姓名</td><td colspan="6">吴××</td></tr>
<tr><td>性别</td><td>男</td><td>年龄</td><td>42</td><td>电话</td><td colspan="2">××××××</td></tr>
<tr><td>住址</td><td colspan="6">××县××乡××村××号</td></tr>
<tr><td rowspan="2">单位</td><td>名称</td><td colspan="3"></td><td colspan="2">法定代表人
（负责人）</td><td></td></tr>
<tr><td>地址</td><td colspan="3"></td><td>电话</td><td colspan="2"></td></tr>
<tr><td>案件调查经过</td><td colspan="8">2012 年 11 月 5 日，我局执法人员接到群众举报，反映吴××无证捕鱼。立案后执法人员立即到××湖区进行调查，发现吴××正在进行捕鱼活动。执法人员对现场进行了检查，对当事人进行了询问，并将渔网一副和欠条 5 张进行了证据先行登记保存。
经过调查，查明当事人自 2012 年 10 月 10 日至 11 月 5 日，未取得捕捞许可证在××湖进行捕捞活动 7 次，非法捕获渔获物 150 公斤，全部销往景区周围饭店，饭店已付款 520 元，欠账 300 元。</td></tr>
<tr><td>所附证据材料</td><td colspan="8">现场检查笔录；
询问笔录；
证据登记保存清单。</td></tr>
<tr><td>调查结论及处理意见</td><td colspan="8">当事人的行为违反了《中华人民共和国渔业法》第二十五条的规定，属于无捕捞许可证捕捞的行为，渔获物全部售出，获违法所得 820 元。
根据《中华人民共和国渔业法》第四十一条的规定，建议对其作出如下处罚：
1. 没收违法所得 820 元；
2. 处以 2000 元罚款。
对先行登记保存的证物渔网一副、欠条 5 张，建议返还当事人。

执法人员签名：张××　黄××
二〇一二年十一月八日</td></tr>
</table>

续表

执法机构意见	同意执法人员意见。 签名:赵×× 二〇一二年十一月八日
法制工作机构意见	同意执法人员意见,本次处罚数额较大,注意告知当事人依法享有申请听证等权利。 签名:李×× 二〇一二年十一月八日
执法机关意见	同意法制工作机构意见。 签名:王×× 二〇一二年十一月八日

××县渔业局

责令改正通知书

吴××：

你无捕捞许可证捕捞的行为，违反了《中华人民共和国渔业法》第二十五条的规定，依据《中华人民共和国行政处罚法》第二十三条　规定，本机关责令你（单位）（√立即／□于＿年＿月＿日之前）按下列要求改正违法行为：

停止无捕捞许可证捕捞的行为。

（以下无内容）

××县渔业局（印章）

2012年11月9日

登记保存物品处理通知书

吴××:

本机关对2012 年11 月5 日登记保存你的物品作出如下处理决定:

将渔网1副、祥云饭店欠条3张、美味饭庄欠条2张全部返还。

(以下无内容)

××县渔业局(印章)

2012 年 11 月 9 日

××县渔业局
行政处罚事先告知书

×渔(渔业)告〔2012〕10号

吴××:

经调查,你(单位)自2012年10月10日至11月5日,未取得捕捞许可证在××湖进行捕捞活动7次,非法捕获渔获物150公斤,全部销往景区周围饭店,饭店已付款520元,欠账300元,违法所得共计820元。

你的行为违反了《中华人民共和国渔业法》第二十五条的规定,属于无捕捞许可证捕捞的行为 。

依据《中华人民共和国渔业法》第四十一条的规定,,本机关拟作出如下处罚决定:

1.没收违法所得820元;

2.处以2000元罚款。

以上罚没款总计2820元。

根据《中华人民共和国行政处罚法》第三十一条、第三十二条和第四十二条的规定,你(单位)可在收到本告知书之日起3日内向本机关进行陈述申辩、申请听证,逾期不陈述申辩、申请听证的,视为你(单位)放弃上述权利。

××县渔业局(印章)

2012年11月9日

处罚机关地址:××县××路××号

联系人:张×× 黄×× 联系电话:××××××

××县渔业局

行政处罚听证会通知书

吴××:

本机关定于2012 年11 月21 日9 时00 分在××县渔业局205 会议室对你无捕捞许可证捕捞一案(公开、不公开)举行听证会。本次听证会由我局法制科科长李××担任主持人。

你(单位)法定代表人或委托代理人应准时出席,逾期不出席的,视同放弃听证权利。委托代理人出席的,应提交身份证明及当事人签署的授权委托书。授权委托书应当写明委托代理人的姓名、性别、年龄以及委托的具体权限,并经你(单位)签名或盖章。

根据《中华人民共和国行政处罚法》第四十二条之规定,你(单位)有权申请听证主持人回避。如申请回避的,请于2012 年11 月20 日前向本机关提出书面申请。

特此通知。

××县渔业局(印章)

2012 年11 月13 日

处罚机关地址:××县××路××号

联系人:张××　黄××　联系电话:×××××××××

送达回证

案　由	吴××无捕捞许可证捕捞案				
受送达人	吴××				
送达单位	××县渔业局				
送达文书及文号	送达地点	送达人	送达方式	收到日期	收件人签名
责令改正通知书	××县渔业局102室	张××	直接送达	2012年11月9日	吴××
登记保存物品处理通知书	××县渔业局102室	张××	直接送达	2012年11月9日	吴××
行政处罚事先告知书[×渔(渔业)告〔2012〕10号]	××县渔业局102室	张××	直接送达	2012年11月9日	吴××
行政处罚听证会通知书	××县渔业局102室	张××	直接送达	2012年11月13日	吴××
(以下空白)					
备注					

听证笔录

时　间:2012 年11 月21 日9 时00 分至10 时30 分

地　点:××县渔业局205 会议室

听证主持人:李××

听 证 员:刘×(法制科副科长)、孙××(执法所所长)、李×(办公室副主任)

书 记 员:钱××

当 事 人:吴××

案件调查人员:张××　黄××

听证记录:书记员宣布会场纪律、当事人的权利和义务。

主持人宣布案由、参加人名单,宣布听证开始。

案件调查人员张××陈述案件调查经过、出示证据,说明拟作出的处罚内容及法律依据:

2012 年11 月5 日,我局执法人员接到群众举报,反映吴××无证捕鱼。立案后执法人员立即到××湖区进行调查,发现吴××正在进行捕鱼活动。执法人员对现场进行了检查,对当事人进行了询问,并将渔网一副和欠条5 张进行了证据先行登记保存。这里是现场检查笔录、询问笔录和先行登记保存通知书。这些证据证明当事人自2012 年10 月10 日至11 月5 日,未取得捕捞许可证在××湖进行捕捞活动7 次,非法捕获渔获物150 公斤,全部销往景区周围饭店,

当事人或委托代理人签名:以上情况属实。吴××

案件调查人员签名:张××　黄××

(第1 页共3 页)

违法所得820元。这种行为违反了《中华人民共和国渔业法》第二十五条的规定,属于无捕捞许可证捕捞的行为。

根据《中华人民共和国渔业法》第四十一条的规定,拟对其作出如下处罚:1.没收违法所得820元;2.处以2000元罚款。

当事人进行陈述:我确实没有办过捕捞许可证,也确实在湖里捕鱼了,说得时间数量都对。不过我是不知道那是违法的才捕的,而且我卖鱼只拿到520元钱,怎么成了820元呢?对我处罚太重了。

听证主持人询问:调查人员请解释一下,为什么认定违法所得是820元?

黄××回答:尽管当事人拿到的钱是520元,但还有300元饭店的欠款,而且这些钱当事人是可以取得的,我们现场调查到那天当事人也承认,当天他就打算去取钱。违法所得的认定应当包括已取得的卖鱼违法收入和可预期的卖鱼违法收入,一共是820元。

主持人:当事人对违法事实的认定还有异议吗?

当事人:就算那样,那你们罚我2000元钱也太多了,我捞的鱼总共才值820元钱,你们除了没收这个钱,还要罚2000元,太多了。

主持人:调查人员请对处罚额度进行说明。

张××:《中华人民共和国渔业法》第四十一条规定:"未依法取得捕捞许可证擅自进行捕捞的,没收渔获物和违法所得,并处十万元以下的罚款;情节严重的,并可以没收渔具和渔船。"你的这种违法行为,破坏了××湖的渔业资源,这种行为最高可以罚10万元、没收渔具渔船,你在不到1个月的时间,就非法捕捞

当事人或委托代理人签名:以上情况属实。吴××

案件调查人员签名:张××　黄××

(第2页共3页)

7次,我们只对你处罚2000元并不多。

主持人:当事人还有什么疑问吗?

当事人:没了。

主持人:那么请当事人进行最后陈述。

当事人最后陈述:我原来是不懂法,又是头回犯,希望少罚点。

主持人:此次听证会到此结束。

(以下无内容)

当事人或委托代理人签名:以上情况属实。吴××

案件调查人员签名:张××　黄××

(第3页共3页)

行政处罚听证会报告书

案　由	吴××无捕捞许可证捕捞案
听证主持人	李××
听　证　员	刘×　孙××　李×
书　记　员	钱××

听证基本情况摘要(详见听证笔录)

2012年11月21日上午在我局205会议室召开听证会,案件调查人员张××、黄××,当事人吴××参加了听证会。

会上案件调查人员汇报了案情、拟处罚的内容及理由,当事人进行了申辩,双方进行了质证。

经过质证,当事人对违法事实予以认可,但认为处罚过重,自己是初犯,请求降低罚款数额。

听证结论及处理意见:

经过质证,案件调查人员与当事人对违法事实、证据无不同意见。对案件调查人员的调查结论即违法行为性质、数额应予以认定。

对于当事人提出希望减少罚款的请求,本主持人认为,本案当事人短期内多次无证捕捞,对渔业资源造成了一定的损害,调查人员建议处以2000元罚款,符合法律规定且额度合理。

综上,本主持人认为:本案事实清楚,适用法律正确。

听证人员签名:李××　刘×　孙××　李×　钱××

2012年11月21日

负责人审批意见:

同意听证主持人意见。

签名:王××

2012年11月21日

备注:

重大案件集体讨论记录

案由:吴××无捕捞许可证捕捞案

主持人:周××(局长)记录人:李××(办公室副主任)

参加人及职务:王××(副局长)、魏×(副局长)、孙××(副局长)、赵××(执法所副所长)

讨论时间:2012 年11 月22 日10 时00 分至10 时20 分

讨论地点:××县渔业局205 会议室

讨论记录:

李××汇报案情:2012 年 11 月 5 日,我局执法人员接到群众举报,反映吴××无证捕鱼。立案后执法人员立即到××湖区进行调查,发现吴××正在进行捕鱼活动。执法人员对现场进行了检查,对当事人进行了询问,并将渔网一副和欠条 5 张进行了证据先行登记保存。经过调查发现,当事人自 2012 年 10 月 10 日至 11 月 5 日,未取得捕捞许可证在××湖进行捕捞活动 7 次,非法捕获渔获物 150 公斤,全部销往景区周围饭店,违法所得捌佰贰拾元。

当事人的行为违反了《中华人民共和国渔业法》第二十五条的规定,属于无捕捞许可证捕捞的行为。

根据《中华人民共和国渔业法》第四十一条的规定,拟对其作出如下处罚:1. 没收违法所得 820 元;2. 处以 2000 元罚款。

当事人提出了听证要求,我局依法组织了听证会,详见听证笔录和听证报告。

(第 1 页共 2 页)

王××发言：从听证情况看，经过听证吴××对事实全部承认，最后只是对处罚的罚款部分提出减少数额的请求。但考虑到当事人的违法行为对渔业资源的危害程度，我认为罚款2000元是恰当的。

魏×发言：我同意没收违法所得和罚款2000元的处罚。

孙××发言：我也同意。

赵××发言：我也同意。

主持人周××结论意见：既然本案违法事实清楚，证据确凿，适用法律也恰当，大家没有不同意见，对本案当事人应当作出以下处罚：1. 没收违法所得820元；2. 罚款2000元。罚没款合并共计2800元。

讨论结束。

参加讨论人员签名：周××　王××　魏×　孙××　赵××

（第2页共2页）

××县渔业局

行政处罚决定书

×渔(渔业)罚〔2012〕10 号

当事人:吴×× 性别:男 年龄:42

住址:××县××乡××村××号

当事人吴××无捕捞许可证捕捞案,本机关依法进行了调查,具体情况如下:

2012 年 11 月 5 日,我局执法人员接到群众举报,反映吴××无证捕鱼。2012 年 11 月 5 日,经电话请示负责人,本机关依法进行立案调查。11 月 5 日,本机关执法人员在×××湖××县境内水域距西岸 600 米处吴××船上进行了现场检查;之后,对当事人吴××进行了询问。经现场检查和询问后,本机关对当事人编号为“212”的船上发现的渔网 1 副、祥云饭店欠条 3 张、美味饭庄欠条 2 张进行了先行登记保存。11 月 9 日,本机关向当事人下达了责令改正通知书,要求当事人立即停止无捕捞许可证捕捞的行为;同日,本机关将先行登记保存的渔网 1 副、祥云饭店欠条 3 张、美味饭庄欠条 2 张返还给当事人吴××。

经查明,当事人自 2012 年 10 月 10 日至 11 月 5 日,未取得捕捞许可证在××湖进行捕捞活动 7 次,非法捕获渔获物 150 公斤,全部售往饭店,并已取得违法收入 520 元,饭店尚欠 300 元。

以上违法事实有以下证据为证:

证据一:现场检查笔录 1 份,证明当事人有捕捞的行为;

证据二:询问笔录 1 份,证明当事人捕捞的具体过程、捕捞的数量、货值;

证据三:证据登记保存清单,证明当事人捕捞的行为和销售获得的部分违法所得。

2012 年 11 月 9 日,执法人员向当事人吴××送达了有听证告知内容的行政处罚事先告知书[×渔(渔业)告〔2012〕10 号]。当事人在规定时间内提出听证要求。11 月 13 日,本机关向当事人送达了听证会通知书。11 月 21 日,听证会在××县渔业局 205 会议室公开进行。听证会上,当事人辩称:

1. 卖鱼只拿到 520 元钱,违法所得怎么成了 820 元?

2. 处罚除了没收 820 元,还要罚 2000 元,太多了。

针对当事人提出的违法所得认定问题，当事人认为违法所得应为通过卖鱼所取得的现金收益，即只有520元。本机关认为，违法所得的认定应当包括已取得的卖鱼违法收入520元和可预期的卖鱼违法收入300元，一共是820元。

对当事人提出的处罚金额过大的问题，当事人认为原来不懂法且是初次违法，不应处以2000元的罚款。由于不懂法和初次违法不是从轻、减轻处罚的法定理由，而且当事人在不到1个月的时间内7次到××湖无证捕捞，初次违法的解释不能成立，其违法行为已对××湖的渔业资源造成一定的损害。

本机关认为：

《中华人民共和国渔业法》第二十五条规定："从事捕捞作业的单位和个人，必须按照捕捞许可证关于作业类型、场所、时限、渔具数量和捕捞限额的规定进行作业，并遵守国家有关保护渔业资源的规定，大中型渔船应当填写渔捞日志。"当事人的行为违反了《中华人民共和国渔业法》第二十五条的规定，属于无捕捞许可证捕捞的行为，渔获物全部售出，获违法所得820元。

综上所述，依照《中华人民共和国渔业法》第四十一条"未依法取得捕捞许可证擅自进行捕捞的，没收渔获物和违法所得，并处十万元以下的罚款；情节严重的，并可以没收渔具和渔船"的规定，本机关负责人经过集体讨论后，作出如下处罚决定：

1. 没收违法所得820元；

2. 处以2000元罚款；

以上罚没款合计2820元。

当事人必须在收到本处罚决定书之日起15日内持本决定书到××银行缴纳罚没款。逾期不按规定缴纳罚款的，每日按罚款数额的3%加处罚款。

当事人对本处罚决定不服的，可以在收到本处罚决定书之日起60日内向××县人民政府或××市渔业局申请行政复议；或者3个月内向××县人民法院提起行政诉讼。行政复议和行政诉讼期间，本处罚决定不停止执行。

当事人逾期不申请行政复议或提起行政诉讼，也不履行本行政处罚决定的，本机关将依法申请人民法院强制执行。

××县渔业局（印章）

2012年11月22日

送达回证

<table>
<tr><td>案　由</td><td colspan="5">吴××无捕捞许可证捕捞案</td></tr>
<tr><td>受送达人</td><td colspan="5">吴××</td></tr>
<tr><td>送达单位</td><td colspan="5">××县渔业局</td></tr>
<tr><td>送达文书及文号</td><td>送达地点</td><td>送达人</td><td>送达方式</td><td>收到日期</td><td>收件人签名</td></tr>
<tr><td>行政处罚决定书
[×渔(渔业)罚〔2012〕10号]</td><td>××县××乡××村××号</td><td>张××</td><td>留置送达</td><td>2012年11月23日</td><td></td></tr>
<tr><td>行政处罚缴款书
[×渔(渔业)罚〔2012〕10号]</td><td>××县××乡××村××号</td><td>张××</td><td>留置送达</td><td>2012年11月23日</td><td></td></tr>
<tr><td>(以下空白)</td><td></td><td></td><td></td><td></td><td></td></tr>
<tr><td></td><td></td><td></td><td></td><td></td><td></td></tr>
<tr><td></td><td></td><td></td><td></td><td></td><td></td></tr>
<tr><td>备注</td><td colspan="5">由于当事人吴××拒绝接收相关文书,执法人员邀请××村村委会成员刘××到现场作为见证人。
见证人签字:刘××</td></tr>
</table>

××县渔业局

履行行政处罚决定催告书

×渔(渔业)催〔2012〕1号

吴××:

本机关于2012年11月23日送达你(单位)行政处罚决定书[×渔(渔业)罚〔2012〕10号],你(单位)在法定期限内未履行行政处罚决定,现依法催告你(单位)履行义务。请你(单位)自收到本催告书之日起十日内到××银行缴纳罚(没)款2820元。如有陈述申辩意见,请在催告期内向本机关书面提出。无正当理由逾期仍不履行义务,本机关将依法申请人民法院强制执行。

××县渔业局(印章)

2012年12月9日

处罚机关地址:××县××路××号

联系人:张××　黄××　　联系电话:××××××××

××县渔业局

强制执行申请书

×渔(渔业)申执〔2012〕1号

申请人:××县渔业局

法定代表人:王××

地址:××县××路××号;联系电话:×××××××××

被申请人:吴×× 性别:男 年龄:42 住址:××县××乡××村××号 联系电话:×××××××××

申请人于2012年11月22日对被申请人无捕捞许可证捕捞案依法作出行政处罚决定[×渔(渔业)罚〔2012〕10号],并已于2012年11月23日送达被申请人,被申请人在法定期限内未履行行政处罚决定,也未申请行政复议或者提起行政诉讼。经本机关书面催告,被申请人仍未履行义务。根据《中华人民共和国行政强制法》第五十三条之规定,特申请强制执行。

申请执行内容:1.没收违法所得820元;2.处以2000元罚款;以上罚没款合计2820元。

此致

××县人民法院

附:1.行政处罚决定书及送达回证(略)

2.催告书等其他有关材料(略)

执法机关负责人签名:王××

××县渔业局(印章)

2012年12月20日

行政处罚结案报告

<table>
<tr><td>案 由</td><td colspan="3">吴××无捕捞许可证捕捞案</td></tr>
<tr><td>当事人</td><td colspan="3">吴××</td></tr>
<tr><td>立案时间</td><td>2012年11月5日</td><td>处罚决定
送达时间</td><td>2012年11月22日</td></tr>
<tr><td colspan="4">处罚决定：
1. 没收违法所得820元；
2. 处以2000元罚款；
以上罚没款合计2820元。

执行情况：
当事人在法定期限内未履行行政处罚决定，也未申请行政复议或者提起行政诉讼。经本机关书面催告，被申请人仍未履行义务。2012年12月20日，本机关申请人民法院强制执行。
现申请结案。

执法人员签名：张×× 黄××
2012年12月26日</td></tr>
<tr><td>执法
机构
意见</td><td colspan="3">同意结案。
签名：赵××
2012年12月27日</td></tr>
<tr><td>执法
机关
意见</td><td colspan="3">同意结案。
签名：王××
2012年12月28日</td></tr>
</table>

附　录

中华人民共和国行政处罚法

(1996年3月17日第八届全国人民代表大会第四次会议通过
根据2009年8月27日第十一届全国人民代表大会常务委员会第十次会议
《关于修改部分法律的决定》修正)

第一章　总　　则

第一条　【立法目的】为了规范行政处罚的设定和实施,保障和监督行政机关有效实施行政管理,维护公共利益和社会秩序,保护公民、法人或者其他组织的合法权益,根据宪法,制定本法。

第二条　【适用范围】行政处罚的设定和实施,适用本法。

第三条　【适用对象】公民、法人或者其他组织违反行政管理秩序的行为,应当给予行政处罚的,依照本法由法律、法规或者规章规定,并由行政机关依照本法规定的程序实施。

没有法定依据或者不遵守法定程序的,行政处罚无效。

第四条　【适用原则】行政处罚遵循公正、公开的原则。

设定和实施行政处罚必须以事实为依据,与违法行为的事实、性质、情节以及社会危害程度相当。

对违法行为给予行政处罚的规定必须公布;未经公布的,不得作为行政处罚的依据。

第五条　【适用目的】实施行政处罚,纠正违法行为,应当坚持处罚与教育相结合,教育公民、法人或者其他组织自觉守法。

第六条 【被处罚者权利】公民、法人或者其他组织对行政机关所给予的行政处罚，享有陈述权、申辩权；对行政处罚不服的，有权依法申请行政复议或者提起行政诉讼。

公民、法人或者其他组织因行政机关违法给予行政处罚受到损害的，有权依法提出赔偿要求。

第七条 【被处罚者承担的其他法律责任】公民、法人或者其他组织因违法受到行政处罚，其违法行为对他人造成损害的，应当依法承担民事责任。

违法行为构成犯罪，应当依法追究刑事责任，不得以行政处罚代替刑事处罚。

第二章 行政处罚的种类和设定

第八条 【处罚的种类】行政处罚的种类：

（一）警告；

（二）罚款；

（三）没收违法所得、没收非法财物；

（四）责令停产停业；

（五）暂扣或者吊销许可证、暂扣或者吊销执照；

（六）行政拘留；

（七）法律、行政法规规定的其他行政处罚。

第九条 【法律对处罚种类的设定】法律可以设定各种行政处罚。

限制人身自由的行政处罚，只能由法律设定。

第十条 【行政法规对处罚种类的设定】行政法规可以设定除限制人身自由以外的行政处罚。

法律对违法行为已经作出行政处罚规定，行政法规需要作出具体规定的，必须在法律规定的给予行政处罚的行为、种类和幅度的范围内规定。

第十一条 【地方性法规对处罚种类的设定】地方性法规可以设定除限制人身自由、吊销企业营业执照以外的行政处罚。

法律、行政法规对违法行为已经作出行政处罚规定，地方性法规需要作出具体规定的,必须在法律、行政法规规定的给予行政处罚的行为、种类和幅度的范围内规定。

第十二条 【国务院部、委的规章对处罚的设定】国务院部、委员会制定的规章可以在法律、行政法规规定的给予行政处罚的行为、种类和幅度的范围内作出具体规定。

尚未制定法律、行政法规的,前款规定的国务院部、委员会制定的规章对违反行政管理秩序的行为,可以设定警告或者一定数量罚款的行政处罚。罚款的限额由国务院规定。

国务院可以授权具有行政处罚权的直属机构依照本条第一款、第二款的规定,规定行政处罚。

第十三条 【省、自治区人民政府及有权的市的规章对处罚的设定】省、自治区、直辖市人民政府和省、自治区人民政府所在地的市人民政府以及经国务院批准的较大的市人民政府制定的规章可以在法律、法规规定的给予行政处罚的行为、种类和幅度的范围内作出具体规定。

尚未制定法律、法规的,前款规定的人民政府制定的规章对违反行政管理秩序的行为,可以设定警告或者一定数量罚款的行政处罚。罚款的限额由省、自治区、直辖市人民代表大会常务委员会规定。

第十四条 【其他规范性文件不得设定行政处罚】除本法第九条、第十条、第十一条、第十二条以及第十三条的规定外,其他规范性文件不得设定行政处罚。

第三章 行政处罚的实施机关

第十五条 【处罚的实施】行政处罚由具有行政处罚权的行政机关在法定职权范围内实施。

第十六条 【处罚的权限】国务院或者经国务院授权的省、自治区、直辖市人民政府可以决定一个行政机关行使有关行政机关的行政处罚权,但限制人身自由的行政处罚权只能由公安机关行使。

第十七条 【授权实施处罚】法律、法规授权的具有管理公共事务职能的组织可以在法定授权范围内实施行政处罚。

第十八条 【委托实施处罚】行政机关依照法律、法规或者规章的规定，可以在其法定权限内委托符合本法第十九条规定条件的组织实施行政处罚。行政机关不得委托其他组织或者个人实施行政处罚。

委托行政机关对受委托的组织实施行政处罚的行为应当负责监督，并对该行为的后果承担法律责任。

受委托组织在委托范围内，以委托行政机关名义实施行政处罚；不得再委托其他任何组织或者个人实施行政处罚。

第十九条 【受托组织的条件】受委托组织必须符合以下条件：

（一）依法成立的管理公共事务的事业组织；

（二）具有熟悉有关法律、法规、规章和业务的工作人员；

（三）对违法行为需要进行技术检查或者技术鉴定的，应当有条件组织进行相应的技术检查或者技术鉴定。

第四章 行政处罚的管辖和适用

第二十条 【处罚的管辖】行政处罚由违法行为发生地的县级以上地方人民政府具有行政处罚权的行政机关管辖。法律、行政法规另有规定的除外。

第二十一条 【指定管辖】对管辖发生争议的，报请共同的上一级行政机关指定管辖。

第二十二条 【构成犯罪案件的移送】违法行为构成犯罪的，行政机关必须将案件移送司法机关，依法追究刑事责任。

第二十三条 【改正违法行为】行政机关实施行政处罚时，应当责令当事人改正或者限期改正违法行为。

第二十四条 【同一行为不得重复处罚】对当事人的同一个违法行为，不得给予两次以上罚款的行政处罚。

第二十五条 【未成年人处罚的限制】不满十四周岁的人有违法行为的，不予行政处罚，责令监护人加以管教；已满十四周岁不满十八周岁的人有违法行为的，从轻或者减轻行政处罚。

第二十六条 【精神病人处罚的限制】精神病人在不能辨认或者不能控

制自己行为时有违法行为的,不予行政处罚,但应当责令其监护人严加看管和治疗。间歇性精神病人在精神正常时有违法行为的,应当给予行政处罚。

第二十七条　【从轻、减轻处罚的条件】当事人有下列情形之一的,应当依法从轻或者减轻行政处罚:

(一)主动消除或者减轻违法行为危害后果的;

(二)受他人胁迫有违法行为的;

(三)配合行政机关查处违法行为有立功表现的;

(四)其他依法从轻或者减轻行政处罚的。

违法行为轻微并及时纠正,没有造成危害后果的,不予行政处罚。

第二十八条　【刑罚的折抵】违法行为构成犯罪,人民法院判处拘役或者有期徒刑时,行政机关已经给予当事人行政拘留的,应当依法折抵相应刑期。

违法行为构成犯罪,人民法院判处罚金时,行政机关已经给予当事人罚款的,应当折抵相应罚金。

第二十九条　【处罚的时效】违法行为在二年内未被发现的,不再给予行政处罚。法律另有规定的除外。

前款规定的期限,从违法行为发生之日起计算;违法行为有连续或者继续状态的,从行为终了之日起计算。

第五章　行政处罚的决定

第三十条　【处罚的条件】公民、法人或者其他组织违反行政管理秩序的行为,依法应当给予行政处罚的,行政机关必须查明事实;违法事实不清的,不得给予行政处罚。

第三十一条　【告知义务】行政机关在作出行政处罚决定之前,应当告知当事人作出行政处罚决定的事实、理由及依据,并告知当事人依法享有的权利。

第三十二条　【当事人的申辩、陈述权】当事人有权进行陈述和申辩。行政机关必须充分听取当事人的意见,对当事人提出的事实、理由和证据,应当进行复核;当事人提出的事实、理由或者证据成立的,行政机关应当采纳。

行政机关不得因当事人申辩而加重处罚。

第一节 简易程序

第三十三条 【当场处罚】违法事实确凿并有法定依据，对公民处以五十元以下、对法人或者其他组织处以一千元以下罚款或者警告的行政处罚的，可以当场作出行政处罚决定。当事人应当依照本法第四十六条、第四十七条、第四十八条的规定履行行政处罚决定。

第三十四条 【当场处罚的行政处罚决定书】执法人员当场作出行政处罚决定的，应当向当事人出示执法身份证件，填写预定格式、编有号码的行政处罚决定书。行政处罚决定书应当当场交付当事人。

前款规定的行政处罚决定书应当载明当事人的违法行为、行政处罚依据、罚款数额、时间、地点以及行政机关名称，并由执法人员签名或者盖章。

执法人员当场作出的行政处罚决定，必须报所属行政机关备案。

第三十五条 【不服处罚提起的复议或诉讼】当事人对当场作出的行政处罚决定不服的，可以依法申请行政复议或者提起行政诉讼。

第二节 一般程序

第三十六条 【取证】除本法第三十三条规定的可以当场作出的行政处罚外，行政机关发现公民、法人或者其他组织有依法应当给予行政处罚的行为的，必须全面、客观、公正地调查，收集有关证据；必要时，依照法律、法规的规定，可以进行检查。

第三十七条 【证据的收集】行政机关在调查或者进行检查时，执法人员不得少于两人，并应当向当事人或者有关人员出示证件。当事人或者有关人员应当如实回答询问，并协助调查或者检查，不得阻挠。询问或者检查应当制作笔录。

行政机关在收集证据时，可以采取抽样取证的方法；在证据可能灭失或者以后难以取得的情况下，经行政机关负责人批准，可以先行登记保存，并应当在七日内及时作出处理决定，在此期间，当事人或者有关人员不得销毁或者转移证据。

执法人员与当事人有直接利害关系的,应当回避。

第三十八条 【处罚决定】调查终结,行政机关负责人应当对调查结果进行审查,根据不同情况,分别作出如下决定:

(一)确有应受行政处罚的违法行为的,根据情节轻重及具体情况,作出行政处罚决定;

(二)违法行为轻微,依法可以不予行政处罚的,不予行政处罚;

(三)违法事实不能成立的,不得给予行政处罚;

(四)违法行为已构成犯罪的,移送司法机关。

对情节复杂或者重大违法行为给予较重的行政处罚,行政机关的负责人应当集体讨论决定。

第三十九条 【处罚决定书的内容】行政机关依照本法第三十八条的规定给予行政处罚,应当制作行政处罚决定书。行政处罚决定书应当载明下列事项:

(一)当事人的姓名或者名称、地址;

(二)违反法律、法规或者规章的事实和证据;

(三)行政处罚的种类和依据;

(四)行政处罚的履行方式和期限;

(五)不服行政处罚决定,申请行政复议或者提起行政诉讼的途径和期限;

(六)作出行政处罚决定的行政机关名称和作出决定的日期。

行政处罚决定书必须盖有作出行政处罚决定的行政机关的印章。

第四十条 【送达】行政处罚决定书应当在宣告后当场交付当事人;当事人不在场的,行政机关应当在七日内依照民事诉讼法的有关规定,将行政处罚决定书送达当事人。

第四十一条 【处罚决定不成立条件】行政机关及其执法人员在作出行政处罚决定之前,不依照本法第三十一条、第三十二条的规定向当事人告知给予行政处罚的事实、理由和依据,或者拒绝听取当事人的陈述、申辩,行政处罚决定不能成立;当事人放弃陈述或者申辩权利的除外。

第三节 听证程序

第四十二条 【听证范围及程序】行政机关作出责令停产停业、吊销许可证或者执照、较大数额罚款等行政处罚决定之前，应当告知当事人有要求举行听证的权利；当事人要求听证的，行政机关应当组织听证。当事人不承担行政机关组织听证的费用。听证依照以下程序组织：

（一）当事人要求听证的，应当在行政机关告知后三日内提出；

（二）行政机关应当在听证的七日前，通知当事人举行听证的时间、地点；

（三）除涉及国家秘密、商业秘密或者个人隐私外，听证公开举行；

（四）听证由行政机关指定的非本案调查人员主持；当事人认为主持人与本案有直接利害关系的，有权申请回避；

（五）当事人可以亲自参加听证，也可以委托一至二人代理；

（六）举行听证时，调查人员提出当事人违法的事实、证据和行政处罚建议；当事人进行申辩和质证；

（七）听证应当制作笔录；笔录应当交当事人审核无误后签字或者盖章。

当事人对限制人身自由的行政处罚有异议的，依照治安管理处罚法有关规定执行。

第四十三条 【听证之后的处罚】听证结束后，行政机关依照本法第三十八条的规定，作出决定。

第六章 行政处罚的执行

第四十四条 【当事人有履行处罚的义务】行政处罚决定依法作出后，当事人应当在行政处罚决定的期限内，予以履行。

第四十五条 【申请复议、提起诉讼不中止处罚的执行】当事人对行政处罚决定不服申请行政复议或者提起行政诉讼的，行政处罚不停止执行，法律另有规定的除外。

第四十六条 【罚缴分离原则】作出罚款决定的行政机关应当与收缴罚款的机构分离。

除依照本法第四十七条、第四十八条的规定当场收缴的罚款外,作出行政处罚决定的行政机关及其执法人员不得自行收缴罚款。

当事人应当自收到行政处罚决定书之日起十五日内,到指定的银行缴纳罚款。银行应当收受罚款,并将罚款直接上缴国库。

第四十七条 【当场收缴罚款范围】依照本法第三十三条的规定当场作出行政处罚决定,有下列情形之一的,执法人员可以当场收缴罚款:

(一)依法给予二十元以下的罚款的;

(二)不当场收缴事后难以执行的。

第四十八条 【边远地区当场收缴罚款】在边远、水上、交通不便地区,行政机关及其执法人员依照本法第三十三条、第三十八条的规定作出罚款决定后,当事人向指定的银行缴纳罚款确有困难,经当事人提出,行政机关及其执法人员可以当场收缴罚款。

第四十九条 【罚款收据】行政机关及其执法人员当场收缴罚款的,必须向当事人出具省、自治区、直辖市财政部门统一制发的罚款收据;不出具财政部门统一制发的罚款收据的,当事人有权拒绝缴纳罚款。

第五十条 【罚款交纳期】执法人员当场收缴的罚款,应当自收缴罚款之日起二日内,交至行政机关;在水上当场收缴的罚款,应当自抵岸之日起二日内交至行政机关;行政机关应当在二日内将罚款缴付指定的银行。

第五十一条 【执行措施】当事人逾期不履行行政处罚决定的,作出行政处罚决定的行政机关可以采取下列措施:

(一)到期不缴纳罚款的,每日按罚款数额的百分之三加处罚款;

(二)根据法律规定,将查封、扣押的财物拍卖或者将冻结的存款划拨抵缴罚款;

(三)申请人民法院强制执行。

第五十二条 【分期缴纳罚款】当事人确有经济困难,需要延期或者分期缴纳罚款的,经当事人申请和行政机关批准,可以暂缓或者分期缴纳。

第五十三条 【没收的非法财物的处理】除依法应当予以销毁的物品外,依法没收的非法财物必须按照国家规定公开拍卖或者按照国家有关规定处理。

罚款、没收违法所得或者没收非法财物拍卖的款项，必须全部上缴国库，任何行政机关或者个人不得以任何形式截留、私分或者变相私分；财政部门不得以任何形式向作出行政处罚决定的行政机关返还罚款、没收的违法所得或者返还没收非法财物的拍卖款项。

第五十四条 【监督检查】行政机关应当建立健全对行政处罚的监督制度。县级以上人民政府应当加强对行政处罚的监督检查。

公民、法人或者其他组织对行政机关作出的行政处罚，有权申诉或者检举；行政机关应当认真审查，发现行政处罚有错误的，应当主动改正。

第七章 法律责任

第五十五条 【上级行政机关的监督】行政机关实施行政处罚，有下列情形之一的，由上级行政机关或者有关部门责令改正，可以对直接负责的主管人员和其他直接责任人员依法给予行政处分：

（一）没有法定的行政处罚依据的；

（二）擅自改变行政处罚种类、幅度的；

（三）违反法定的行政处罚程序的；

（四）违反本法第十八条关于委托处罚的规定的。

第五十六条 【当事人的拒绝处罚权及检举权】行政机关对当事人进行处罚不使用罚款、没收财物单据或者使用非法定部门制发的罚款、没收财物单据的，当事人有权拒绝处罚，并有权予以检举。上级行政机关或者有关部门对使用的非法单据予以收缴销毁，对直接负责的主管人员和其他直接责任人员依法给予行政处分。

第五十七条 【自行收缴罚款的处理】行政机关违反本法第四十六条的规定自行收缴罚款的，财政部门违反本法第五十三条的规定向行政机关返还罚款或者拍卖款项的，由上级行政机关或者有关部门责令改正，对直接负责的主管人员和其他直接责任人员依法给予行政处分。

第五十八条 【私分罚没财物的处理】行政机关将罚款、没收的违法所得或者财物截留、私分或者变相私分的，由财政部门或者有关部门予以追缴，对直接负责的主管人员和其他直接责任人员依法给予行政处分；情节严重构成犯罪的,依法追究刑事责任。

执法人员利用职务上的便利,索取或者收受他人财物、收缴罚款据为己有,构成犯罪的,依法追究刑事责任;情节轻微不构成犯罪的,依法给予行政处分。

第五十九条 【行政机关的赔偿责任及对有关人员的处理】行政机关使用或者损毁扣押的财物,对当事人造成损失的,应当依法予以赔偿,对直接负责的主管人员和其他直接责任人员依法给予行政处分。

第六十条 【违法实行检查或执行措施的赔偿责任】行政机关违法实行检查措施或者执行措施,给公民人身或者财产造成损害、给法人或者其他组织造成损失的,应当依法予以赔偿,对直接负责的主管人员和其他直接责任人员依法给予行政处分;情节严重构成犯罪的,依法追究刑事责任。

第六十一条 【对拒不移交罪犯的有关人员的处理】行政机关为牟取本单位私利,对应当依法移交司法机关追究刑事责任的不移交,以行政处罚代替刑罚,由上级行政机关或者有关部门责令纠正;拒不纠正的,对直接负责的主管人员给予行政处分;徇私舞弊、包庇纵容违法行为的,依照刑法有关规定追究刑事责任。

第六十二条 【执法人员失职承担的责任】执法人员玩忽职守,对应当予以制止和处罚的违法行为不予制止、处罚,致使公民、法人或者其他组织的合法权益、公共利益和社会秩序遭受损害的,对直接负责的主管人员和其他直接责任人员依法给予行政处分;情节严重构成犯罪的,依法追究刑事责任。

第八章 附 则

第六十三条 【国务院制定罚缴分离办法】本法第四十六条罚款决定与罚款收缴分离的规定,由国务院制定具体实施办法。

第六十四条 【生效日期】本法自 1996 年 10 月 1 日起施行。

本法公布前制定的法规和规章关于行政处罚的规定与本法不符合的,应当自本法公布之日起,依照本法规定予以修订,在 1997 年 12 月 31 日前修订完毕。

中华人民共和国行政强制法

（2011年6月30日第十一届全国人民代表大会
常务委员会第二十一次会议通过）

第一章 总 则

第一条 为了规范行政强制的设定和实施，保障和监督行政机关依法履行职责，维护公共利益和社会秩序，保护公民、法人和其他组织的合法权益，根据宪法，制定本法。

第二条 本法所称行政强制，包括行政强制措施和行政强制执行。

行政强制措施，是指行政机关在行政管理过程中，为制止违法行为、防止证据损毁、避免危害发生、控制危险扩大等情形，依法对公民的人身自由实施暂时性限制，或者对公民、法人或者其他组织的财物实施暂时性控制的行为。

行政强制执行，是指行政机关或者行政机关申请人民法院，对不履行行政决定的公民、法人或者其他组织，依法强制履行义务的行为。

第三条 行政强制的设定和实施，适用本法。

发生或者即将发生自然灾害、事故灾难、公共卫生事件或者社会安全事件等突发事件，行政机关采取应急措施或者临时措施，依照有关法律、行政法规的规定执行。

行政机关采取金融业审慎监管措施、进出境货物强制性技术监控措施，依照有关法律、行政法规的规定执行。

第四条 行政强制的设定和实施，应当依照法定的权限、范围、条件和程序。

第五条 行政强制的设定和实施，应当适当。采用非强制手段可以达到行政管理目的的，不得设定和实施行政强制。

第六条 实施行政强制,应当坚持教育与强制相结合。

第七条 行政机关及其工作人员不得利用行政强制权为单位或者个人谋取利益。

第八条 公民、法人或者其他组织对行政机关实施行政强制,享有陈述权、申辩权;有权依法申请行政复议或者提起行政诉讼;因行政机关违法实施行政强制受到损害的,有权依法要求赔偿。

公民、法人或者其他组织因人民法院在强制执行中有违法行为或者扩大强制执行范围受到损害的,有权依法要求赔偿。

第二章 行政强制的种类和设定

第九条 行政强制措施的种类:

(一)限制公民人身自由;

(二)查封场所、设施或者财物;

(三)扣押财物;

(四)冻结存款、汇款;

(五)其他行政强制措施。

第十条 行政强制措施由法律设定。

尚未制定法律,且属于国务院行政管理职权事项的,行政法规可以设定除本法第九条第一项、第四项和应当由法律规定的行政强制措施以外的其他行政强制措施。

尚未制定法律、行政法规,且属于地方性事务的,地方性法规可以设定本法第九条第二项、第三项的行政强制措施。

法律、法规以外的其他规范性文件不得设定行政强制措施。

第十一条 法律对行政强制措施的对象、条件、种类作了规定的,行政法规、地方性法规不得作出扩大规定。

法律中未设定行政强制措施的,行政法规、地方性法规不得设定行政强制措施。但是,法律规定特定事项由行政法规规定具体管理措施的,行政法规可以设定除本法第九条第一项、第四项和应当由法律规定的行政强制措施以外的其他行政强制措施。

第十二条 行政强制执行的方式：

（一）加处罚款或者滞纳金；

（二）划拨存款、汇款；

（三）拍卖或者依法处理查封、扣押的场所、设施或者财物；

（四）排除妨碍、恢复原状；

（五）代履行；

（六）其他强制执行方式。

第十三条 行政强制执行由法律设定。

法律没有规定行政机关强制执行的，作出行政决定的行政机关应当申请人民法院强制执行。

第十四条 起草法律草案、法规草案，拟设定行政强制的，起草单位应当采取听证会、论证会等形式听取意见，并向制定机关说明设定该行政强制的必要性、可能产生的影响以及听取和采纳意见的情况。

第十五条 行政强制的设定机关应当定期对其设定的行政强制进行评价，并对不适当的行政强制及时予以修改或者废止。

行政强制的实施机关可以对已设定的行政强制的实施情况及存在的必要性适时进行评价，并将意见报告该行政强制的设定机关。

公民、法人或者其他组织可以向行政强制的设定机关和实施机关就行政强制的设定和实施提出意见和建议。有关机关应当认真研究论证，并以适当方式予以反馈。

第三章 行政强制措施实施程序

第一节 一般规定

第十六条 行政机关履行行政管理职责，依照法律、法规的规定，实施行政强制措施。

违法行为情节显著轻微或者没有明显社会危害的，可以不采取行政强制措施。

第十七条 行政强制措施由法律、法规规定的行政机关在法定职权范围内实施。行政强制措施权不得委托。

依据《中华人民共和国行政处罚法》的规定行使相对集中行政处罚权的行政机关,可以实施法律、法规规定的与行政处罚权有关的行政强制措施。

行政强制措施应当由行政机关具备资格的行政执法人员实施,其他人员不得实施。

第十八条 行政机关实施行政强制措施应当遵守下列规定:

(一)实施前须向行政机关负责人报告并经批准;

(二)由两名以上行政执法人员实施;

(三)出示执法身份证件;

(四)通知当事人到场;

(五)当场告知当事人采取行政强制措施的理由、依据以及当事人依法享有的权利、救济途径;

(六)听取当事人的陈述和申辩;

(七)制作现场笔录;

(八)现场笔录由当事人和行政执法人员签名或者盖章,当事人拒绝的,在笔录中予以注明;

(九)当事人不到场的,邀请见证人到场,由见证人和行政执法人员在现场笔录上签名或者盖章;

(十)法律、法规规定的其他程序。

第十九条 情况紧急,需要当场实施行政强制措施的,行政执法人员应当在二十四小时内向行政机关负责人报告,并补办批准手续。行政机关负责人认为不应当采取行政强制措施的,应当立即解除。

第二十条 依照法律规定实施限制公民人身自由的行政强制措施,除应当履行本法第十八条规定的程序外,还应当遵守下列规定:

(一)当场告知或者实施行政强制措施后立即通知当事人家属实施行政强制措施的行政机关、地点和期限;

(二)在紧急情况下当场实施行政强制措施的,在返回行政机关后,立即向行政机关负责人报告并补办批准手续;

(三)法律规定的其他程序。

实施限制人身自由的行政强制措施不得超过法定期限。实施行政强制措施的目的已经达到或者条件已经消失,应当立即解除。

第二十一条 违法行为涉嫌犯罪应当移送司法机关的,行政机关应当将查封、扣押、冻结的财物一并移送,并书面告知当事人。

第二节 查封、扣押

第二十二条 查封、扣押应当由法律、法规规定的行政机关实施,其他任何行政机关或者组织不得实施。

第二十三条 查封、扣押限于涉案的场所、设施或者财物,不得查封、扣押与违法行为无关的场所、设施或者财物;不得查封、扣押公民个人及其所扶养家属的生活必需品。

当事人的场所、设施或者财物已被其他国家机关依法查封的,不得重复查封。

第二十四条 行政机关决定实施查封、扣押的,应当履行本法第十八条规定的程序,制作并当场交付查封、扣押决定书和清单。

查封、扣押决定书应当载明下列事项:

(一)当事人的姓名或者名称、地址;

(二)查封、扣押的理由、依据和期限;

(三)查封、扣押场所、设施或者财物的名称、数量等;

(四)申请行政复议或者提起行政诉讼的途径和期限;

(五)行政机关的名称、印章和日期。

查封、扣押清单一式二份,由当事人和行政机关分别保存。

第二十五条 查封、扣押的期限不得超过三十日;情况复杂的,经行政机关负责人批准,可以延长,但是延长期限不得超过三十日。法律、行政法规另有规定的除外。

延长查封、扣押的决定应当及时书面告知当事人,并说明理由。

对物品需要进行检测、检验、检疫或者技术鉴定的,查封、扣押的期间不包括检测、检验、检疫或者技术鉴定的期间。检测、检验、检疫或者技术鉴定的期间应当明确,并书面告知当事人。检测、检验、检疫或者技术鉴定的费用由行政机关承担。

第二十六条 对查封、扣押的场所、设施或者财物,行政机关应当妥善保管,不得使用或者损毁;造成损失的,应当承担赔偿责任。

对查封的场所、设施或者财物,行政机关可以委托第三人保管,第三人不得损毁或者擅自转移、处置。因第三人的原因造成的损失,行政机关先行赔付后,有权向第三人追偿。

因查封、扣押发生的保管费用由行政机关承担。

第二十七条 行政机关采取查封、扣押措施后,应当及时查清事实,在本法第二十五条规定的期限内作出处理决定。对违法事实清楚,依法应当没收的非法财物予以没收;法律、行政法规规定应当销毁的,依法销毁;应当解除查封、扣押的,作出解除查封、扣押的决定。

第二十八条 有下列情形之一的,行政机关应当及时作出解除查封、扣押决定:

(一)当事人没有违法行为;

(二)查封、扣押的场所、设施或者财物与违法行为无关;

(三)行政机关对违法行为已经作出处理决定,不再需要查封、扣押;

(四)查封、扣押期限已经届满;

(五)其他不再需要采取查封、扣押措施的情形。

解除查封、扣押应当立即退还财物;已将鲜活物品或者其他不易保管的财物拍卖或者变卖的,退还拍卖或者变卖所得款项。变卖价格明显低于市场价格,给当事人造成损失的,应当给予补偿。

第三节 冻 结

第二十九条 冻结存款、汇款应当由法律规定的行政机关实施,不得委托给其他行政机关或者组织;其他任何行政机关或者组织不得冻结存款、汇款。

冻结存款、汇款的数额应当与违法行为涉及的金额相当;已被其他国家机关依法冻结的,不得重复冻结。

第三十条 行政机关依照法律规定决定实施冻结存款、汇款的,应当履行本法第十八条第一项、第二项、第三项、第七项规定的程序,并向金融机构交付冻结通知书。

金融机构接到行政机关依法作出的冻结通知书后，应当立即予以冻结，不得拖延，不得在冻结前向当事人泄露信息。

法律规定以外的行政机关或者组织要求冻结当事人存款、汇款的，金融机构应当拒绝。

第三十一条 依照法律规定冻结存款、汇款的，作出决定的行政机关应当在三日内向当事人交付冻结决定书。冻结决定书应当载明下列事项：

（一）当事人的姓名或者名称、地址；

（二）冻结的理由、依据和期限；

（三）冻结的账号和数额；

（四）申请行政复议或者提起行政诉讼的途径和期限；

（五）行政机关的名称、印章和日期。

第三十二条 自冻结存款、汇款之日起三十日内，行政机关应当作出处理决定或者作出解除冻结决定；情况复杂的，经行政机关负责人批准，可以延长，但是延长期限不得超过三十日。法律另有规定的除外。

延长冻结的决定应当及时书面告知当事人，并说明理由。

第三十三条 有下列情形之一的，行政机关应当及时作出解除冻结决定：

（一）当事人没有违法行为；

（二）冻结的存款、汇款与违法行为无关；

（三）行政机关对违法行为已经作出处理决定，不再需要冻结；

（四）冻结期限已经届满；

（五）其他不再需要采取冻结措施的情形。

行政机关作出解除冻结决定的，应当及时通知金融机构和当事人。金融机构接到通知后，应当立即解除冻结。

行政机关逾期未作出处理决定或者解除冻结决定的，金融机构应当自冻结期满之日起解除冻结。

第四章　行政机关强制执行程序

第一节　一般规定

第三十四条　行政机关依法作出行政决定后,当事人在行政机关决定的期限内不履行义务的,具有行政强制执行权的行政机关依照本章规定强制执行。

第三十五条　行政机关作出强制执行决定前,应当事先催告当事人履行义务。催告应当以书面形式作出,并载明下列事项:

(一)履行义务的期限;

(二)履行义务的方式;

(三)涉及金钱给付的,应当有明确的金额和给付方式;

(四)当事人依法享有的陈述权和申辩权。

第三十六条　当事人收到催告书后有权进行陈述和申辩。行政机关应当充分听取当事人的意见,对当事人提出的事实、理由和证据,应当进行记录、复核。当事人提出的事实、理由或者证据成立的,行政机关应当采纳。

第三十七条　经催告,当事人逾期仍不履行行政决定,且无正当理由的,行政机关可以作出强制执行决定。

强制执行决定应当以书面形式作出,并载明下列事项:

(一)当事人的姓名或者名称、地址;

(二)强制执行的理由和依据;

(三)强制执行的方式和时间;

(四)申请行政复议或者提起行政诉讼的途径和期限;

(五)行政机关的名称、印章和日期。

在催告期间,对有证据证明有转移或者隐匿财物迹象的,行政机关可以作出立即强制执行决定。

第三十八条　催告书、行政强制执行决定书应当直接送达当事人。当事人拒绝接收或者无法直接送达当事人的,应当依照《中华人民共和国民事诉讼法》的有关规定送达。

第三十九条　有下列情形之一的,中止执行:

（一）当事人履行行政决定确有困难或者暂无履行能力的；

（二）第三人对执行标的主张权利，确有理由的；

（三）执行可能造成难以弥补的损失，且中止执行不损害公共利益的；

（四）行政机关认为需要中止执行的其他情形。

中止执行的情形消失后，行政机关应当恢复执行。对没有明显社会危害，当事人确无能力履行，中止执行满三年未恢复执行的，行政机关不再执行。

第四十条 有下列情形之一的，终结执行：

（一）公民死亡，无遗产可供执行，又无义务承受人的；

（二）法人或者其他组织终止，无财产可供执行，又无义务承受人的；

（三）执行标的灭失的；

（四）据以执行的行政决定被撤销的；

（五）行政机关认为需要终结执行的其他情形。

第四十一条 在执行中或者执行完毕后，据以执行的行政决定被撤销、变更，或者执行错误的，应当恢复原状或者退还财物；不能恢复原状或者退还财物的，依法给予赔偿。

第四十二条 实施行政强制执行，行政机关可以在不损害公共利益和他人合法权益的情况下，与当事人达成执行协议。执行协议可以约定分阶段履行；当事人采取补救措施的，可以减免加处的罚款或者滞纳金。

执行协议应当履行。当事人不履行执行协议的，行政机关应当恢复强制执行。

第四十三条 行政机关不得在夜间或者法定节假日实施行政强制执行。但是，情况紧急的除外。

行政机关不得对居民生活采取停止供水、供电、供热、供燃气等方式迫使当事人履行相关行政决定。

第四十四条 对违法的建筑物、构筑物、设施等需要强制拆除的，应当由行政机关予以公告，限期当事人自行拆除。当事人在法定期限内不申请行政复议或者提起行政诉讼，又不拆除的，行政机关可以依法强制拆除。

第二节 金钱给付义务的执行

第四十五条 行政机关依法作出金钱给付义务的行政决定，当事人逾期不履行的,行政机关可以依法加处罚款或者滞纳金。加处罚款或者滞纳金的标准应当告知当事人。

加处罚款或者滞纳金的数额不得超出金钱给付义务的数额。

第四十六条 行政机关依照本法第四十五条规定实施加处罚款或者滞纳金超过三十日,经催告当事人仍不履行的,具有行政强制执行权的行政机关可以强制执行。

行政机关实施强制执行前,需要采取查封、扣押、冻结措施的,依照本法第三章规定办理。

没有行政强制执行权的行政机关应当申请人民法院强制执行。但是,当事人在法定期限内不申请行政复议或者提起行政诉讼,经催告仍不履行的,在实施行政管理过程中已经采取查封、扣押措施的行政机关,可以将查封、扣押的财物依法拍卖抵缴罚款。

第四十七条 划拨存款、汇款应当由法律规定的行政机关决定,并书面通知金融机构。金融机构接到行政机关依法作出划拨存款、汇款的决定后,应当立即划拨。

法律规定以外的行政机关或者组织要求划拨当事人存款、汇款的,金融机构应当拒绝。

第四十八条 依法拍卖财物,由行政机关委托拍卖机构依照《中华人民共和国拍卖法》的规定办理。

第四十九条 划拨的存款、汇款以及拍卖和依法处理所得的款项应当上缴国库或者划入财政专户。任何行政机关或者个人不得以任何形式截留、私分或者变相私分。

第三节 代 履 行

第五十条 行政机关依法作出要求当事人履行排除妨碍、恢复原状等义务的行政决定,当事人逾期不履行,经催告仍不履行,其后果已经或者将危害交通安全、造成环境污染或者破坏自然资源的,行政机关可以代履行,或者委托没有利害关系的第三人代履行。

第五十一条 代履行应当遵守下列规定:

(一)代履行前送达决定书,代履行决定书应当载明当事人的姓名或者名称、地址,代履行的理由和依据、方式和时间、标的、费用预算以及代履行人;

(二)代履行三日前,催告当事人履行,当事人履行的,停止代履行;

(三)代履行时,作出决定的行政机关应当派员到场监督;

(四)代履行完毕,行政机关到场监督的工作人员、代履行人和当事人或者见证人应当在执行文书上签名或者盖章。

代履行的费用按照成本合理确定,由当事人承担。但是,法律另有规定的除外。

代履行不得采用暴力、胁迫以及其他非法方式。

第五十二条 需要立即清除道路、河道、航道或者公共场所的遗洒物、障碍物或者污染物,当事人不能清除的,行政机关可以决定立即实施代履行;当事人不在场的,行政机关应当在事后立即通知当事人,并依法作出处理。

第五章 申请人民法院强制执行

第五十三条 当事人在法定期限内不申请行政复议或者提起行政诉讼,又不履行行政决定的,没有行政强制执行权的行政机关可以自期限届满之日起三个月内,依照本章规定申请人民法院强制执行。

第五十四条 行政机关申请人民法院强制执行前,应当催告当事人履行义务。催告书送达十日后当事人仍未履行义务的,行政机关可以向所在地有管辖权的人民法院申请强制执行;执行对象是不动产的,向不动产所在地有管辖权的人民法院申请强制执行。

第五十五条 行政机关向人民法院申请强制执行,应当提供下列材料:

(一)强制执行申请书;

(二)行政决定书及作出决定的事实、理由和依据;

(三)当事人的意见及行政机关催告情况;

(四)申请强制执行标的情况;

(五)法律、行政法规规定的其他材料。

强制执行申请书应当由行政机关负责人签名,加盖行政机关的印章,并注明日期。

第五十六条 人民法院接到行政机关强制执行的申请,应当在五日内受理。

行政机关对人民法院不予受理的裁定有异议的,可以在十五日内向上一级人民法院申请复议,上一级人民法院应当自收到复议申请之日起十五日内作出是否受理的裁定。

第五十七条 人民法院对行政机关强制执行的申请进行书面审查,对符合本法第五十五条规定,且行政决定具备法定执行效力的,除本法第五十八条规定的情形外,人民法院应当自受理之日起七日内作出执行裁定。

第五十八条 人民法院发现有下列情形之一的,在作出裁定前可以听取被执行人和行政机关的意见:

(一)明显缺乏事实根据的;

(二)明显缺乏法律、法规依据的;

(三)其他明显违法并损害被执行人合法权益的。

人民法院应当自受理之日起三十日内作出是否执行的裁定。裁定不予执行的,应当说明理由,并在五日内将不予执行的裁定送达行政机关。

行政机关对人民法院不予执行的裁定有异议的,可以自收到裁定之日起十五日内向上一级人民法院申请复议,上一级人民法院应当自收到复议申请之日起三十日内作出是否执行的裁定。

第五十九条 因情况紧急,为保障公共安全,行政机关可以申请人民法院立即执行。经人民法院院长批准,人民法院应当自作出执行裁定之日起五日内执行。

第六十条 行政机关申请人民法院强制执行,不缴纳申请费。强制执行的费用由被执行人承担。

人民法院以划拨、拍卖方式强制执行的,可以在划拨、拍卖后将强制执行的费用扣除。

依法拍卖财物,由人民法院委托拍卖机构依照《中华人民共和国拍卖法》的规定办理。

划拨的存款、汇款以及拍卖和依法处理所得的款项应当上缴国库或者划入财政专户，不得以任何形式截留、私分或者变相私分。

第六章 法律责任

第六十一条 行政机关实施行政强制，有下列情形之一的，由上级行政机关或者有关部门责令改正，对直接负责的主管人员和其他直接责任人员依法给予处分：

（一）没有法律、法规依据的；

（二）改变行政强制对象、条件、方式的；

（三）违反法定程序实施行政强制的；

（四）违反本法规定，在夜间或者法定节假日实施行政强制执行的；

（五）对居民生活采取停止供水、供电、供热、供燃气等方式迫使当事人履行相关行政决定的；

（六）有其他违法实施行政强制情形的。

第六十二条 违反本法规定，行政机关有下列情形之一的，由上级行政机关或者有关部门责令改正，对直接负责的主管人员和其他直接责任人员依法给予处分：

（一）扩大查封、扣押、冻结范围的；

（二）使用或者损毁查封、扣押场所、设施或者财物的；

（三）在查封、扣押法定期间不作出处理决定或者未依法及时解除查封、扣押的；

（四）在冻结存款、汇款法定期间不作出处理决定或者未依法及时解除冻结的。

第六十三条 行政机关将查封、扣押的财物或者划拨的存款、汇款以及拍卖和依法处理所得的款项，截留、私分或者变相私分的，由财政部门或者有关部门予以追缴；对直接负责的主管人员和其他直接责任人员依法给予记大过、降级、撤职或者开除的处分。

行政机关工作人员利用职务上的便利，将查封、扣押的场所、设施或者财物据为己有的，由上级行政机关或者有关部门责令改正，依法给予记大过、降级、撤职或者开除的处分。

第六十四条 行政机关及其工作人员利用行政强制权为单位或者个人谋取利益的,由上级行政机关或者有关部门责令改正,对直接负责的主管人员和其他直接责任人员依法给予处分。

第六十五条 违反本法规定,金融机构有下列行为之一的,由金融业监督管理机构责令改正,对直接负责的主管人员和其他直接责任人员依法给予处分:

(一)在冻结前向当事人泄露信息的;

(二)对应当立即冻结、划拨的存款、汇款不冻结或者不划拨,致使存款、汇款转移的;

(三)将不应当冻结、划拨的存款、汇款予以冻结或者划拨的;

(四)未及时解除冻结存款、汇款的。

第六十六条 违反本法规定,金融机构将款项划入国库或者财政专户以外的其他账户的,由金融业监督管理机构责令改正,并处以违法划拨款项二倍的罚款;对直接负责的主管人员和其他直接责任人员依法给予处分。

违反本法规定,行政机关、人民法院指令金融机构将款项划入国库或者财政专户以外的其他账户的,对直接负责的主管人员和其他直接责任人员依法给予处分。

第六十七条 人民法院及其工作人员在强制执行中有违法行为或者扩大强制执行范围的,对直接负责的主管人员和其他直接责任人员依法给予处分。

第六十八条 违反本法规定,给公民、法人或者其他组织造成损失的,依法给予赔偿。

违反本法规定,构成犯罪的,依法追究刑事责任。

第七章 附 则

第六十九条 本法中十日以内期限的规定是指工作日,不含法定节假日。

第七十条 法律、行政法规授权的具有管理公共事务职能的组织在法定授权范围内,以自己的名义实施行政强制,适用本法有关行政机关的规定。

第七十一条 本法自 2012 年 1 月 1 日起施行。

农业行政处罚程序规定

（2006年4月25日农业部令第63号公布 根据2011年12月31日《农业部关于修订部分规章和规范性文件的决定》修订）

第一章 总 则

第一条 为规范农业行政处罚，保障和监督农业行政主管部门有效实施行政管理，保护公民、法人和其他组织的合法权益，根据《中华人民共和国行政处罚法》（以下简称行政处罚法）和有关法律、法规的规定，结合农业系统实际，制定本规定。

第二条 农业行政处罚应当遵守行政处罚法和有关法律、法规、规章及本规定。

第三条 本规定所称农业行政主管部门，是指种植业、畜牧（草原）、兽医、渔业、农垦、乡镇企业、饲料工业和农业机械化等行政主管机关。

本规定所称农业行政处罚机关，是指依法行使行政处罚权的县级以上人民政府的农业行政主管部门和法律、法规授权的农业管理机构。

第四条 法律、法规授权的农业管理机构在法定授权范围内实施行政处罚，并对该行为的后果承担法律责任。

农业行政主管部门依法设立的农业行政综合执法机构具体承担农业行政处罚工作。

未设立农业行政综合执法机构的，农业行政主管部门根据法律、法规或规章的规定，可以委托符合行政处罚法第十九条规定的农业管理机构实施行政处罚。

第五条 农业行政综合执法机构和受委托的农业管理机构应当以农业行政主管部门的名义实施农业行政处罚。农业行政主管部门对受委托的农业管理机构实施行政处罚行为应当进行监督，并对该行为的后果承担法律责任。

第六条 上级农业行政处罚机关应当加强对下级农业行政处罚机关实施行政处罚的监督检查。

第二章 农业行政处罚的管辖

第七条 农业行政处罚由违法行为发生地的农业行政处罚机关管辖。

第八条 县级农业行政处罚机关管辖本行政区域内的行政违法案件。

设区的市、自治州的农业行政处罚机关和省级农业行政处罚机关管辖本行政区域内重大、复杂的行政违法案件。

农业部及其所属的经法律、法规授权的农业管理机构管辖全国或所辖区域内重大、复杂的行政违法案件。

第九条 渔业行政处罚机关管辖本辖区范围内发生的和上级部门指定管辖的渔业违法案件。

渔业行政处罚有下列情况之一的,适用"谁查获谁处理"的原则:

(一)违法行为发生在共管区、叠区的;

(二)违法行为发生在管辖权不明确或者有争议的区域的;

(三)违法行为发生地与查获地不一致的。

第十条 对当事人的同一违法行为,两个以上农业行政处罚机关都有管辖权的,应当由先立案的农业行政处罚机关管辖。

第十一条 上级农业行政处罚机关在必要时可以管辖下级农业行政处罚机关管辖的行政处罚案件。

下级农业行政处罚机关认为行政处罚案件重大复杂或者本地不宜管辖,可以报请上一级农业行政处罚机关管辖。

第十二条 农业行政处罚机关对管辖发生争议的,应当协商解决。协商不成的,报请共同上一级农业行政处罚机关指定管辖。

第十三条 农业行政处罚机关发现受理的行政处罚案件不属于自己管辖的,应当移送有管辖权的行政处罚机关处理。

受移送的农业行政处罚机关如果认为移送不当,应当报请共同上一级农业行政处罚机关指定管辖,不得再自行移送。

第十四条 上级农业行政处罚机关在收到报请管辖或指定管辖的请示后,应当在十日内作出书面决定。

第十五条 县级以上地方农业行政处罚机关在办理跨行政区域案件时,需要其他农业行政处罚机关协查的,可以发送协查函。有关农业行政处罚机关应当予以协助并及时书面告知协查结果。

第十六条 农业行政处罚机关在办理案件时,对需要其他部门作出吊销有关许可证、批准文号、营业执照等行政处罚决定的,应当将查处结果告知作出许可决定的部门并提出处理建议。

第十七条 违法行为涉嫌构成犯罪的,农业行政处罚机关应当将案件移送司法机关,依法追究刑事责任,不得以行政处罚代替刑罚。

第三章 农业行政处罚的决定

第十八条 公民、法人或者其他组织违反农业行政管理秩序的行为,依法应当给予行政处罚的,农业行政处罚机关必须查明事实;违法事实不清的,不得给予行政处罚。

第十九条 执法人员调查处理农业行政处罚案件时,应当向当事人或者有关人员出示执法证件。有统一执法服装或执法标志的应当着装或佩戴执法标志。

农业行政执法证件由农业部统一制定,省级以上农业行政主管部门法制工作机构负责执法证件的发放和管理工作。

第二十条 农业行政处罚机关在作出农业行政处罚决定前,应当告知当事人作出行政处罚的事实、理由及依据,并告知当事人依法享有的权利。

农业行政处罚机关必须充分听取当事人的意见,对当事人提出的事实、理由及证据,应当进行复核;当事人提出的事实、理由或者证据成立的,农业行政处罚机关应当采纳。

农业行政处罚机关不得因当事人申辩而加重处罚。

第二十一条 农业行政处罚程序分为简易程序和一般程序。

第一节 简易程序

第二十二条 违法事实确凿并有法定依据,对公民处以五十元以下、对法人或者其他组织处以一千元以下罚款或者警告的行政处罚的,可以当场作出农业行政处罚决定。

第二十三条 当场作出行政处罚决定时应当遵守下列程序:

(一)向当事人表明身份,出示执法证件;

(二)当场查清违法事实,收集和保存必要的证据;

(三)告知当事人违法事实、处罚理由和依据,并听取当事人陈述和申辩;

(四)填写《当场处罚决定书》,当场交付当事人,并应当告知当事人,如不服行政处罚决定,可以依法申请行政复议或者提起行政诉讼。

第二十四条 执法人员应当在作出当场处罚决定之日起、渔业执法人员应当自抵岸之日起二日内将《当场处罚决定书》报所属农业行政处罚机关备案。

第二节 一般程序

第二十五条 实施农业行政处罚,除适用简易程序的外,应当适用一般程序。

第二十六条 除依法可以当场决定行政处罚的外,执法人员经初步调查,发现公民、法人或者其他组织涉嫌有违法行为依法应当给予行政处罚的,应当填写《行政处罚立案审批表》,报本行政处罚机关负责人批准立案。

第二十七条 农业行政处罚机关应当对案件情况进行全面、客观、公正地调查,收集证据;必要时,依照法律、法规的规定,可以进行检查。

执法人员调查收集证据时不得少于二人。

证据包括书证、物证、视听资料、证人证言、当事人陈述、鉴定结论、勘验笔录和现场笔录。

第二十八条 执法人员询问证人或当事人(以下简称被询问人),应当制作《询问笔录》。笔录经被询问人阅核后,由询问人和被询问人签名或者盖章。被询问人拒绝签名或盖章的,由询问人在笔录上注明情况。

第二十九条 农业行政处罚机关为调查案件需要,有权要求当事人或者有关人员协助调查;有权依法进行现场检查或者勘验;有权要求当事人提供相应的证据资料;对重要的书证,有权进行复制。

执法人员对与案件有关的物品或者场所进行现场检查或者勘验检查时,应当通知当事人到场,制作《现场检查(勘验)笔录》,当事人拒不到场或拒绝签名盖章的,应当在笔录中注明,并可以请在场的其他人员见证。

第三十条 农业行政处罚机关在调查案件时,对需要鉴定的专门性问题,交由法定鉴定部门进行鉴定;没有法定鉴定部门的,可以提交有资质的专业机构进行鉴定。

第三十一条 农业行政处罚机关收集证据时,可以采取抽样取证的方法。

在证据可能灭失或者以后难以取得的情况下,经农业行政处罚机关负责人批准,可以先行登记保存。

农业行政处罚机关可以依据有关法律、法规的规定,对涉案场所、设施或者财物采取查封、扣押等强制措施。

第三十二条 农业行政处罚机关对证据进行抽样取证、登记保存或者采取查封、扣押等强制措施,应当通知当事人到场;当事人不到场的,应当邀请其他人员到场见证并签名或盖章;当事人拒绝签名或盖章的,应当予以注明。农业行政处罚机关实施查封、扣押等强制措施的,还应当遵守《中华人民共和国行政强制法》的有关规定。

对抽样取证、登记保存、查封扣押的物品,农业行政处罚机关应当制作《抽样取证凭证》、《证据登记保存清单》、《查封(扣押)决定书》和《查封(扣押)清单》。

第三十三条 农业行政处罚机关抽样送检的,应当将检测结果及时告知当事人。

非从生产单位直接抽样的,农业行政处罚机关可以向产品标注生产单位发送《产品确认通知书》。

第三十四条 先行登记保存物品时,就地由当事人保存的,当事人或者有关人员不得使用、销售、转移、损毁或者隐匿。

就地保存可能妨害公共秩序、公共安全,或者存在其他不适宜就地保存情况的,可以异地保存。对异地保存的物品,农业行政处罚机关应当妥善保管。

第三十五条 农业行政处罚机关对先行登记保存的证据,应当在七日内作出下列处理决定并告知当事人:

(一)需要进行技术检验或者鉴定的,送交有关部门检验或者鉴定;

(二)对依法应予没收的物品,依照法定程序处理;

(三)对依法应当由有关部门处理的,移交有关部门;

(四)为防止损害公共利益,需要销毁或者无害化处理的,依法进行处理;

(五)不需要继续登记保存的,解除登记保存。

第三十六条 案件调查人员与本案有利害关系或者其他关系可能影响公正处理的,应当申请回避,当事人也有权向农业行政处罚机关申请要求回避。

案件调查人员的回避,由农业行政处罚机关负责人决定;农业行政处罚机关负责人的回避由集体讨论决定。

回避未被决定前,不得停止对案件的调查处理。

第三十七条 执法人员在调查结束后,认为案件事实清楚,证据充分,应当制作《案件处理意见书》,报农业行政处罚机关负责人审批。

案情复杂或者有重大违法行为需要给予较重行政处罚的,应当由农业行政处罚机关负责人集体讨论决定。

第三十八条 在作出行政处罚决定之前,农业行政处罚机关应当制作《行政处罚事先告知书》,送达当事人,告知拟给予的行政处罚内容及其事实、理由和依据,并告知当事人可以在收到告知书之日起三日内,进行陈述、申辩。符合听证条件的,告知当事人可以要求听证。

当事人无正当理由逾期未提出陈述、申辩或者要求听证的,视为放弃上述权利。

第三十九条 农业行政处罚机关应当及时对当事人的陈述、申辩或者听证情况进行审查,认为违法事实清楚,证据确凿,决定给予行政处罚的,应当制作《行政处罚决定书》。

第四十条 在边远、水上和交通不便的地区按一般程序实施处罚时,执法人员可以采用通讯方式报请处罚机关负责人批准立案和对调查结果及处理意见进行审查。报批记录必须存档备案。

当事人可当场向执法人员进行陈述和申辩。不提出陈述和申辩的，视为放弃此权利。

本条不适用于应当由农业行政处罚机关负责人集体讨论决定的案件。

第四十一条 农业行政处罚案件自立案之日起，应当在三个月内作出处理决定；特殊情况下三个月内不能作出处理的，报经上一级农业行政处罚机关批准可以延长至一年。

对专门性问题需要鉴定的，所需时间不计算在办案期限内。

第三节 听证程序

第四十二条 农业行政处罚机关作出责令停产停业、吊销许可证或者执照、较大数额罚款的行政处罚决定前，应当告知当事人有要求举行听证的权利。当事人要求听证的，农业行政处罚机关应当组织听证。

前款所指的较大数额罚款，地方农业行政处罚机关按省级人大常委会或者人民政府规定的标准执行；农业部及其所属的经法律、法规授权的农业管理机构对公民罚款超过三千元、对法人或其他组织罚款超过三万元属较大数额罚款。

第四十三条 听证由拟作出行政处罚的农业行政处罚机关组织。具体实施工作由其法制工作机构或者相应机构负责。

第四十四条 当事人要求听证的，应当在收到《行政处罚事先告知书》之日起三日内向听证机关提出。

第四十五条 听证机关应当在举行听证会的七日前送达《行政处罚听证会通知书》，告知当事人举行听证的时间、地点、听证主持人名单及可以申请回避和可以委托代理人等事项。

当事人应当按期参加听证。当事人有正当理由要求延期的，经听证机关批准可以延期一次；当事人未按期参加听证并且未事先说明理由的，视为放弃听证权利。

第四十六条 听证参加人由听证主持人、听证员、书记员、案件调查人员、当事人及其委托代理人组成。

听证主持人、听证员、书记员应当由听证机关负责人指定的法制工作机构工作人员或其他相应工作人员等非本案调查人员担任。

当事人委托代理人参加听证的,应当提交授权委托书。

第四十七条 除涉及国家秘密、商业秘密或个人隐私外,听证应当公开举行。

第四十八条 当事人在听证中的权利和义务:

(一)有权对案件涉及的事实、适用法律及有关情况进行陈述和申辩;

(二)有权对案件调查人员提出的证据质证并提出新的证据;

(三)如实回答主持人的提问;

(四)遵守听证会场纪律,服从听证主持人指挥。

第四十九条 听证按下列程序进行:

(一)听证书记员宣布听证会场纪律、当事人的权利和义务。听证主持人宣布案由,核实听证参加人名单,宣布听证开始;

(二)案件调查人员提出当事人的违法事实、出示证据,说明拟作出的农业行政处罚的内容及法律依据;

(三)当事人或其委托代理人对案件的事实、证据、适用的法律等进行陈述、申辩和质证,可以向听证会提交新的证据;

(四)听证主持人就案件的有关问题向当事人、案件调查人员、证人询问;

(五)案件调查人员、当事人或其委托代理人相互辩论;

(六)当事人或其委托代理人作最后陈述;

(七)听证主持人宣布听证结束。听证笔录交当事人和案件调查人员审核无误后签字或者盖章。

第五十条 听证结束后,听证主持人应当依据听证情况,制作《行政处罚听证会报告书》,连同听证笔录,报农业行政处罚机关负责人审查。

第五十一条 听证机关组织听证,不得向当事人收取费用。

第四章 农业行政处罚决定的送达和执行

第五十二条 《行政处罚决定书》应当在宣告后当场交付当事人;当事

人不在场的，应当在七日内送达当事人，并由当事人在《送达回证》上签名或者盖章；当事人不在的，可以交给其成年家属或者所在单位代收，并在送达回证上签名或者盖章。

当事人或者代收人拒绝接收、签名、盖章的，送达人可以邀请有关基层组织或者其所在单位的有关人员到场，说明情况，把《行政处罚决定书》留在其住处或者单位，并在送达回证上记明拒绝的事由、送达的日期，由送达人、见证人签名或者盖章，即视为送达。

直接送达农业行政处罚文书有困难的，可委托其他农业行政处罚机关代为送达，也可以邮寄、公告送达。

邮寄送达的，挂号回执上注明的收件日期为送达日期；公告送达的，自发出公告之日起经过六十天，即视为送达。

第五十三条 除本规定第五十四、第五十五条规定外，农业行政处罚机关不得自行收缴罚款。决定罚款的农业行政处罚机关或执法人员应当书面告知当事人向指定的银行缴纳罚款。

第五十四条 依照本规定第二十二条的规定当场作出农业行政处罚决定，有下列情形之一的，执法人员可以当场收缴罚款：

（一）依法给予二十元以下罚款的；

（二）不当场收缴事后难以执行的。

第五十五条 在边远、水上、交通不便地区，农业行政处罚机关及其执法人员依照本规定第二十二条、第三十九条的规定作出罚款决定后，当事人向指定的银行缴纳罚款确有困难，经当事人提出，农业行政处罚机关及其执法人员可以当场收缴罚款。

第五十六条 农业行政处罚机关及其执法人员当场收缴罚款的，应当向当事人出具省级财政部门统一制发的罚款收据，不出具财政部门统一制发的罚款收据的，当事人有权拒绝缴纳罚款。

第五十七条 执法人员当场收缴的罚款，应当自返回行政处罚机关所在地之日起二日内，交至农业行政处罚机关；在水上当场收缴的罚款，应当自抵岸之日起二日内交至农业行政处罚机关；农业行政处罚机关应当在二日内将罚款交至指定的银行。

第五十八条 农业行政处罚决定依法作出后,当事人对行政处罚决定不服申请行政复议或者提起行政诉讼的,除法律另有规定外,行政处罚决定不停止执行。

第五十九条 对需要继续行驶的农业机械、渔业船舶实施暂扣或者吊销证照的行政处罚,农业行政处罚机关在实施行政处罚的同时,应当发给当事人相应的证明,允许农业机械、渔业船舶驶往预定或指定的地点。

第六十条 对生效的农业行政处罚决定,当事人拒不履行的,作出农业行政处罚决定的农业行政处罚机关依法可以采取下列措施:

(一)到期不缴纳罚款的,每日按罚款数额的百分之三加处罚款;

(二)根据法律规定,将查封、扣押的财物拍卖抵缴罚款;

(三)申请人民法院强制执行。

第六十一条 当事人确有经济困难,需要延期或者分期缴纳罚款的,当事人应当书面申请,经作出行政处罚决定的机关批准,可以暂缓或者分期缴纳。

第六十二条 除依法应当予以销毁的物品外,依法没收的非法财物必须按照国家有关规定处理。

罚款、没收的违法所得或者拍卖非法财物的款项,必须全部上缴国库,农业行政处罚机关或者个人不得以任何形式截留、私分或者变相私分。

第六十三条 农业行政处罚案件终结后,案件调查人员应填写《行政处罚结案报告》,经农业行政处罚机关负责人批准后结案。

第五章 立卷归档

第六十四条 农业行政处罚机关应当按照下列要求及时将案件材料立卷归档:

(一)一案一卷;

(二)文书齐全,手续完备;

(三)案卷应当按顺序装订。

第六十五条 案件立卷归档后,任何单位和个人不得私自增加或者抽取案卷材料,不得修改案卷内容。

第六章 附 则

第六十六条 农业行政处罚机关及其执法人员违反本规定的,按照行政处罚法和有关规定追究法律责任。

第六十七条 农业行政处罚基本文书格式由农业部统一制定。省级农业行政主管部门可以根据地方性法规、规章和工作需要,调整有关内容或补充相应文书,报农业部备案。

第六十八条 本规定自2006年7月1日起实施。1997年10月25日农业部发布的《农业行政处罚程序规定》同时废止。

农业行政执法文书制作规范

(2012年9月26日农政发〔2012〕3号)

第一章 总 则

第一条 为规范农业行政执法行为,提高农业行政执法文书制作水平,根据《农业行政处罚程序规定》,结合农业行政执法工作实际,制定本规范。

第二条 本规范适用于监督检查、行政强制、行政处罚等农业行政执法文书的制作。

第三条 农业行政执法文书的内容必须符合有关法律、法规和规章的规定,做到格式统一、内容完整、表述清楚、用语规范。

第四条 农业行政执法文书分为内部文书和外部文书。

内部文书是指在农业行政机关或农业法律法规授权的执法机构(以下统称"农业执法机关")内部使用,记录内部工作流程,规范执法工作运转程序的文书。

外部文书是指农业执法机关对外使用,对执法机关和行政相对人均具有法律效力的文书。

第二章 文书制作基本要求

第五条 农业行政执法文书应当按照规定的格式填写或打印制作。

填写制作文书应当使用蓝黑色或黑色笔,做到字迹清楚、文面整洁。

行政处罚决定书应当打印制作。

第六条 文书设定的栏目,应当逐项填写,不得遗漏和随意修改。无需填写的,应当用斜线划去。

文书中的编号、时间、价格、数量等应当使用阿拉伯数字。

第七条 文书应当使用公文语体,语言规范、简练、严谨、平实。

文书应当正确使用标点符号,避免产生歧义。

第八条 文书中“案由”填写为“违法行为定性 + 案”,例如:无农药登记证生产农药案。

在立案和调查取证阶段文书中“案由”应当填写为:“涉嫌 + 违法行为定性 + 案”。

第九条 当场处罚决定书、行政处罚立案审批表、查封(扣押)决定书、解除查封(扣押)决定书、行政处罚事先告知书、行政处罚决定书、履行行政处罚决定催告书、强制执行申请书、案件移送函应当编注案号。

“案号”为“行政区划简称 + 执法机关简称 + 执法类别 + 行为种类简称(如立、告、罚等) + 年份 + 序号”。如北京市延庆县农业局制作的文书,行政处罚立案审批表“案号”可编写为“延农(农药)立〔2012〕1 号”。特殊情况下,“执法类别”可以省略。

第十条 文书中当事人情况应当按如下要求填写:

(一)根据案件情况确定“个人”或者“单位”,“个人”、“单位”两栏不能同时填写。

(二)当事人为个人的,姓名应填写身份证或户口簿上的姓名;住址应填写常住地址或居住地址;“年龄”应以公历周岁为准。

(三)当事人为法人或者其他组织的,填写的单位名称、法定代表人(负责人)、地址等事项应与工商登记注册信息一致。

(四)当事人名称前后应一致。

第十一条 询问笔录、现场检查(勘验)笔录、查封(扣押)现场笔录、听证笔录等文书,应当场交当事人阅读或者向当事人宣读,并由当事人逐页签字盖章或捺指印确认。当事人拒绝签字盖章或拒不到场的,执法人员应当在笔录中注明,并可以邀请在场的其他人员签字。

记录有遗漏或者有差错的,可以补充和修改,并由当事人在改动处签章或捺指印确认。

第十二条 执法文书首页不够记录时,可以附纸记录,但应当注明页码,由相关人员签名并注明日期。

第十三条 文书中执法机构、法制机构、执法机关的审核或审批意见应表述明确,没有歧义。

第十四条 需要交付当事人的外部文书中设有签收栏的,由当事人直接签收;也可以由其成年直系亲属代签收,并注明与当事人的关系。

文书中没有设签收栏的,应当使用送达回证。

第十五条 文书中注明加盖执法机关印章的地方应当有执法机关署名并加盖印章,加盖印章应当清晰、端正,并"骑年盖月"。

第三章 具体文书适用及制作

第十六条 当场处罚决定书是指农业执法机关适用简易程序,现场作出处罚决定的文书。

"违法事实"栏应当写明违法行为发生的时间、地点、违法行为的定性等情况。

"处罚依据及内容"栏应当写明作出处罚所依据的法律、法规和规章的全称并具体到条、款、项、目;处罚内容应当具体、明确、清楚。

第十七条 行政处罚立案审批表是指农业执法机关在办理一般程序案件中,用以履行报批立案手续的文书。

"案件来源"栏应当按照检查发现、群众举报或投诉、上级交办、有关部门移送、媒体曝光、监督抽检、违法行为人交待等情况据实填写。

"简要案情"栏应当写明当事人涉嫌违法的事实、证据等简要情况以及涉嫌违反的相关法律规定,并由受案人签名。

第十八条 询问笔录是指为查明案件事实,收集证据,而向相关人员调查了解有关案件情况的文字记载。

询问笔录应当记录被询问人提供的与案件有关的全部情况,包括案件发生的时间、地点、情形、事实经过、因果关系及后果等。

询问时应当有两名以上执法人员在场,并做到一个被询问人一份笔录,一问一答。询问人提出的问题,如被询问人不回答或者拒绝回答的,应当写明被询问人的态度,如"不回答"或者"沉默"等,并用括号标记。

第十九条 现场检查(勘验)笔录是指执法人员对与涉嫌违法行为有关的物品、场所等进行检查或者勘验的文字图形记载和描述。

现场检查(勘验)笔录应当对所检查的物品名称、数量、包装形式、规格或所勘验的现场具体地点、范围、状况等作全面、客观、准确的记录。

需要绘制勘验图的,可另附纸。

对现场绘制的勘验图、拍摄的照片和摄像、录音等资料应当在笔录中注明。

第二十条　抽样取证凭证是指执法人员在执法过程中,抽取涉嫌违法物品样品保存作证据或送交有关部门鉴定而制作的文书。

抽取样品应当按照有关技术规范要求进行。抽样送检的样品应当在现场封样,由当事人和执法人员共同签字或盖章。

第二十一条　产品确认通知书是指农业执法机关从非生产单位取得样品,为确认样品的真实生产单位,向标签标注的生产单位发出的文书。

产品确认通知书应当准确填写产品样品相关信息并附照片,以及要求有关单位确认的期限。

第二十二条　抽样取证凭证、产品确认通知书中各栏目信息,应当按照物品(产品)包装、标签上标注的内容填写,其中“许可号”栏,应当按照物品(产品)包装、标签上标明的许可证号、批准文号、登记证号等填写。

第二十三条　证据登记保存清单是指农业执法机关在查处案件过程中,对可能灭失或者以后难以取得的证据进行登记保存时使用的文书。

执法机关应当根据需要选择就地或异地保存。

执法机关可以在证据登记保存的相关物品和场所加贴封条,封条应当标明日期,并加盖执法机关印章。

文书中应当对被保存物品的名称、规格、数量、生产日期、生产单位作清楚记录。

第二十四条　登记保存物品处理通知书是指农业执法机关在规定的期限内对被登记保存的物品作出处理决定并告知当事人的文书。

处理通知书应当写明当事人姓名(或名称)、登记保存作出的时间及具体处理决定。

执法机关可视具体处理情况制作物品清单。

第二十五条　查封(扣押)决定书是指农业执法机关在案件调查过程中

依照有关法律法规对涉案场所、设施或者财物采取强制措施，实施查封(扣押)的文书。

查封(扣押)决定书应当载明下列事项：

(一)当事人的姓名或者名称、地址；

(二)查封(扣押)的理由、依据和期限；

(三)查封(扣押)场所、设施或者财物的名称、数量等；

(四)申请行政复议或者提起行政诉讼的途径和期限；

(五)执法机关的名称、印章和日期。

查封(扣押)财物清单一式二份，由当事人和执法机关分别保存。

查封(扣押)时，应当在相关场所、设施或者财物加贴封条，封条应当标明日期，并加盖执法机关印章。

第二十六条 查封(扣押)现场笔录是指执法人员对实施查封(扣押)的现场情况所做的文字记载。

查封(扣押)现场笔录应当记录查封(扣押)决定书及财物清单送达、当事人到场、实施查封(扣押)过程、当事人陈述申辩以及其他有关情况。

第二十七条 解除查封(扣押)决定书是指经农业执法机关调查核实，依法对查封(扣押)场所、设施或者财物解除强制措施并告知当事人的文书。

执法机关在做出解除查封(扣押)决定时，视情况制作解除查封(扣押)财物清单。解除查封(扣押)的财物应当与查封(扣押)时的财物核对无误。对查封(扣押)财物部分解除时，清单应当写清解除查封(扣押)财物的具体情况。

第二十八条 案件处理意见书是指案件调查结束后，执法人员就案件调查经过、证据材料、调查结论及处理意见报请执法机关负责人审批的文书。

"调查结论及处理意见"栏应当由执法人员根据案件调查情况和有关法律、法规和规章的规定提出处理意见。据以立案的违法事实不存在的，应当写明建议终结调查并结案等内容；对依法应给予行政处罚的，应当写明给予行政处罚的种类、幅度及法律依据等。从重、从轻或者减轻处罚的，应当写明理由。

"执法机构意见"、"法制机构意见"栏，应当分别写明具体审核意见并由负责人签名。

"执法机关意见"栏，由农业执法机关负责人写明意见。对重大、复杂或者争议较大的案件，应当注明经执法机关负责人集体讨论。

第二十九条 责令改正通知书是指农业执法机关依据有关法律、法规的规定，责令违法行为人立即或在一定期限内纠正违法行为的文书。

责令改正通知书应当写明改正的具体要求、时限和法律依据。

法律、法规规定责令改正为行政处罚前置条件的，应当在责令改正通知书中注明逾期不改正的，执法机关将依法处理。

第三十条 行政处罚事先告知书是指农业执法机关在作出行政处罚决定前，告知当事人拟作出的行政处罚决定的事实、理由、依据以及当事人依法享有的权利的文书。

执法机关应当根据案件是否符合听证条件，决定适用一般案件文书或听证案件文书。

行政处罚事先告知书应当写明当事人的违法事实及证据、违反的法律条款、拟作出行政处罚的种类、幅度及法律依据，并告知当事人享有的陈述和申辩的权利、要求举行听证的权利及法定期限，并注明联系人、电话和执法机关地址等。

对违法事实的描述应当完整、明确、客观，不得使用结论性语言。

第三十一条 行政处罚听证会通知书是指农业执法机关决定举行听证会并向当事人告知听证会事项的文书。

行政处罚听证会通知书中应当告知当事人举行听证会的时间、地点、方式（公开或不公开）、主持人的姓名、工作单位及职务以及可以申请回避和委托代理人等事项。

第三十二条 听证笔录是指农业执法机关对听证过程和内容的文字记载。

"听证主持人"、"听证员"、"书记员"栏分别填写相关人员的姓名、工作单位及职务。

"听证记录"应当写明案件调查人员提出的违法事实、证据和处罚意见，当事人陈述、申辩的理由和以及是否提供新的证据,证人证言、质证过程等内容。

案件调查人员、当事人或其委托代理人应当在笔录上逐页签名或盖章并在尾页注明日期;证人应当在记录其证言之页签名。

第三十三条 行政处罚听证会报告书是指听证会结束后,听证主持人向执法机关负责人报告听证会情况并提出案件处理意见的文书。

"听证基本情况摘要"栏应当填写听证会的时间、地点、案由、听证参加人的基本情况、听证认定的事实、证据。

"听证结论及处理意见"应当由听证人员根据听证情况,对拟作出的行政处罚决定的事实、理由、依据做出评判并提出倾向性处理意见。

听证主持人向执法机关负责人提交报告书时,应当附听证笔录。

第三十四条 行政处罚决定审批表是指事先告知后,执法人员就当事人陈述申辩或听证情况及处理意见报请执法机关负责人审批的文书。

"陈述申辩或听证情况"栏应当如实写明当事人陈述申辩意见或听证情况。

"处理意见"栏,由执法人员提出维持或变更行政处罚事先告知书所拟作处罚决定的处理意见。

第三十五条 行政处罚决定书是指农业执法机关依法适用一般程序,对当事人作出行政处罚决定的文书。

对违法事实的描述应当全面、客观,阐明违法行为的基本事实,即何时、何地、何人、采取何种方式或手段、产生何种行为后果等;列举证据应当注意证据的证明力,对证据的作用和证据之间的关系进行说明。

应当对当事人陈述申辩意见的采纳情况及理由予以说明;对经过听证程序的,文书中应当载明。

作出处罚决定所依据的法律、法规、规章应当写明全称,列明适用的条、款、项、目并引用法条原文。

有从重、从轻或者减轻情节,依法予以从重、从轻或者减轻处罚的,应当写明理由。

第三十六条 送达回证是指农业执法机关将执法文书送达当事人的回

执证明文书。

“送达单位”指执法机关;“送达人”指执法机关的执法人员或执法机关委托的有关人员;“受送达人”指案件当事人;“收件人”不是当事人时,应当在备注栏中注明其身份和与当事人的关系。

第三十七条 罚没物品处理记录是指农业执法机关对罚没物品依法进行处理的文字记载。

处理记录应当载明对罚没物品处理的时间、地点、方式,参与处理的执法人员及执法机构负责人应当在记录上签字。

第三十八条 行政处罚结案报告是指案件终结后,执法人员报请执法机关负责人批准结案的文书。

结案报告应当对案件的办理情况进行总结,对给予行政处罚的,写明处罚决定的内容及执行情况;不予行政处罚的应当写明理由;予以撤销案件的,写明撤销的理由。

第三十九条 履行行政处罚决定催告书是指农业执法机关申请人民法院强制执行前催告当事人履行义务的文书。

履行行政处罚决定催告书应当写明当事人姓名(或名称)、送达行政处罚决定书情况、履行义务的方式及金额等,并加盖执法机关印章。

第四十条 强制执行申请书是指农业执法机关向人民法院申请强制执行的文书。

强制执行申请书应当写明申请人及被申请人基本情况、作出行政处罚决定及送达情况、申请执行内容,由执法机关负责人签名并加盖执法机关印章

第四十一条 案件移送函是指农业执法机关在执法过程中,将案件移送其他有权机关处理的文书。

案件移送函应当写明受移送单位名称、移送案件的基本情况及移送依据。

第四章 文书归档及管理

第四十二条 一般程序案件应当按照一案一卷进行组卷;材料过多的,

可一案多卷。

简易程序案件可以多案合并组卷。

第四十三条 卷内文书材料应当齐全完整,无重份或多余材料。

第四十四条 案卷应当制作封面、卷内目录和备考表。

封面应当包括执法机关名称、题名、办案起止时间、保管期限、卷内件(页)数等。封面题名应当由当事人和违法行为定性两部分组成,如关于×××无农药登记证生产农药案。

卷内目录应当包括序号、题名、页号和备注等内容,按卷内文书材料排列顺序逐件填写。

备考表应当填写卷中需要说明的情况,并由立卷人、检查人签名。

第四十五条 案件文书材料按照下列顺序整理归档:

(一)案卷封面;

(二)卷内目录;

(三)行政处罚决定书;

(四)立案审批表;

(五)当事人身份证明;

(六)询问笔录、现场检查(勘验)笔录、抽样取证凭证、证据登记保存清单、登记物品处理通知书、查封(扣押)决定书、解除查封(扣押)决定书、鉴定意见等文书;

(七)检验报告、销售单据、许可证等有关证据材料;

(八)案件处理意见书、行政处罚事先告知书等;

(九)行政处罚听证会通知书、听证笔录、行政处罚听证会报告书等听证文书;

(十)行政处罚决定审批表

(十一)送达回证等回执证明文件;

(十二)执行的票据等材料;

(十三)罚没物品处理记录等;

(十四)履行行政处罚决定催告书、强制执行申请书、案件移送函等;

(十五)行政处罚结案报告;

（十六）备考表。

第四十六条 不能随文书装订立卷的录音、录像等证据材料应当放入证据袋中，并注明录制内容、数量、时间、地点、制作人等，随卷归档。

第四十七条 当事人申请行政复议和提起行政诉讼或者行政机关申请人民法院强制执行的案卷，可以在案件办结后附入原卷归档。

第四十八条 卷内文件材料应当用阿拉伯数字从“1”开始依次编写页号；页号编写在有字迹页面正面的右上角和背面的左上角；大张材料折叠后应当在有字迹页面的右上角编写页号；A4 横印材料应当字头朝装订线摆放好再编写页号。

第四十九条 案卷装订前应当做好文书材料的检查。文书材料上的订书钉等金属物应当去掉。对破损的文书材料应当进行修补或复制。小页纸应当用 A4 纸托底粘贴。纸张大于卷面的材料，应当按卷宗大小先对折再向外折叠。对字迹难以辨认的材料，应当附上抄件。

第五十条 案卷应当整齐美观固定，不松散、不压字迹、不掉页、便于翻阅。

第五十一条 办案人员完成立卷后，应当及时向档案室移交，进行归档。

第五十二条 案卷归档，不得私自增加或者抽取案卷材料，不得修改案卷内容。

第五章 附 则

第五十三条 本规范由农业部负责解释。

第五十四条 本规范自 2012 年 11 月 1 日起实施。2006 年 5 月 9 日农业部发布的《农业行政执法文书制作规范》（农政发〔2006〕4 号）同时废止。

图书在版编目(CIP)数据

农业行政处罚程序及文书制作实务/农业部产业政策法规司,农业部管理干部学院编. --2版. --北京:法律出版社,2013.12(2018.3重印)

ISBN 978-7-5118-5862-7

Ⅰ.①农… Ⅱ.①农…②农… Ⅲ.①农业-行政处罚法-程序-中国②农业-行政处罚法-法律文书-写作-中国 Ⅳ.①D922.4

中国版本图书馆CIP数据核字(2013)第316167号

农业行政处罚程序及文书制作实务
(第二版)
NONGYE XINGZHENG CHUFA CHENGXU JI WENSHU ZHIZUO SHIWU(DI-ER BAN)

农业部产业政策法规司
农业部管理干部学院 编

责任编辑 潘洪兴
装帧设计 汪奇峰

编辑统筹 独立项目策划部

出版 法律出版社
总发行 中国法律图书有限公司
经销 新华书店
印刷 三河市龙大印装有限公司
责任印制 张建伟

开本 720毫米×960毫米 1/16
印张 18.25
字数 259千
版本 2013年12月第2版
印次 2018年3月第4次印刷

法律出版社/北京市丰台区莲花池西里7号(100073)
网址/www.lawpress.com.cn
投稿邮箱/info@lawpress.com.cn
举报维权邮箱/jbwq@lawpress.com.cn
销售热线/010-63939792
咨询电话/010-63939796

中国法律图书有限公司/北京市丰台区莲花池西里7号(100073)
全国各地中法图分、子公司销售电话:
统一销售客服/400-660-6393
第一法律书店/010-63939781/9782　西安分公司/029-85330678　重庆分公司/023-67453036
上海分公司/021-62071639/1636　深圳分公司/0755-83072995

书号:ISBN 978-7-5118-5862-7　**定价:**40.00元